講談社選書メチエ

821

誤解を招いたとしたら申し訳ない

政治の言葉／言葉の政治

藤川直也

MÉTIER

意思は言葉を変え、言葉は都市を変えてゆく

――小沢健二「流動体について」

はじめに

映画『仁義なき戦い』にこんなシーンがある。賭場で喧嘩した主人公の広能昌三が、騒ぎの責任を追及する親分の山守義雄に

「わし指詰めますけん、それで話つけてつかあさい」

と言う。山守は、「ああ、詰めい、詰めい！」と捨て台詞を吐いて奥に引っ込んでしまう。残された広能は、本当に指を詰めるのか聞く仲間たちに言う。

「いったん口に出したんじゃけえ、やらにゃいけんよ」

広能のこの言葉が端的に表す一つの事実がある。それは発言には責任が伴うということだ。言ったからにはやらなければならない、そういうことが世の中にはある。当たり前のことだ。だがこの「当たり前」が揺らぐことがある。この社会には発言の責任をあやふやにしようとするさまざまな企みがある。たとえば

「そんなつもりはなかった」や「誤解を招いたとしたら申し訳ない」

という言い逃れの常套句、

「まだちょっと時間あるし、うちでネットフリックスでも見ない？」

などの言外の意味や隠語を使った駆け引き、

「広く募ってはいたが募集はしていない」

のような意味を捻じ曲げる試み、果ては

「これはオフレコだけど……」

といったあからさまな責任回避などによって、発言の責任はあやふやになる。こうした言葉の責任の揺らぎの背後にはどんな仕組みがあるのか。これが本書が探究する問いだ。

以下では探究のキーアイデアを紹介しつつ、本書の概要を示しておこう。

言質と意味の表裏

発言には責任が伴う。「明日には金を返す」と約束したなら、翌日にはお金を返さなければならない。「この部屋使っていいよ」と許可したなら、相手が部屋を使ったことに文句を言ってはならない。「暴言を吐いてしまい申し訳ありません」と謝ったのなら、今後は暴言のないよう気をつけなければならない。「選挙に不正があった」と断言したなら、必要に応じて根拠を出し、それが誤りや単なる出鱈目でないことを示せるようでなければならない。「今すぐ部屋を片付けなさい」と命令したなら、片付けの邪魔をしてはいけない。

これらが発言に伴う責任だというのは、そうしないと咎められて当然ということだ。約束を破ったら非難されてもしょうがない。許可されたことに文句を言われたら文句を言い返すのが当然だ。謝ったのに自分の行いを正す素振りすら見せないなら、怒られて当然である。断言がただの出鱈目なら咎められてもやむなしだろう。命令しておいてそれを邪魔する人には文句の一つでも言ってやるのが筋である。こうした振る舞いはどれも咎められて当然の、つまり非難に値する、無責任な振る舞いである。

何かを意味することでその責任を引き受ける。発言による責任のやり取りは「言質を与える」や「言質を取る」といった仕方で言い表すことができる。言質のやり取りは、コミュニケーションがもつ重要な特徴の一つだ。

他方で、コミュニケーションには言質のやり取りに尽きない側面がある。人はあれやこれやを言外にほのめかす。「今は手持ちがないんだけど、明日には間違いなくまとまった金が入るんだ」と言って、明日の借金返済を暗に約束する。「この部屋空いてるよ」と言って、部屋の使用を暗に許可する。「あの選挙区の選管は皆、ある特定政党の支持者だった」と言って、選挙に不正があったと暗に主張する。「こんな汚い部屋じゃ仕事なんかできないぞ」ときつく言うことで、今すぐ部屋を片付けなさいと暗に命令する。[1]

こうした言外のほのめかしは、その内容をはっきりと口にした場合に生じる責任をときに伴わない。つまり、はっきりと口にした場合には無責任なものとみなされる振る舞いをしても、そのことが非難に値するわけでは必ずしもない。「今は手持ちがないんだけど、明日には間違いなくまとまった金が入るんだ」と口にした人が、翌日になっても借金を返さなかったとしよう。その人はなかなか借金を返さないという不実さに関しては非難されてもしかたないが、約束を反故にしたかどで非難されるに値するかといえば、必ずしもそうではない。「昨日の約束通り、今日は借金返してもらいますよ」という相手の呼びかけに、その人が「今日までに返すなんて約束してないと思うのですが……」としらをきり、相手は、ちゃんと言質を取らなかったことを悔いる、というのはない話ではない。あるいは、「この部屋空いてるよ」と言われ部屋の使用を暗に許可されたので部屋を使っていたら、「使っていいとは言ってない」と言われ追い出されたとしよう。あなたは不満に思うかもしれないが、確かにはっきり使っていいとは言われていないので、引き下がるよりないかもしれない。「あの選挙区の選管は皆、ある特定政党の支持者だった」とだけ口にした人には、「選挙不正の証拠はないって裁判所が認めているよ」などと反論されたところで、選挙不正の証拠を出す責任はなかろう。暗にほのめかされた命令についても同様の状況がありうる。

こうした発言は言質を与えないということにその特色がある。何かを意味しつつもそこに責任が伴わない、こうした側面がコミュニケーションにはある。

ある発言で人が意味することには、責任が伴うものもあれば、そうでないものもある。前者は、いわば表沙汰になった意味であり、後者は、いわばこっそり裏で伝えられた意味だ。そこで、責任が伴う意味を**表の意味**、責任が伴わない意味を**裏の意味**と呼ぼう。

意味の表裏と意味の否認

本書は、意味の表と裏に関する本だ。本書全体を通じて、意味の裏表はどう決まるのか、という問題を探究する。

探究の一つの鍵となるのは、**意味の否認**だ。人はときに、何かを意味したにもかかわらず、それをなかったことにしようと試みる。意味を否認する試みは通用することもあれば通用しないこともある。それが通用する、というのは言質を与えずに済んだ、ということであり、それが通用しない、というのは言質を取られている、ということだ。つまり、意味の表と裏を区別する一つの基準は、意味したことを否認できるかどうかにある。表の意味とは否認不可能な意味であり、裏の意味とは否認可能な意味である。

そこで本書では、意味が否認可能であるとはどんなことかをじっくり考えてみようと思う。具体例として取り上げるのは、「そんなつもりはなかった」や「誤解を招いたとしたら申し訳ない」といったお馴染みの言い訳による否認の試みだ。一つ例を見てみよう。二〇一三年、麻生太郎財務大臣（当

時）の

「ある日気づいたら、ワイマール憲法がナチス憲法に変わっていた。誰も気づかないで変わった。あの手口に学んだらどうか」

という主旨の発言は、ナチスの手口に学んだらどうかという提案をしているものとして強い反発を呼んだ。発言を批判された彼は

「私の真意とは異なり誤解を招いたことは大変残念。遺憾に思う」

と釈明した。そんな提案をするつもりはそもそもなく、提案したというのは誤解であり、それゆえ提案したということに伴う責任はない、というわけだ[2]（あるとしても誤解させたことに対する責任にすぎない）。

こうした言い訳はどんな場面で通用するのか。それが通用するかどうかはどう決まるのか。これらの問いをじっくり考えていくことで明らかになるのは、意味の否認可能性、ひいては意味の表裏は、一筋縄ではいかない複雑なあり方をしている、ということだ。あることに言質を与えたかどうかは、話し手がそれを意図していたかどうかだけによって決まるわけではない。あることに言質を与える・与えないの区別は、それをはっきり言葉にするのか、それとも言外にほのめかすのかの区別に対応す

るわけでもない。こんな単純な仕方で意味の裏表は決まっていない。それどころか、意味の否認可能性は実は一枚岩ではなく、多様なあり方をしている。第十章までの議論が明らかにするのは、否認可能かどうかを決める基準は一つではない、ということだ。意味が否認可能かどうかには、複数の、しかもときに競合するような基準がある。私たちはコミュニケーションにおいて、そうした複数の基準を驚くべき巧みさで使い分けている。これが意味するのは次のことだ。どんな発言にどんな責任が生じるのか、それを決めるただ一つの普遍的な基準などない。場面場面の個別的な事情に応じて発言の責任のあり方は変化しうる。

意味の表裏とその不確かな境界

このように、意味の否認可能性について考えることで明らかになるのは、意味の表と裏の境界がいかに不確かなものであるのか、ということだ。はっきりと表なもの、はっきりと裏なもの、そうした意味はある。しかし意味の表と裏の境界領域には、どっちなのかはっきりしないようなもの、個々の場面場面でその判断が揺れるようなものもある。さらに、表と裏の間にどう境界線を引くかには交渉の余地がある。ある種のコミュニケーションは、そうした線引きの仕方を変えようとする駆け引きという側面をもつ。意味の表裏の区別は絶対的なものでなく、揺らぎうる。

政治の言葉／言葉の政治

こうした意味の表裏の不確かさが如実に現れる場面がある。それは政治という場面だ。言質を与える、言質を取られる、というのは、政治家がもっとも忌み嫌うことの一つに見える。政治家はときに巧みに、あるいはときに厚顔無恥なほど白々しく、発言に伴う責任を逃れようと試みる。先に見た「そんなつもりはなかった」、「誤解を招いたとしたら申し訳ない」という釈明は、政治家による責任逃れの試みの常套手段である。政治家たちは日夜こうした言い訳によって、意味していたことをなかったことにしようとする。

政治家による意味の責任逃れの試みはこうした直接的な意味の否認にとどまらない。たとえば政治家たちは、言葉の意味を捻じ曲げることでそうした責任逃れを試みてきた。

発言にどんな責任が伴うのかは、一つにはそこで使われた言葉の意味にかかっている。何人かの政治家たちは、大胆にも、発言に使われた言葉の意味を歪めることで、責任の追及を逃れようと試みてきた。

二〇一九年、安倍晋三内閣総理大臣（当時）主催の「桜を見る会」に反社会的勢力が出席していた疑いを追及された際、菅義偉官房長官（当時）は

「出席は把握していなかったが、結果的には入ったのだろう」

と出席を認めた。反社会的勢力が出席していたとなれば大問題であり、それを認めた限り、その出席に関わる責任を負うことが当然求められる。発言を踏まえた更なる追及に応えて菅は

「反社会的勢力の定義は一義的に定まっているわけではない」

と述べた。「反社会的勢力」という言葉の意味をあやふやにすることで、責任の追及を逃れようとしたわけだ。責任を追及する人たちが「反社会的勢力」と呼ぶ人が出席していたかもしれないが、それが実際に反社会的勢力かどうかは定まらないし調べようもない、という理屈がそこにはある（その実態はもう少し複雑だ。この事例については第十二、十三章で詳しく論じる）。

責任逃れの方法はまだある。発言の力を捻じ曲げる、というのもそうした方法の一つである。発言には約束や許可、謝罪、主張、命令など、いろんな種類のものがある。この違いを、発言に伴う力の違いとして捉えよう（Austin 1962）。約束の力を伴う発言が約束、主張の力を伴う発言が主張、などなど、というわけだ。力が違えば、どんな責任が伴うのかも変わってくる。約束であれば、約束の内容を実現する責任が、主張であれば挙証責任、つまり必要に応じてその内容の証拠を出す責任が生じる。

ドナルド・トランプ合衆国大統領は、主張の責任を大胆に踏み倒し続けることで、こうした対応を有名無実化してきた。彼は

「フェイクニュース！」

「選挙が盗まれた！」

と声高に主張する。あからさまに事実に反するそれらの発言には当然異論が出るが、それに対する十分な根拠を示すことも、主張を撤回することも彼はしない。そして、彼の支持者たちは、そうした彼の振る舞いを認めつつある（あるいはすでに認めている）。第十四章で見るように、ここにあるのは、根拠のない発言が繰り返されるだけでなく、何かを主張したら根拠を示せなければならないという主張に伴う責任のあり方が変容しつつある、という事態である。

　こうした責任逃れの試みは、言葉にどんな責任が伴うのかに関する私たちの社会のルールを（自分の都合のいいように）変えようとする試みという側面をもつ。この意味で、これらの政治の言葉はいわば言葉の政治でもある。[3]

　実は言葉の政治は、政治の言葉の専売特許ではない。政治の言葉でなく私たちの日々の言葉のやり取りにも言葉の政治は潜んでおり、それは意味の裏表の境界を揺るがせ、不確かにする。意味の表と裏の区別を考える本書は、政治の言葉や日常の言葉に潜む言葉の政治の探究でもある。それは、いかに意味の表裏の境界が揺らぐのかの探究だ。

本書の構成と各章の概要

　本編に入る前に、本書の構成と各章の概要を述べておこう。

　本書で扱う意味の表と裏の揺らぎは大きく二つに区別できる。一つは否認可能性の揺らぎによるもの、もう一つは意味と力の揺らぎによるものだ。否認可能性の揺らぎはさらに二つに区分できる。誤解の余地としての否認可能性の揺らぎと、多様な否認可能性の間での揺らぎだ。それぞれの概要は次

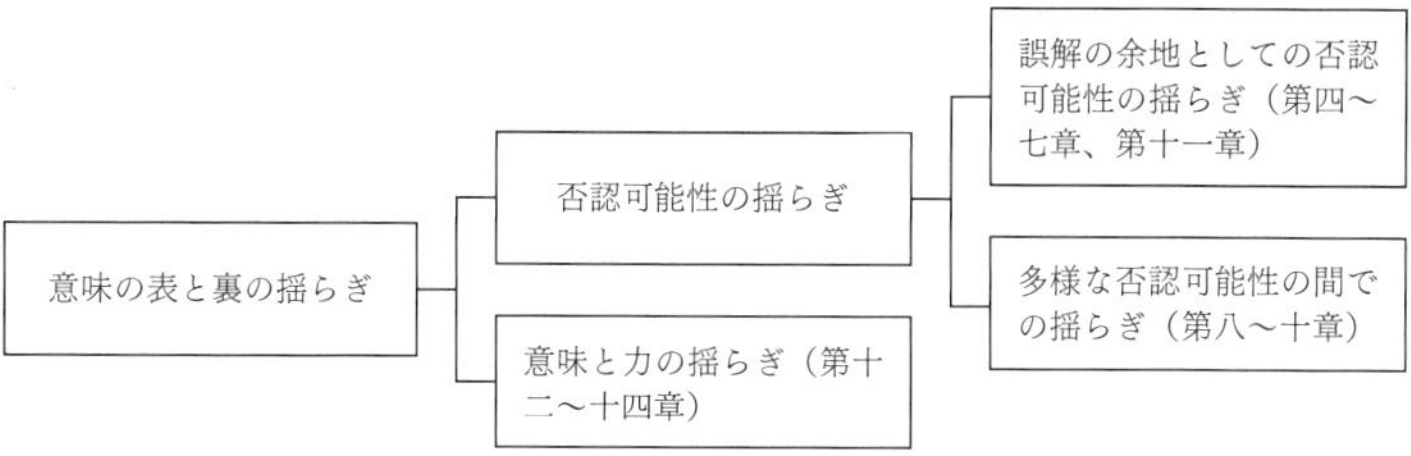

の通り。

誤解の余地としての否認可能性の揺らぎ（第四～七章、第十一章）：コミュニケーションには誤解がつきものだ。話し手はときに誤解の可能性を巧みに利用して意味の否認を試みる。意味したことを否認できるかどうかが誤解の余地があるかどうかに左右される――こうした否認可能性を誤解の余地としての否認可能性と呼ぶ。第四章と第五章では、言外の意味が伝わる仕組みを論じつつ、誤解の一因として話者間の共通認識の齟齬《そご》――これは「Black lives matter」に対して「All lives matter」と返すというすれ違いの根深い原因でもある――があるということを確認する。第六章と第七章では、誤解の余地があるかどうかの基準が変わることで誤解の余地としての否認可能性が揺らぐことを見る。第六章で探究するのは、誤解の余地があるかどうかの評価基準が、誤解によって生じるリスクに応じて変わりうる――それに応じて意味の表と裏の境界も揺らぐ――ということだ。第七章では、否認可能性の揺れの具体例として、衆議院議員（当時）の杉田水脈が名誉毀損で訴えられた裁判を取り上げる。誹謗中傷のツイートに「いいね」しておきつつ、誹謗中傷のツイートの内容に賛成するつもりはなく、ブックマークしただけだと言い張る。裁判では杉田のこうした言い訳が通用するかどうかの判断が揺れた。その原因を探るのが第七章の狙いだ。第十一章では、誤解のやむを得なさによって言質が生じてしまうという事態を論じつつ、SNSでときに見られる、自分の都合の良いように勝手に行間を読んで相手を非難するという振る舞いの問題点を論じる。

多様な否認可能性の間での揺らぎ（第八〜十章）：否認可能かどうかを左右するのは、誤解の余地の有無だけではない。第八章で明らかにするのは、意味が否認可能かどうかは、裁判といった特殊な社会的な文脈の事情や、対人関係のスムーズさ、あるいは話し手や聞き手の個人的な都合といったさまざまな理由に照らして、評価されうるということだ。こうした理由のどれを取るかによって、意味が否認可能かどうかは変わりうる。つまり否認可能性には多様性がある。第九章では、否認可能性の多様性がいかに言い逃れに用いられるのかを見る。否認可能性の多様性は、一部の人たちにとっては否認可能だが、他の人たちにとっては否認可能でない、という二面性をもったコミュニケーションを可能にする。その具体例として、一種の隠語を用いたコミュニケーションである犬笛、それから言質を逃れる免罪符のように使われるイチジクの葉──たとえば「差別するつもりは毛頭ないのですが」と前置きして差別的な発言をする──という二つのコミュニケーションの方法を論じる。第十章で確認するのは、多様な否認可能性のうち、どんな場面でも使える唯一絶対の否認可能性はない、ということだ。私たちは状況に応じて異なる否認可能性を使い分けている。こうした使い分けによって、意味が否認可能かどうかが不当に評価される余地、それゆえ不当に課される責任の余地が生じるということを見る。

意味と力の揺らぎ（第十二〜十四章）：意味の表と裏の境界は、否認可能性の揺らぎとはまた別の要因によっても揺らぐ。言葉がどんな意味をもつのか、人がそれをどんな意味で使うのかの変化によっても意味の表と裏は揺れ動く。第十二章と第十三章では、言葉の意味を捻じ曲げることで責任逃れをしようとする政治家の試みを議論の呼び水に、意味の揺らぎを、言葉の意味が変わる仕組み、そして会話の場面場面で何が意味されているのかが調整される仕組みを見ることで確認する。第十四章では、「誤解を招いたとしたら申し訳ない」という言い逃れの常套句の何がまずいのかを論じたうえで、主張や命令、約束といった発言の力もまた一定不変ではなく、変化し揺らぎうるということを明らかにする。

最初の三つの章はこれらを論じるための準備だ。第一章では「そんなつもりはなかった」という言い訳――これは否認の一種だ――の通用する・しないが揺れることを、第二章は言質を与えるとはいかなることかを、第三章では意味の表と裏の区別と意図の関係がどう問題になるのかをそれぞれ論じてゆく。

どの章末にもその章の重要ポイントのまとめがある。各章のもう少し詳しい内容が知りたい読者は、そちらも参照してほしい。また、本書では実際に世間を騒がせたさまざまな発言――その多くは政治家のものだ――を取り上げる。ぱらぱらと本書をめくってみて目についた具体例とその前後を眺めるだけでも、本書が何をやろうとしているのかの感じは摑めるだろう。

それでは本編の幕開けだ。最初に見るのは、政治的な文脈での「そんなつもりはなかった」という言い訳である。

目次

注意＊本書で扱う事例には、かなりあからさまな差別発言や侮辱的な表現が含まれます。

第一章　「そんなつもりはなかった」

一　責任逃れの「そんなつもりはなかった」

「そんなつもりはなかった」

責任ある立場の人が自身の発言の問題点を指摘され、こう言い訳するのを私たちは度々耳にする。こうした言い訳を聞くたびに、うんざりしつつ、「そんな言い訳は通用しない」と言いたい気分になる。いくつか例を挙げよう。

（i）ナチスの手口に学ぶ[1]

二〇一三年七月二九日、麻生太郎財務大臣（当時）が、憲法は喧騒・狂乱の中で改正されるべきではない、という趣旨の話の中で、次のように発言した。

「三分の二という話がよく出ていますが、ドイツはヒトラーは、民主主義によって、きちんとした議会で多数を握って、ヒトラー出てきたんですよ。ヒトラーは、選挙で選ばれたんだから。ドイツ国民はヒトラーを選んだんですよ。間違わないでください。(略)靖国神社の話にしても、静かに参拝すべきなんですよ。騒ぎにするのがおかしいんだって。(略)[靖国参拝や憲法改正を]いつから騒ぎにした。マスコミですよ。いつのときからか、騒ぎになった。騒がれたら、中国も騒がざるをえない。韓国も騒ぎますよ。だから、静かにやろうやと。憲法は、ある日気づいたら、ワイマール憲法が変わって、ナチス憲法に変わっていたんですよ。だれも気づかないで変わった。あの手口学んだらどうかね。わーわー騒がないで。本当に、みんないい憲法と、みんな納得して、あの憲法変わっているからね」

最後に彼は、民主主義を否定するつもりはまったくないが、喧騒の中で決めないでほしい、と締めくくる。

麻生が伝えたかったのは、憲法改正は喧騒の中ではなく、静かな環境でなされるべきだ——マスコミによる騒ぎ立ては憲法改正のプロセスにとって有益ではない——ということだ。この脈絡で彼は、誰も気づかない間になされ(つまり喧騒の中では行われず)、みな(つまり、国民)が納得した憲法改正の例としてナチスによる改憲を挙げた——実際にはナチスは憲法改正を行っていないし、ナチスによる政権獲得や法制定を含む政権運営がみなが納得したものであったとは到底言えないのだけれど。こうしたことを踏まえれば、「あの手口学んだらどうかね」というのが、ナチスのやり方をポジティブなものとして捉え、それに倣おうという提案であった、というのは明らかであろう。
ナチスの手口に学ぶという麻生のこの発言が報じられると、すぐさま多くの批判・抗議がおきた。たとえば、翌三〇日には、ユダヤ系人権団体が、「どんな手口をナチスから学べるのか」と麻生の発言に対する抗議を表明した。こうした批判を受け、麻生は次のように釈明した。

「私の真意とは異なり誤解を招いたことは大変残念。遺憾に思う」

「喧騒にまぎれて十分な国民的理解及び議論のないまま進んでしまった悪しき例として、ナチス政権下のワイマール憲法に係る経緯をあげたところである。（略）この例示が、誤解を招く結果となったので、ナチス政権を例示としてあげたことは撤回したい」

「ナチスの手口に学ぶ」というのは、ナチスのやり方を反面教師としようという提案だった、というわけだ。いやいや、流石《さすが》にそんな言い訳は通用しない、と言いたくならないだろうか。この釈明の内容を踏まえれば、悪しき例として挙げられるべきは、喧騒の中で行われたり、国民的理解や議論がなかったりといった憲法改正のはずだ。麻生によれば、ナチスの改憲（だと彼が考えているもの）は、喧騒の中では行われておらず、そして国民が納得した憲法改正なのだから、それは当然悪しき例として挙げられるものではない。麻生は講演においてナチスの手口にも倣うところがあると提案したのであり、「そんなつもりはなかった」、「誤解を招き申し訳ない」といった類の言い訳によってそのことを帳消しにすることはできまい。

(ii)「私には差別の意図はございません」[2]

二〇二二年六月、神道政治連盟国会議員懇談会での配付資料に、性的マイノリティに対するあからさまな差別を含む内容が記載されていた。たとえばそこでは

「性的少数者のライフスタイルが正当化されるべきでないのは、家庭と社会を崩壊させる社会問題だから」

といったことが主張されていた。性的少数者のライフスタイル――講演の内容を踏まえれば、ここには同性愛そのものが含まれている――を否定することは今の日本社会において差別である。その資料には、こうした差別的内容の記述に先立ち、次のような但し書きがあった。

「今日の講演の目的は（中略）性的少数者を卑下したり、軽んじることではありません。性的少数者の人格、尊厳は尊重しなければなりません」

さて、このことが報道されると、その極めて差別的な内容に対して、多くの批判・抗議がなされた。そうした批判を受けて、神道政治連盟の担当者は次のようにコメントした。

「一部の報道では、楊氏［懇談会の講演者］のことを差別的だといいます。ただ楊氏は講演に際して『私には差別の意図はございません』とハッキリおっしゃっています。講演録の方にも、そういう風にきちんと書いております」

これまたそんな言い訳は通用しない、と言わざるを得ないのではないだろうか。つまり、資料の著者の但し書きや担当者のコメントにもかかわらず、当該の記載は、性的マイノリティに対する差別的な主張に他ならない、と考えざるを得ないのではないだろうか。

（ⅲ）「女性は寛大に」[3]

二〇二二年七月五日、桜田義孝衆議院議員が街頭演説で次のように発言した。

「ちょっと言いづらいことですが、男の人は結婚したがっているんですけど、女の人は無理して結婚しなくていいという人が最近増えちゃっているんですよね。嘆かわしいことですけれどもね。女性ももっともっと男の人に寛大になっていただけたらありがたいなと思っている」

この発言を女性蔑視発言として批判されると、桜田は二〇二二年七月七日にTwitter（現X。以下同）上で次のように釈明した。

「先日の私の発言につきまして、特定の性別、年代、結婚観などを揶揄《やゆ》する意図で発言したものではなく、すべての人々がお互いを思いやり、尊重すべきとの趣旨で発言したものであります」

そんな言い訳は通用しまい。元々の発言が、女性、最近の若い世代、そして無理して結婚しなくていいという結婚観を対象とした揶揄だ、というのは明らかであろう。

「そんなつもりはなかった」という類の言い訳が通用しない事例は他にも数多く存在する。こうした事例に実際に直面したとき、その言い訳は通用しないのだということをはっきりさせておくのは重要だし、妥当なことだ。

しかし、通用しない言い訳に毅然とした態度で対峙することの妥当性は、私たちに一つの謎を投げかける。こうした言い訳が本当に通用しないのならば、なぜこうした言い訳がこれほどまでに世に蔓延《はびこ》っているのか。

考えてみてほしい。あることが言い訳として通用しないことがわかっていながら、それを言い訳にするのは実に不可解なことではないか。それはまるで、本物のお金として通用しないことがわかっていながら、おもちゃのお金で支払いを済ませようとするかのような行いだ。[4]件《くだん》の言い訳は本当にこうした不可解な行いの一種なのだろうか。そうなのかもしれない。しかしもしそうでないのだとすれば、それをどう理解すればよいのだろうか。もしかすると、件の言い訳をする人々はそれが言い訳として通用すると思っているのかもしれない。ではなぜそう思うのだろう。こうした言い訳が通用すると思わせてしまう何かが、その言い訳にあるのではないか。

その「何か」の一つとして、「本当のことは本人にしかわからない」論法というものを見てみよう。

二　「本当のことは本人にしかわからない」論法

人は発言によっていろんなことを意味する。前節で取り上げた事例で追及されているのは、発言によって意味されたことに関わる問題だ。「本当のことは本人にしかわからない」論法は、そもそも意味したかどうかは究極的には本人にしかわからないと論じることで、この追及を逃れようとする。それは次のような論法だ。ある発言で何を意味しているかは意図次第だ。特に意図していないことを意味することはない。そして実際に意図があったかどうかは、究極的には当の本人にしかわからない。なので、本人が「そんなつもりはなかった」と言えば、他人がそれ以上意味したことをどうこう言うことはできない。

この論法には二つのステップがある。一つ目は、意図は本人にしかわからないことがある、という考えだ。そのつもりがあるかどうか、つまりそうする意図があるかどうかは、人の心の中の話だ。そしてある人の心の中がどうなっているのかは、究極的には、その人にしかわからない。私たちにできるのは、その人の振る舞いや過去の言動、それから常識などを総動員して、その人が心の中で何を信じていて、何を欲していて、何を意図していて、といったことを推測することに過ぎない。人の心についてのこうした見方が正しければ、そのつもりがあったかどうかは、究極的には本人にしかわからないということになる。少し難しい言い方をすれば、意図に関しては一人称的なアクセスが特権性をもつ、ということだ。

意図（帰属の証拠）に対する一人称的アクセスの特権性：ある人があることを意図しているかどうかは究極的にはその人にしかわからない。

もう一つのステップは、あることを意味しているかどうかは、それを意味するつもりがあったかどうか次第である、特に、意図していないことを意味することはない、という考えだ。意味しているなら意図がある、というこの考えを**意味の意図への依存性**、あるいは**（意味→意図）**と呼ぼう。

意味の意図への依存性（意味→意図）：意味しているなら意図がある（つまり、意図していないことを意味することはない）。

この二つが組み合わさると、「そんなつもりはなかった」という言い訳が、反論できない無敵の言い訳であるかのように見えてくる。この二つから帰結するのは、発言で何かを意味したかどうかを左右する事実に対して、話し手だけが他の人にはできない特別な仕方でアクセスできる、ということだ。話し手に「そんなつもりはなかった」と言われてしまえば、そう言われた側は、そんなつもりがなかったなんてことはないと反論する十分な根拠を手にできない（一人称的アクセスの特権性）。そして、意図しないことを意味することはない（意味→意図）。だとしたら、話し手が非難の対象となるようなことを意味したということにも十分な根拠がないことになる。意味していないことを非難される謂《いわ》れはないのだから、話し手の発言が非難される謂れはない。これが「本当のことは本人にしかわからない」論法だ。

もしかすると、「そんなつもりはなかった」という言い訳の蔓延にはこうした考えが一役買っているのかもしれない。「私がそう意図していたとなぜあなたは言い切れるんですか」――最終的にはこう言い返すことで反論を封殺できる、「本当のことは本人にしかわからない」論法はこうした期待を人に抱かせうる。[6]

もちろん「そんなつもりはなかった」という言い訳は反論不可能な無敵の言い訳ではない。本章の冒頭で見たように、少なくない場面で「そんなつもりはなかった」という言い訳は通用しない。そうした場面で「そんなつもりはなかった」と言い訳する輩《やから》の口車にのって、「本当のことは本人にしかわからない」論法に屈してしまっては、相手の思う壺だ。私たちがすべきことは、「そんなつもりはなかった」は無敵の言い訳ではないということが私たちの言葉のやり取りの実態なのだということを一つの根拠として、「本当のことは本人にしかわからない」論法が間違っていると考えることだ。すると重要なのは、一体その論法のどこが間違っているのかを突き止めることになる。

三　通用する「そんなつもりはなかった」と通用しない「そんなつもりはなかった」の揺れ

「そんなつもりはなかった」は無敵の言い訳ではない。他方で、それがどんな場面でもまったく通用しないかといえば、そんなことはない。「そんなつもりはなかった」や「誤解を招いたとしたら申し訳ない」といった言い訳が通用する場合もある。次の事例を考えよう。

(ⅳ) 打ち合わせかランチか

あなたは職場の同僚と打ち合わせしたいのだが、スケジュールがいっぱいで、打ち合わせに使えるのはお昼休みの時間しかない。そこであなたは、同僚に

「明日のお昼、時間あいている？」

とたずねる。ランチに誘われたと思った同僚は

「もちろん！　何食べに行こう？」

と返す。そこであなたは、相手が自分の意図を誤解したことに気づき、次のように言う。

「あ、そういうつもりじゃなくて。仕事の打ち合わせがしたいんだけど。誤解させてごめん」

こうした場面で、「そんなつもりはなかった」という類の言い分はしっかり通用する。たとえば、そうした言い分に対して相手が、「いや、そんな言い訳は通用しない！　そう言ったからには、君は私をランチに誘ったのだ！」などと言い返したら、それは理不尽というものだ。このことは、「ランチに行こう」といった言葉がはっきりと口にされた場合と比較するとよくわかる。こうした言葉を口にしたなら「そんなつもりはなかった」という言い訳は通用しまい。対して（iv）についてもこうした場合と同様に言い訳が通用しないと考えるのは無理がある。

このように、「そんなつもりはなかった」という言い訳はある場面では通用し、ある場面では通用しない。この違いはどのように生じるのだろうか。どんな場面で「そんなつもりはなかった」という言い訳は通用し、どんな場面でその言い訳は通用しないのだろうか。

この問いは一筋縄で答えられるような問いではない。「そんなつもりはなかった」という類の言い訳が通用するかどうかについての私たちの判断は確固たるものではなく、それが揺らぐことがある。具体例として、ジャーナリストの伊藤詩織が衆議院議員（当時）の杉田水脈を名誉毀損で訴え、損害賠償を求めた訴訟を取り上げてみよう。

(v)「いいね」とブックマーク[7]

性暴力被害を公表した伊藤に対してTwitter上で匿名アカウントによる数多くの誹謗中傷投稿がなされた。杉田は、そうした投稿の少なくとも二五件に対して「いいね」した。この杉田の「いいね」が名誉毀損にあたるかが裁判で争われた。裁判の争点の一つは、杉田が「いいね」することで、対象ツイートに対する好意的な感情を表明したかどうかであった。杉田の「いいね」が対象ツイートに対する好感の表明だと主張する伊藤に対し、杉田は

「ブックマークのために本件対象ツイートに『いいね』を押したにすぎない」
「ブックマークの意図で本件各押下行為をした」

と反論した。

杉田の応答は、典型的な「そんなつもりはなかった」型の言い訳である。そしてこの言い訳が通用するかどうかがこの裁判の行方を左右する重要なポイントの一つであった。結論から言えば、一審は杉田の言い訳を通用するものとみなし、杉田に無罪判決を出した。これに対して二審は、杉田の言い訳を通用しないものとみなし、杉田に賠償命令を出した。つまり、「そんなつもりはなかった」という言い訳が通用するかしないかの判断が揺れたのである。なぜこんなことが起こったのだろうか。「そんなつもりはなかった」という言い訳が通用する場合とそうでない場合の違いの説明は、この揺れを説明できるようなものでなければならない。

四 意味・意図・言質の絡まり合いを解きほぐす

「そんなつもりはなかった」という言い訳についてのここまでの考察で浮かび上がったのは次の二つの問いだ。

- 「本当のことは本人にしかわからない」論法は正しくない。ではその論法のどこが間違っているのか？
- 「そんなつもりはなかった」という言い訳には通用する場合としない場合がある。ではその違いはどう生じるのか？

本書の最初の大きな課題は、この二つの問いに答えることだ。第三章から第十章にかけてこの作業に取り組む。その鍵は、**意味**と**意図**、それから**言質**、この三つの要素の絡まり合いを理解し、整理することだ。発言にはしばしば責任が伴う。言質を与えるとはそうした責任を負うということだ。「そんなつもりはなかった」と言い訳する人は、意図を否定することで言質の回避を試みる。ある場合にはそうした回避の試みは成功し、ある場合には失敗する。その仕組みを、意味と意図と言質の絡まり合いを解きほぐすことで明らかにしていこう。

次章はその出発点として、言質を与えた際の責任とは何か、という問題を考える。

❖これだけは押さえておきたい本章のポイント

・「そんなつもりはなかった」という言い訳は、言質を回避する無敵の言い訳ではない。他方で、そうした言い訳が通用する場合もある。謎は、その違いがどう生じるかだ。

第二章　言質を与える――言行一致の責任

一　言行一致の責任と言質

発言には責任が伴う。何かを発言したら、そこから外れて好き勝手に振る舞うわけにはいかない。発言したなら、その発言に見合う仕方で振る舞う責任がある。いわば私たちは自分の発言に縛られながら生きている。

　わかりやすいのは約束だ。約束したなら、約束を守らなければならない。たとえば「明日には金を返す」と約束したなら、翌日には借金を返済する責任がある。こうした責任を生むのは約束だけではない。本書冒頭で見たように、許可や、謝罪、主張、命令などによっても責任は生じる。言質を与える、言質を取る、といった仕方で言い表される、言葉による責任のやり取りは、コミュニケーションに広く見られる特徴だ。

　これまで多くの理論家が、発言に伴う責任を中心概念としたコミュニケーション理論を展開してきた[1]。本章では、こうした理論家の研究を参照しつつ、発言の責任とはどんな責任なのか、言質を与えるとはどんなことなのかを考察する。答えの基本方針はとてもシンプルだ。発言に伴う責任とは言行一致の責任だ。そして、言質を与えるというのは、言行一致の責任を負うということだ。本章で取り組むのは、この考えを詳しく展開するという作業である。

なおこの分野では、責任を引き受けるということを表すのに**コミットメント**という用語がしばしば用いられる。本書でも責任という用語とコミットメントという用語の両方を使うことにする。

二　内容と力

発言に伴う責任とは言行一致の責任だ。だが言行一致と一言で言っても、具体的に何をすれば言行一致になるのかは、どんな発言をしたのかに左右される。そこでまず、何をすれば言行一致になるのかを左右する二つの要因を整理することから始めよう。その二つの要因とは**内容**と**力**である。どちらも拍子抜けするくらい当たり前の話だ。

まずは内容について。

「七月末までに借金を返す」

という約束と

「年末までに借金を返す」

という約束を比べよう。どちらも約束だが、それぞれに伴う責任はもちろん違う。前者の約束で生じるのは、七月末までに借金を返す責任であり、後者の約束で生じるのは、年末までに借金を返す責任だ。この違いを生み出しているのが約束の内容である。前者の内容は、七月末までに借金を返すということであり、後者の内容は、年末までに借金を返すということだ。一般に、約束したなら、その内容を実現させる責任を話し手は負う。内容が異なれば、約束によって生じる責任も異なる。

次は力について。発言によってどんな責任が生じるのかを左右するのは発言の内容だけではない。内容が同じでも、それが約束なのか、命令なのか、それとも主張なのか、などなどに応じて、生じる責任は別物になる。たとえば

「明日は晴れる」

という主張と

「明日は晴れる?」

という質問を比べてみよう。どちらもその内容は「明日は晴れる」ということだが、これらに伴う責任はもちろん異なる。前者の主張に伴う責任には、必要に応じてその根拠を出せるということが含まれる。主張は根拠のない出鱈目であっては困るのだ。質問した人にはもちろんそんな責任はない。そもそも明日は晴れるということの根拠を知っている人はそんな質問はまずしない。[2] 質問した人が負うのは、その相手の答えをちゃんと聞き関心を示す、といった責任であろう。このように発言の内容が同じでも、主張なのか質問なのかで生じる責任が異なる。

　主張や質問は私たちが言葉を使って行う行為の一種だ。約束、謝罪、命令、提案、揶揄、誘いなど、そうした行為は枚挙にいとまがない。発言といわば一体化したこれらの行為は、**発語内行為**（illocutionary act）と呼ばれる（Austin 1962）。そしてこれらさまざまな種類の発語内行為を区別するのが**発語内の力**（illocutionary force）である。耳慣れない言葉だが、主張というのは主張の力を伴う発言であり、質問とは質問の力を伴う発言であり、約束とは約束の力を伴う発言であり、といった仕方で、さまざまな種類の発語内行為のそれぞれに対応する発語内の力があると理解しておけば十分だ。

　発言にどんな責任が伴うのかは、それがどの種類の発語内行為なのか、つまりそれがどんな発語内の力をもつのかによっても変化する。約束に伴うのは、約束の内容を実現する責任だ。主張に伴うのは、一種の挙証責任、つまり、必要に応じてその主張内容に対する証拠を出す責任だ。一般に、内容が同じでも発語内の力が異なれば、発言に伴う責任も異なる。

　本書では、発語内行為と呼ばれる種類の行為をひとまとめにした総称として「意味する」という言葉を使うことにする。[3] つまり本書の用語では、人が何かを意味するとは、その人がなんらかの発語内行為を遂行するということに他ならない[4]（人ではなく言葉もいろんなことを意味する。言葉が何かを意味する、ということは言葉が発語内行為をするということではない、ということに注意しよう。「言葉が何かを意味する」の「意味する」は今導入した用法とは別の用法で使われている。言葉の意味については第十二、十三章で論じる）。

これを踏まえて言行一致の責任とは何かを述べ直せば、次のようになる。言行一致の責任とは、ある内容をある力で意味することに一致した仕方で振る舞う責任である。そして、言質を与えるとは、そうした仕方で振る舞う責任を負うということである。

ここで二つ大事な注意点がある。一つ目は、意味には必ず責任が伴うわけではない、ということだ。発言は、なんであれ話し手がそれで意味したことの言質になるわけではない。発言によって意味しつつも言質は免れる、ということがあるのだ。言質を伴わない意味とはどんなものか、意味に言質を伴うかどうかはどう決まるのか、これは次章以降のテーマである。これに対して、本章はもっぱら責任を伴う意味について論じる。とりわけ、（論述を簡潔にするため）本書では、約束にはしかじかの責任が伴う、主張にはしかじかの責任が伴う、といった言い方をしばしばするが、それは主張や約束にとっての一般論というより、言質を与える主張や約束についての話として理解してほしい。

二つ目は、発言の責任には、意味したことの責任とは異なるものもある、ということだ。たとえば、発言の際の声の大きさや発言の場所、使った言葉の文法的な正しさといったことも非難の対象になり、それに関する責任を問われることがありうる。電車の車体に勝手に「こんにちは」とでかでかと落書きしたら、追及されるのは不適切な場所に落書きしたことの責任であって、何かを意味したことの責任ではない。あるいは意味することによって生じたさまざまな結果の責任が問われることもあろう。発言によって人を傷つけたことの責任というのはこの種の責任だ。言質に関わる責任は、こうした責任とは区別されるような発言の責任だ、ということにも注意しよう。

言質を与えるとは言行一致の責任を負うということだ。そして何をすれば言行一致になるかは、その内容と力に左右される。こうした概略を踏まえた上で、何をしたら言行一致になるのかについて、もう少し詳しく見ておきたい。参照するのはバート・ガーツの議論である（Geurts 2019。次節の議論は、事例やブランダムの議論の参照といった肉付けを除き、ガーツのこの論文に基本的に負う）。

三　言行一致のバリエーション——主張、約束、命令

言行を一致させるというのは、基本的には、意味したことと矛盾しない仕方で行動する、ということだ。たとえば、主張した人が負う責任は、その主張と矛盾しない仕方で行動する責任である。同様に、命令した人が負う責任は、その命令と矛盾しない仕方で行動する責任、約束した人が負う責任は、その約束と矛盾しない仕方で行動する責任、などなど、というわけだ。すでに見たように、どんなことが意味したことと矛盾しない仕方での行動になるのかは、その内容と発語内の力に応じて異なる。ここでは、発語内の力の方に注目しよう。主張、約束、命令という三つの代表的な発語内の力を例に、発語内の力の違いに応じた言行一致のさせ方の違いを見ていきたい。

主張とその仲間たち：まず主張について考えよう。主張と矛盾しない仕方で行動するとはどんなことだろうか。たとえば

「今日は午後から雨が降る」

と主張する人がいるとしよう。この主張と矛盾しない行動には、出かけるなら傘をもっていくとか、外に洗濯物を干したまま出かけない、といった行動が含まれる。ここには、天気がどうなるか聞かれたら「午後から雨が降るよ」と答えるとか、「ずっと晴れだよ」のような嘘は言わないなどの言語的な行動も含まれる。つまり前後の整合性を保って話をする、ということも含まれる。

一般に、ある主張と矛盾しない仕方で行動するということには、その主張が正しい、つまりその内容が成り立っている（過去のことであれば、成り立っていた、未来のことであれば、成り立つ）ということを踏まえて行動するということが含まれる。もちろん実際にそれが成り立っていない、ということは往々にしてある。あることが成り立っているということを踏まえた行動とは、それが実際に成り立っているなら適切であるような行動をとる、ということだ。

ガーツは、ある内容をもつ発語内行為のうち、その内容が成り立っているということを踏まえて行動するというコミットメントを生み出すタイプの発語内行為をまとめて事実確認型（constative）と呼ぶ。主張は事実確認型の発語内行為の代表例だ。主張以外にも、推測を述べるとか、憶測を述べると

かといった発語内行為が事実確認型の発語内行為に数えられる。あることが成り立っているということを踏まえた行動にもいろいろなものがあり、具体的にどんな行動が言行一致の要求に含まれるのかに応じて、これら事実確認型というタイプの中でさまざまな発語内行為が区別される。[6]

では主張を特徴づけるのは、具体的にどんな行動なのか。主張とそれに伴う責任を自身の哲学理論の中心に据えるロバート・ブランダムによれば、人は主張することで、一種の挙証責任、つまり、その主張の内容を正当化する責任を負う（Brandom 1983; 1994）。とりわけ、内容の正しさに疑義が呈されたならそれに応答する責任が、主張した人にはある。再び「今日は午後から雨が降る」と主張する人について考えよう。その主張を聞いたあなたが

「晴れてるけど、本当に降るの？」

と言ったとしよう。あなたは相手の主張の正しさに疑義を呈しているわけだ。このとき相手は、自分がその主張をする資格をもっているということを、その正しさを保証することで示さなければならない。この責任は、「天気予報でそう言ってたから」のように信頼できる他者からの情報を示したり、「気圧が下がってきて空気も湿っているから、天気は崩れるよ」などのように自分が証拠をもっていることを示したりすることで果たされる。これに対して、同じ事実確認型の発語内行為であっても、たとえば、憶測を述べるという行為は、こうした正当化の責任を伴わない。

ブランダムによれば、主張に伴う正当化の責任が果たせないということが明らかになれば、主張し

た人はそう主張する資格を失う。この場合、その主張は撤回されなければならない。たとえば相手があなたの疑義に応える正当化を与えられないなら、相手は「今日は午後から雨が降る」と主張する資格をもはやもっていない。そのとき相手は、「ああ、勘違いだったかな」などと言ってその主張を撤回することになる。要するに、あることを主張した人は、その主張に反論されたとき、再反論するか、ちゃんと再反論できないならその主張を撤回しなければならない。こうした責任を主張した人は負うのである。

　主張に挙証責任が伴うことの重要性を見るために、例を二つ取り上げよう。一つ目は、ドナルド・トランプの

「選挙が盗まれた！」

という主張だ。この発言を繰り返し、決して敗北を認めず、選挙不正を訴える訴訟を乱発するといった発言後の彼の行動は、一貫して選挙が盗まれたということを踏まえた行動だ。この意味で彼はその主張に伴う責任を部分的に果たしている。にもかかわらず、全体として主張後の彼の振る舞いが無責任なものであるのは、その主張の根拠を求められているにもかかわらず、それを示すことができない（そしてできないのにその主張を撤回しない）からだ。[7]

　もう一つの例として、差別的な主張について考えてみよう。ブランダムの理論を当てはめると、差別的な主張が主張である限り、ある差別的な主張をした人は、反論に応じてそれを正当化するか、正

当化できなければその主張を撤回しなければならない。

さて、ここまで正当化ということで考えてきたのは、主張の内容が事実なのかどうか、それが本当のことなのかどうか、ということに関わる正当化だった。こうした正当化は認識的正当化と呼べる。だが、日々の言葉のやり取りにとって、発言内容の正当化は認識的なものに限られない。発言内容の倫理的・道徳的な正しさが問題になることもあるだろう。たとえば、「…人は〜人よりもずる賢い」といった仕方で人種間の差を述べる主張は、倫理的な正しさが問題となる主張であろう。主張内容に対する倫理的な異議申し立てに対応する正当化は、道徳的正当化だ。

ここで、ブランダムの提案を道徳的正当化を含むようなものとして理解してみよう。[8] ある人があることを主張する。それを聞いた誰かが、その主張に対して異議を申し立てる。そうした異議申し立てには、認識的なものだけでなく、道徳的なものもある。たとえば、差別的な主張に対する異議は、多くの場合道徳的な異議申し立てであろう。認識的なものであれ道徳的なものであれ、主張に対して異議申し立てがなされたならば、それを主張した人はその内容を正当化しなければならない。当然、認識的な異議申し立てに対しては認識的正当化が、道徳的な異議申し立てには道徳的正当化が求められる。そしていずれの場合でも、主張した人がそれを正当化できないのならば、その人はそのように主張する資格を失い、その主張は撤回されて然《しか》るべきものとなる。

さて、差別的な主張内容は道徳的に問題のあるものであり、当然それを道徳的に正当化することはできない。正当化できないのだとしたら、その主張は撤回されなければならない。かくして、主張には正当化の責任が伴うというブランダムの指摘は、差別的な主張は撤回されて然るべきだということをうまく説明してくれる。

約束とその仲間たち：次に約束について考えよう。約束における言行の一致は、主張とは違い、約束した内容が成り立っているということを踏まえた行動ではない。通常、約束の内容はまだ実現されていない。約束における言行の一致の核は、約束した人が約束した内容をこれから実現させる、ということである。それを核として、約束した人が約束したことを実現させるということに反しないさまざまな行動が、約束と矛盾しない行動に含まれる。たとえばある作家が

「明日の朝までに原稿をお渡しします」

と約束したなら、その作家にはそれを実現させるべく執筆に励む責任がある（まだ原稿が書けていないとして）。まだ原稿が書けていないのに飲みに出かけたり、今まで書いたものを全部放棄して一から一〇万字を書き直し始めたり、といったことをしてはならない。

ガーツは、ある内容をもつ発語内行為のうち、話し手がその内容を実現させるということへの話し手のコミットメントを生み出すタイプの発語内行為をまとめて拘束型（commissive）と呼ぶ。約束は拘束型の発語内行為の代表例だ。他にも、提案する、賛成する、などが拘束型の発語内行為である。

命令とその仲間たち：最後に命令について考えよう。命令も約束と同様、言行の一致は、その内容

をこれから実現させるということに関わる。他方で、命令と約束とでは、誰がそれを実現することになるのかが異なる。約束の内容を実現すべきなのは話し手だ。これに対して、命令の内容を実現すべきなのは命令された聞き手である。では話し手の側に責任はないのか。言行一致の責任という観点からすれば、そうではない。聞き手がその命令の内容を実現させるということに反しないさまざまな行動が、命令と矛盾しない行動であり、命令した人はそうした行動をする責任がある。相手を邪魔しないとか、場合によっては必要なサポートをする、といった行動がそうした行動だ。たとえば、あなたが誰かに

「この荷物をあの部屋に運んでおくように」

と命令したとしよう。しかしその部屋は施錠されていて、しかも鍵をもっているのはあなただけだ。このとき、あなたが自身の言行を一致させるには、その鍵を相手に渡すとか、先回りして鍵を開けておく、といったことをしなければならない。

　ガーツは、ある内容をもつ発語内行為のうち、聞き手がその内容を実現させるということへの話し手のコミットメントを生み出すタイプの発語内行為をまとめて指令型（directive）と呼ぶ。命令は指令型の発語内行為の代表例だ。他にもお願いや質問などが指令型に分類される。

　主張、約束、命令は代表的な発語内行為である。発語内行為には他にもたくさん種類がある。そのそれぞれで言行を一致させるということがどんなことなのかの細部は異なるものになる。[9]

四　聞き手の権利と責任

ここまでで見たのは、言質を与える側の話だ。だが、言行一致の責任には相手がいる。つまり、言行一致の責任は誰かに対するものだ。それが誰かといえば、まずは当然聞き手である。そこで今度は聞き手に目を向けよう。ここで見るのは言質とセットになった聞き手の側の権利と責任だ。

最初に、聞き手の権利について見ていこう。言質とセットとなる聞き手の基本的な権利は、話し手に言行一致を求める権利である。聞き手には、話し手がその責任を果たさなかった場合に、それを非難したり、果たすように求めたりする権利がある。「明日の朝までに原稿をお渡しします」と約束した作家が原稿を渡さなかったり、「今日は午後から雨が降る」と主張した人が洗濯物を外に干したまま出かけたり、「この荷物をあの部屋に運んでおくように」と命令した人がただ一本のその部屋の鍵を渡さなかったりすれば、聞き手には、話し手の言行の不一致を非難する権利がある。

言質とセットになった聞き手の権利はこれだけではない。言質はときに、話し手に言行一致を求める以上の権利を聞き手に与える。たとえば、賄賂の提案や脅迫のように、意味したということ自体が非難に値する場合がある。こうした非難の権利も言質なしには生じまい。

他にもある。再び主張に関するブランダムの見解に目を向けよう。ブランダムによれば、人は主張することで、ある種の挙証責任を負うと同時に、相手にその主張内容に基づいてさらなる推論や行動をする権利を与える（licence)。たとえば、「今日は午後から雨が降る」という主張を聞いた相手は、それに基づいて、折り畳み傘をもって出かけたり、用事は午前中に済ませて雨が降る前に帰ろうといったことを推論したりできるようになる。聞き手は、さまざまな行動、判断をその主張に依拠させる権利があり、そのことを話し手によって保証されている。

発言の責任がどんなものかは、それが聞き手にどんな権利を与えるのかとセットになっている。主張はその内容に基づいて行動する権利を聞き手に与える。求めに応じてその主張内容を正当化するという責任は、まさにこうした権利を保証するためのものであろう。

たとえば、「ちゃんとした根拠があるわけじゃないし保証はまったくできないけれど、そのお店はおいしそうな感じがする」と慎重な物言いをする話し手と、「その店は絶対においしい」と断言する話し手とで、店がおいしくなかった場合の責任の違いを考えてみよう。前者の話し手を「全然おいしくなかったじゃないか、どうしてくれるんだ」となじるのは理不尽だが、後者の話し手をそうなじるのは理不尽ではないだろう。前者の話し手はその店はおいしいと主張してはいない。前者の話し手は、その店はおいしいかもしれないという憶測を述べているに過ぎない。憶測を述べる場合の言行一致に、十分な根拠を提示するということは含まれていない。同時に、憶測を述べただけでは、その内容に全面的に依拠して行動する権利を話し手に与えることにはならない。憶測はその内容に基づいた行動がうまくいくことを保証してくれはしないのである――「大穴はハルウララ」という競馬新聞の予想がそうであるように。

ガーツは、発言において責任と権利付与がセットになっているということを一般化して次のように考える（Geurts 2019）。あることを意味することで話し手は、そのことと矛盾しないように行動する責任を相手に対して負うと同時に、そのことと矛盾しない行動をする権利を相手に与える。責任の場合と同様、どんな行動をする権利が与えられるのかは、発語内の力に応じて変化する。

次に、聞き手の側の責任について考えよう（本節以下の内容はやや込み入った内容だ。読まずに五節に進んでも全体の内容の理解には差し支えない）。言行一致の責任は話し手が発言すればひとりでに生じるわけではない。たとえば

「Aはどうしようもないクズだ」

という主張に対する次の二つの聞き手のリアクションを比較してみよう（cf. Carassa and Colombetti 2009）。

（1）「いやそんなことはない、いい人だよ」
（2）「今の発言は聞かなかったことにします」

（1）のリアクションは、話し手がAはどうしようもないクズだということにコミットしているということを認めた上で、それに反対している。こうした応答に対して話し手は、いやいやAは口をひらけば人の悪口、約束は破るし、金遣いは荒く、毎日酒を浴びるように飲む、などと言い返す、あるい

は反論ができないのなら、前言を撤回するといったことをしなければならない。

これに対して、（2）のリアクションは、コミットを生じさせるような発言そのものを認めず、結果、Aはどうしようもないクズだということに話し手がコミットすることを認めていない。そして、（2）のように応答されたとき、話し手には言行一致の責任はない。たとえば、（2）の応答の後に、話し手がAを褒めたところで、聞き手は前言との不整合を追及する権利をもたないだろう。

こうした簡単な考察が示唆するのは、発言に責任が伴うには、最低限相手に話を聞いてもらう――言語行為論の用語を使えば、その発言を**受け取って**（uptake）もらう――必要がある、ということだ。発言を受け取るということと、その発言に同意するということは別のことだ、ということに注意しよう。発言を受け取ったからといって同意したことにはならない。（1）の応答のように、聞き手は、発言を受け取った上でそれに反論することもできる。逆に、聞き手が話し手の主張に賛成したり反論したりしようとすれば、まずはそれを受け取る必要がある。

ここでは、発言を受け取るということを、聞き手側のコミットメントによって捉えることにしよう（Geurts 2019）。一般に、ある相手に対して何か責任を負うには、責任を負うこと自体を相手に認めてもらわなければならない。当然言行一致の責任を負うにも、その責任があることを聞き手に認めてもらわなければならない。聞き手によるそうした承認は、話し手の言行一致へのコミットメントに聞き手の側がコミットするということに他ならない。つまり、話し手が言行一致の責任を負っているなら、聞き手は、話し手が言行一致の責任を負っているということと自身の言動を一致させる責任を負っている。[10] これに対して同意は、話し手がコミットする内容と同じ内容に聞き手がコミットすることとして捉えられるだろう。

話し手のコミットメントへの聞き手のコミットメントは、多くの場合、はっきりと言葉にされることはない。それは、相槌をうったり、相手の話を受けて話し始めたりといった仕方で示される。おおよそコミュニケーションがスムーズに進んでいるなら、聞き手は話し手のコミットメントにコミットしている。聞き手の側がコミットメントを拒否するには、話し手の発言を完全に無視して会話を続ける、発言を無視して会話を突然切り上げる、「今の発言は聞かなかったことにします」といった明示的な意思表示をするなど、聞き手の側のコミットメントを覆すような特別な行動を取ることが必要になろう。

これが示唆するのは、会話においては、話し手が意味したことを聞き手が受け取ることがデフォルトである、ということだ。そのデフォルトからの逸脱には特別な事情が必要になる。それどころかこれはコミュニケーションの規範ですらある。何の事情もなく話し手の発言を無視し続ける聞き手は、まさに無視し続けているという点で非難に値する。話を聞いていないということ自体がまずいことだというのは、「話を聞いていませんでした、すいません」という謝罪の妥当性や、「あの、私の話、聞いてました?」という非難の正当性に端的に表れている。こうした謝罪や非難が妥当なものである限り、特別な事情がある場合を除き聞き手は話し手の発言を受け取らなければならないということは、コミュニケーションの規範だ（実はこうした規範に反して、聞き手が話し手が意味したことを受け取らないことで、話し手が言質を与えたいのにそれができない、ということがときに生じる。この問題については第十章で論じる）。

五　意図の否認と誤解の可能性

言質を与えるとはいかなることかについて押さえるべきことは押さえた。ここでの考察を踏まえ、第三章から第十章では、「そんなつもりはなかった」という言い訳をめぐる二つの問い――「本当のことは本人にしかわからない」論法のどこが間違っているのか、「そんなつもりはなかった」という言い訳が通用する場合としない場合の違いはどう生じるのか――を考察していく。この探究の道のりは幾分錯綜した道のりになる。そこで、迷子にならないための地図として、まずは第三章から第七章までの議論の概要を述べておこう。そこでは、「本当のことは本人にしかわからない」論法にどう対応するかを念頭におきつつ、「そんなつもりはなかった」という否認が通用するかどうかを、誤解じゃないとわかるかどうかという観点から考察する。各章で明らかになるのは次だ。

・意図していないことを意味することはない、というのは一般論としては間違っている。人は意図しないことを意味することがあり、その種の意味については「そんなつもりはなかった」という言い訳によって言質を逃れることはできない（第三章）。

・他方で、意味したかどうかが意図したかどうかに左右される場合もある。そうした場合の典型例として、会話の含みという言外の意味を取り上げ、それがいかに誤解されうるのかを見る（第四章と第五章）。

・意味したかどうかが意図したかどうかに左右される場合でも、「本当のことは本人にしかわからない」論法は無敵ではない。その理由は、ほとんどの場合、意図はさまざまな状況証拠から知ることができるからだ。意図が本人にしか知りえない究極的な状況というのは極めて例外的な状況で、そうした状況を考慮する必要はほとんどの場合ない。状況証拠から意図がわかる場合は、「そんなつもりはなかった」という言い訳によって言質を逃れることはできない（第六章と第七章）。

❖これだけは押さえておきたい本章のポイント

・言質を与えるとは、言行一致の責任、つまり意味したことと矛盾なく振る舞う責任を負うということだ。
・何をしたら言行一致になるのかは、発言の内容と、その発言がどんな種類のものなのか——その発言がどんな発語内の力をもつのか——に応じて変わる。主張には主張の、約束には約束の、命令には命令の、言行の一致のさせ方がある。
・主張に伴う責任の一つはある種の挙証責任——主張内容に疑義が呈されたならば、それに応答してその内容を正当化する責任——だ。

第三章

意図しない表の意味・ほのめかされる裏の意味

一　言質と意図の蜜月？

再び

「そんなつもりはなかった」

という言い訳を考えよう。第一章で見たように、「そんなつもりはなかった」は無敵の言い訳ではない。それが通用する場合もあれば、通用しない場合もある。ではその違いはどう生じるのか。

出発点として、「そんなつもりはなかった」という言い訳が通用するかどうかと、実際に意味するつもりがあったかどうかが、どう関係するかを考えてみよう。わかりやすいのは、「そんなつもりはなかった」という言い訳が通用するかどうかが、意図の有無と対応しているケースだ。つまり、意味する意図があり、かつ、言い訳が通用しないケース（表の（A））、それから、意味する意図はなく、

	「そんなつもりはなかった」が通用しない	「そんなつもりはなかった」が通用する
そのつもりがあった	(A) 例：(i)、(iii)	(C)
そんなつもりはなかった	(B)	(D) 例：(iv)

かつ、言い訳が通用するケース（表の（D））である。おそらく、第一章で見た（i）と（iii）のケース（麻生の提案と桜田の揶揄）は、前者に、そして（iv）のケース（ランチの誘いだと誤解されたケース）は、後者に当たる。麻生や桜田の発言は、そんなつもりはなかったのにそう誤解されうるような発言をうっかりしてしまった、という類のものではないだろう。麻生は提案するつもりで提案し、桜田は揶揄するつもりで揶揄し、後になってそれを非難され、それを誤魔化そうとして、真意はそこにはないだとか、そんなつもりではなかったと言い訳している――これがこれらのケースで起こっていることだろう。他方で（iv）のケースでは、話し手はランチに誘うつもりはそもそもまったくなく、そうだと考えたのは聞き手の早とちりだ。

これらのわかりやすいケースだけを見ていると、意図の有無と言質の有無はぴったり重なるかのように見えてくる。いわば言質と意図は蜜月関係にあるかのようだ。だが、本当に意図していたかどうかと「そんなつもりはなかった」という言い訳が通用するかどうかはこのようにぴったり一致する――つまり表の（B）と（C）は空所となる――のだろうか。

ここで大事なのは、言質と意図だけでなく、意味についても考えることだ。とりわけ意図と言質がそれぞれ意味とどう繋がっているのかについて考えるのが重要になる。言質と意図の蜜月とは、次の二つが成り立つということとだ。

(言質→意図) 言質があるなら意図もある（意図がないなら言質もない）。

(意図→言質) 意図があるなら言質もある（言質がないなら意図もない）。

ここでの意図は意味する意図であり、言質を与えるとは意味と一致した仕方で、つまり意味と矛盾なく振る舞う責任を負うということだ。要は、意味が言質と意図をつないでいるのだ。中間項の意味を明示すると、言質と意図の蜜月は次のように言い換えられる。

(言質→意図) 言質があるなら意味している。そして、意味しているなら意図がある。

(意図→言質) 意図があるなら意味している。そして、意味しているなら言質がある。

これを踏まえた上で、本章で確認するのは

(意味→意図) 意味しているなら意図がある。

それから

（意味→言質）　意味しているなら言質がある。

が成り立たないということ、そしてその結果、言質と意図の蜜月もまた成り立たないということだ。そのための準備として、次節では表の意味と裏の意味という概念を導入しよう。

二　意味の表裏と意味の否認可能性

前章で見たように、言質を与えるとは意味と矛盾なく振る舞う責任を負うということだ。では言質の有無はどう判断されるか。それは、そんなことは意味していないという否認が通用するかどうかにかかっている。それが通用するというのは言質を与えていないということであり、それが通用しないというのは言質を与えているということだ。

意味したことを否認することで人はときに言質を回避する。こうした回避には二つのケースがあることに注意しよう。一つは、そもそも責任の有無が問題とされるようなことを意味していないケース。この場合、否認が通用するのは、そもそも意味していないのだから言質もない、という理屈によってだ（これは表の（D）のケースだ）。もう一つは、あることを意味したにもかかわらず、否認によって、それをなかったかのようにし、意味したことの責任を回避する、というケース。話し手があることを意味したにもかかわらず、それがなかったかのように振る舞う——ここには「そんなつもりはなかった」、「誤解を招いたとしたら申し訳ない」といった類の言い訳も含まれる——ことで、意味したことをなかったかのようにする試みを、**意味の否認**と呼ぼう。本書の議論の基調をなす考えは、意味に責任が伴うかは、意味が否認できるかどうかによって判断される、ということだ。[1] ある言葉を発することで話し手が何かを意味する。その発言によってそれを意味したことが否認可能でないならば、話し手はその意味に一致して振る舞う責任を負うことになり、その発言はその責任に対する言質となる。否認可能ならば、話し手に言行一致の責任はなく、その発言がその責任に対する言質となることはない。

意味の否認可能性と責任の有無：意味に言行一致の責任が伴うとは、その意味が否認可能ではないということである。意味に言行一致の責任が伴わないとは、その意味が否認可能だということである。

意味はある場面では否認可能であり、別の場面で否認可能ではない。話し手が意味したことのうち、否認不可能なものを**表の意味**、否認可能なものを**裏の意味**と呼ぼう。話し手が何かを表の意味として意味するというのは、否認不可能な仕方でそれを意味するということだ。[2] 話し手が何かを裏の意味として意味するというのは、否認可能な仕方でその何かを意味するということだ。

以上を踏まえて、本章では言質と意図がずれる二つのパターンを確認する。一つ目は、**(意味→意図)**に反して意図しない意味があるということに基づくものだ。そうした意味については意味が意図に依存しないがゆえに「そんなつもりはなかった」という言い訳が通用せず、言質を回避できない。つまり、**（言質→意図）**は一般論としては成り立たない。これは意図しない表の意味だ（前節の表の（B））。二つ目は、**（意味→言質）**に反して、言質を伴わない意味、つまり否認可能な意味があるということに基づくものだ。意味があるなら意図があるというのは一般論としては成り立たない。他方で、このことはある種の意味は意図なしにはありえない、ということと両立する。そうした意図に依存した意味については、意図しているにもかかわらず、「そんなつもりはなかった」という言い訳が通用することがある（前節の表の（C））。つまり、**（意図→言質）**は一般論としては成り立たない。それはいわば、ほのめかされる裏の意味である。

それでは順に見ていこう。

三　意図しない表の意味
——「本当のことは本人にしかわからない」論法の破り方その1

まずは意図しない表の意味の存在を確認しよう。意図しない表の意味があるというのは、言質が必ずしも意図に依存しない、つまり**（言質→意図）**には反例がある、ということだ。ガーツが強調するようにコミットメントは社会的なものであり、コミットする当人の心と切り離しうる（Geurts 2019）。

自分があることにコミットするつもりがなくとも、あるいはそんなことつゆ知らずとも、実際にそれにコミットしてしまっている、ということがありうる。

ここでは言質が意図から独立する仕方を、意図しない意味に着目しながら考察する。まずは

（意味→意図） 意味しているなら意図がある。

が一般論としては間違っているということを確認しよう。

前章で導入した本書の用語法では、意味するというのは何かある発語内行為をするということだった（二節）。言語行為論における影響力ある立場によれば、発語内行為は意図に依存するものと、社会的、あるいは言語的な決まり事に依存するものとがある（Strawson 1964, Searle 1969）。前者の発語内行為には、伝達意図と呼ばれる特殊な種類の意図が伴う。伝達意図にはいろいろな定式化があるけれど、もっともよく知られているのは、ポール・グライスの提案で、発言によって聞き手にある影響を及ぼそうと意図し、かつこの意図を聞き手が認識することを意図し、かつ聞き手がその意図を認識することが理由となって聞き手にその影響が生じるということを意図する、というものだ（頭がこんがらがりそうなこの定義は、読み飛ばしてもらってもこの後の話の理解には影響しない）[3]。

こうした意図に依存したタイプの発語内行為とは別に、社会が定める約束事・決まり事に従って然るべき場面で然るべき人がある言葉を口にする、ということで遂行される発語内行為もある（この考えはJ・L・オースティンに由来する）。そうした社会の決まり事には、話し手の意図を条件としない

ものもある。たとえば、野球の審判が然るべき場面で「アウト！」と叫べば、審判の意図がどうであれ、それはアウトの宣告になる。つまり、審判は本当は「セーフ」と言いたかったのに口がもつれて「アウト」と言ってしまったのだとしても、その宣告は有効であり、アウトのカウントは一つ増えるだろう（だからこそ、それを無効にしたければ、審判はその宣告を撤回する必要があろう）。

このように、発言で何を意味したことになるのかには、さまざまな要因が関係する。ある場合には、話し手の意図が問題になる。たとえば、あることを主張したかどうかが、そうする意図があったかどうかに左右されることはあるだろう。提案や揶揄といった意味も同様であるかもしれない。[4] しかしある場合には、話し手の意図がどうであれ、発言がその他の一定の条件を満たすことによってあることを意味することになる。つまり、意図していないことを意味することはない、というのは一般論としては間違っている。

そしてこの種の意味に対しては「そんなつもりはなかった」という言い訳は通用しない。意味が意図に依存しないならば、「そんなつもりはなかった」と言い訳したところで、意味したことを否定することはできないからだ。

こうした大枠を踏まえつつ、具体例として差別的な発言について考えたい。最初に考えるのは蔑称だ。ここでは和泉悠とメアリー・ケイト・マガウワンの議論に基づいて、蔑称の使用において、いかに意図と意味が切り離されるかを確認しよう（和泉 2022, McGowan 2019）。

和泉は、真理条件的内容と使用条件的内容と呼ばれる二種類の内容の区別に着目する。前者は、その表現が世界をどんなものとして記述するのかに関する内容だ（なので記述的内容と言ってもよい）。

これに対して、使用条件的内容は、その表現の使用が言語的に適切かどうかの基準を定める（言語的な基準に照らして適切であることは社会的・倫理的な基準に照らして適切であるということを意味しない、ということに注意しよう）。たとえば、敬語を含む次の文を考えよう。

（1）a．金田さんがいらした。
b．金田が来た。
c．金田は話者に対して目上ないし同等の立場の人物である。

（1a）が記述するのは、（1b）の金田が来たということであり、（1a）が真なのは（その内容が世界の実際のあり方と合致するのは）、金田が来た場合かつその場合に限る。これに加えて、（1a）の文は、その使用条件的意味として、話し手と金田の間の社会的な序列に関する（1c）の内容をもつ。この文は、仮に（1b）が成り立っていたとしても、（1c）が成り立っていなければ、奇妙に響くはずだ（たとえば親が自分の子供の来訪を指して（1a）を述べる奇妙さについて考えよ）。

和泉は、「J＿＿」（日本人に対する蔑称）のような差別的な蔑称にもこうした二種類の内容が結びついていると指摘する。たとえば

（2）a．A J＿＿ came.
b．ある日本人が来た。

c．日本人は社会的序列において話し手より低い位置を占める。

（2a）の文は、その真理条件的内容としては（2b）を表す。それが真なのはある日本人が来た場合かつその場合に限る。これに加えて、（2a）の文は、その使用条件的意味として、話し手と日本人の間の社会的な序列に関する（2c）の内容をもつ。

和泉によれば、こうした社会的序列の存在を使用条件的内容とする表現の使用は、特段の抗議がない限り、そうした序列の存在を、話し手と聞き手の間で共有された会話のバックグラウンド――「共通基盤」と呼ばれる――に組み込むという働きをする。

たとえば（1a）のような敬語を含む文の発言を聞くと、人はそこから社会的な序列関係を読み取る。それを通じてその発言は、そうした序列に従った仕方で会話をし、行動するよう聞き手を促す。たとえば話し手と自分との社会的序列が同程度だと思えば、金田に対して丁寧な言葉を使い、丁寧な振る舞いをするだろう。あるいは金田と自分との社会的序列が同程度だと思えば、話し手に対する言葉や振る舞いはそれほど丁寧なものではなくなるかもしれない。

和泉によれば、同様のことが（2a）の文についても言える。たとえば（2a）のような蔑称を含む文の発言を聞くと、人はそこから社会的な序列関係を読み取り、それを通じてこの発言は、そうした序列に従った仕方で会話をし、行動するよう聞き手を促す。たとえば話し手と自分との社会的序列が同程度だと思えば、日本人に対して邪険で差別的な扱いをするよう促される（もちろんそうした促しを、自身が採用する道徳的規範に基づいて拒否する、という人は少なからずいるだろう）。このようにして、（２ａ）の使用は（２ｃ）が表す差別的な社会的序列を共通基盤に押し付け、それに従った振る舞いへと人々を促す。

促すだけではない。マガウワンは使用条件的意味がこうした仕方で共通基盤を変化させることが、会話の参加者に何が許可されているのかを変化させると論じる（McGowan 2019）。マガウワンのこの考察と和泉の考察とを合わせると、さらに踏み込んで次のように論じることができよう。すなわち、差別的な蔑称の使用は、差別的な社会的序列に従って行動することを相手に許可する。

和泉によれば、こうした押し付けは、言葉の働きの仕組みによって、意図と無関係に生じる。蔑称を使ったら、使った人の意図とは無関係に、蔑称の使用条件的内容が共通基盤に作用する仕組みのゆえに、差別的な序列に応じた行動を相手に促してしまう、あるいは相手に許可してしまうことになる。ここから、和泉は次のように結論する。（２ａ）のような文の使用は

話者の意図と無関係に何らかの制裁の対象となるべきでしょう。本当のところは、深層心理では、差別的意識がないとかあるとか、そういったことは、表現の公共的使用と無関係なのです。（和泉 2022, 216）

促す、あるいは許可するというのは発語内行為だ。和泉やマガウワンの議論が正しければ、差別表現の使用は、当人の意図とは独立に、差別的な社会的序列に従った行動へと相手を促す、あるいは、そうした行動を許可することになる。それは話し手の意図がどうあろうと話し手が意味したことであ

り、意図していないと言い訳することで意味を否認することはできない。つまり、この場合、「そんなつもりはなかった」という言い訳は、それを意味したということが意図に依存しないという理由で、通用しない。蔑称を使うと、たとえ当人に差別的な振る舞いを促したり許可したりするつもりがなくとも、非難に値する発語内行為をすることになるのだ。

次に二つ目の事例として、「そんなつもりはなかった」が、もう少しニュアンスのある仕方で差別発言に対する言い訳として用いられるケースを取り上げたい。それは、あることを意味する意図はあったけれど、それで差別的なことを意味する意図はない、というタイプの言い訳だ。具体例として、第一章で見た事例（ii）を取り上げよう。そこでの話し手は

「性的少数者のライフスタイルが正当化されるべきでないのは、家庭と社会を崩壊させる社会問題だから」

と主張する。話し手がこう主張したということは否定できない、つまりこの主張はこの場面での表の意味だ。同時に話し手は

「差別の意図はございません」

と言い訳する。こう言い訳する話し手は、もともとの主張そのものを否定していないし、そう主張す

る意図を否定しているわけでもない。では何が否定されているのか。ここで話し手が否定しているのは、その主張が差別的だということである。つまり、差別的な主張をするつもりはない、というわけだ。

この言い訳に対するあるリアクションは、差別の意図の有無にかかわらず、その言い訳は通用しない、というものである。差別の意図の有無にかかわらず、資料に記載されたことがらを主張することは差別に加担することなのであり、その責任から逃れることはできず、話し手は非難に値する。一般に、差別の意図の有無とは無関係に、主張が差別的なものとして非難に値する、ということがある。なぜだろうか。

その理由は、一度ある主張が表の意味となるならば、話し手の意図とは関係なく、一定の言質を与えたことになるからだ。ある主張が表の意味であるなら、そう主張することは、単に自分の信条を表に出すということに尽きるのではない。そうではなくて、あることにコミットすることになる。一般に、あることにコミットしたならば、同時にそのコミットメントに関わるさまざまなことにもコミットすることになる。そうしたコミットメントの中には、本人には思いもよらぬものも含まれうる。つまり、そうしたコミットメントがあるかどうかは、当人にそのつもりがあるかどうかとは独立に決まるのだ。たとえばガーツは、あることにコミットするならば、本人が気づいていようといまいと、その論理的帰結にもコミットすることになると考える（Geurts 2019）。

言質と意図のこうした独立性は、約束を例に考えるとわかりやすい。あることを約束し、それが表の意味になったなら、その実現に伴うさまざまなことがらにも同時にコミットすることになる。それが約束した人にとって思いもよらぬことだったとしても、である。たとえば、私が娘にあるおもちゃを買うと約束したとしよう。そのおもちゃが私の想像を超えて遥かに高額――せいぜい二〇〇〇円くらいかと思っていたら、最安値でまさかの一万円越え――だったとしよう。私にその高額を支払うつもりはなくとも、娘におもちゃを買うと約束した以上、私はその額を支払うことにコミットしているのである。

主張に話を戻そう。一度主張が表の意味になったなら、当人の意図がどうであれ、その内容に応じた責任が生じる。差別的な内容の主張が表の意味になるなら、差別する意図があろうとなかろうと、その内容と矛盾なく行動することにコミットすることになる。特にそう主張する話し手は、反論に対してその内容を正当化する責任を負い、同時に、それを聞いた聞き手に、その内容が成り立っているということに基づいた行動を許可する。差別的な内容を主張することは、差別の意図のあるなしにかかわらず、差別的な内容の正当化にコミットし、さらに差別的な行動を許可することになってしまうのである。当然、それが差別的なものである限り、そのことを正当化することもそれを許可することも道徳的にできないのであり、その主張は撤回されなければならない。話し手に差別の意図があろうとなかろうと、主張に伴う責任のあり方が、その撤回を要求するのである。

ここまでで意図しない表の意味の事例を二つ見た。どちらの事例も、意図を否定することでは言質を回避できない事例だ。その理由は、そこでの意味が意図に依存しないものであり、それゆえ意図を否定したところで意味したことが否定できないからだ。これはそのまま、「本当のことは本人にしかわからない」論法が誤りである一つの理由でもある。「本当のことは本人にしかわからない」論法のステップの一つは、意図しない意味はないという**（意味→意図）**であった。**（意味→意図）**が一般論

	「そんなつもりはなかった」が通用しない	「そんなつもりはなかった」が通用する
そのつもりがあった	(A) 例：(i)、(iii)	(C)
そんなつもりはなかった	(B) 意図しない表の意味 例：悪気のない蔑称の使用など	(D) 例：(iv)

としては成り立たず、意図しない意味がある時点で、この論法は無敵ではない。「そんなつもりはなかった」と言って意味を否定する言い訳は、そもそも意図に依存しない意味については通用しない。こうした意図しない表の意味によって、表の空所だった（B）が埋められる。

さて、ここまでの議論ではまだわからないことが一つある。それは、意味が意図に依存する場合にどうなるのか、ということだ。少し前に示唆したように、何かを提案する、揶揄する、あるいは主張するということが、そうする意図があったかどうかに依存するということはありうる（(ii)の事例では主張する意図そのものは否定されていない、ということに注意しよう）。言質を与えることが意味したことの責任を負うことである限り、このような場合の言質の有無は、話し手が提案したり揶揄したり主張したりする意図をもっているかどうかにかかっている。「そんなつもりはなかった」という言い訳が厄介な問題を引き起こすのは、意味したかどうかが意図に依存するタイプの事例である。実際、この種の事例については、意図していたにもかかわらず、「そんなつもりはなかった」という言い訳が通用することがある。それが次に見るほのめかされる裏の意味だ。

四　ほのめかされる裏の意味

表の意味は、言い逃れができない意味だ。しかし、言い逃れができないというのは、すべての意味に共通の特徴ではない。人はときに、発言によってあることを意味しつつ、そもそも意味したことを否認することによって、そうした追及を回避できる。つまり

〔意味→言質〕意味しているなら言質がある。

は一般的に成り立つわけではない。それゆえ

〔意図→言質〕意図があるなら意味している。そして、意味しているなら言質がある。

も一般的に成り立つわけではない。

言行一致の責任を伴わない意味を裏の意味と呼ぶのだった。では実際にどんな意味が裏の意味になるのか。ここで注目するのは、意味が意図に依存する場合に、意図を否定することで言行一致の責任の追及をかわすことがときにできる、ということである。意図していたにもかかわらず、「そんなつもりはなかった」という言い訳が通用するその種の事例として注目されているのが、**ほのめかし**

(insinuation) と呼ばれるコミュニケーションの手段である (Pinker et al. 2008, Camp 2018)。

ほのめかしとは、あることを相手に伝えることを意図しつつ (しかもその意図が相手に認識されることを意図しつつ)、それを伝えたことが会話の公の記録に残らないようにすることで、それを意味することに伴う責任が追及された場合に、その意図を否認し、それに責任が伴うのを回避できるように目論まれた伝達行為である。例として、交通違反をしたドライバーとそれを止めた警官の間で交わされる次のような会話を考えよう。

(vi) 賄賂 (Pinker et al. 2008 の事例を適当に脚色)

ドライバー:時間がないんですが、今ここで手っ取り早くすませられないでしょうか。

警官:警官を買収などとは言語道断だ。

ドライバー:いやいやそういうつもりではなくて、単に今ここで罰金を払う方法はないか、って言いたかったんです、ほらあとで払いに行くのは面倒ですから。

このドライバーは「時間がないんですが、今ここで手っ取り早くすませられないでしょうか」と言うことで、賄賂を払うという提案を間接的にほのめかしている。つまり、賄賂を払うということを意味している。しかしそのことを警官に咎められた途端、そんなつもりはなかったとその意図を否定し、警官の追及の回避を試みる。こうした試みはしばしば成功する。

もう一つ例を見よう。初デートのディナー後、次の会話が交わされる。

（vii）**誘い**（Pinker et al. 2008 の事例を適当に脚色）

Ａ：まだちょっと時間あるし、うちでネットフリックスでも見ない？
Ｂ：最初のデートでそういうことはしたくない。
Ａ：そういうつもりじゃなくて、ほら、さっきごはん食べてるときに、『イカゲーム』見たいって言ってたから、時間あるしちょうどいいかと思って。

ここでのＡの「まだちょっと時間あるし、うちでネットフリックスでも見ない？」は、間接的なセックスの誘いであり、もちろんそれを意味するつもりでＡはこの発言をしている。にもかかわらず、Ｂにその誘いを断られると、そんなつもりはなかったと、その意図を否定する。Ａは、あたかもそれがＢの勘違いであるかのように振る舞い、その誘いをなかったかのように話を続ける。Ｂの立場に置かれた人が、そうした振る舞いを認めることはあるだろう。

これらの事例が示しているのは、「そんなつもりはなかった」という言い訳は、そのつもりが実際にはあったにもかかわらず通用しうる、ということである。もちろんこの場合話し手は聞き手を欺いているのであり、その点でこうした言い訳は悪質である。ここで確認しているのは、悪質であるにもかかわらず、言い訳としては通用している、つまり、その言い訳がなされた後では、聞き手がそれ以上発言に伴う責任を追及できなくなってしまう、ということである。こうしたほのめかされる裏の意味によって、表の空所（Ｃ）が埋められる。

	「そんなつもりはなかった」が通用しない	「そんなつもりはなかった」が通用する
そのつもりがあった	(A) 例：(i)、(iii)	(C) ほのめかされる裏の意味 例：(vi)、(vii)
そんなつもりはなかった	(B) 意図しない表の意味 例：悪気のない蔑称の使用など	(D) 例：(iv)

では、意味が意図に依存する場合、意味はすべて否認可能な裏の意味になるのだろうか。私たちの言質のやり取りがそうした極端なものではないということは、（A）が空所でないということから明らかである。さらに言えば、先に見たドライバーと警官の間の、あるいはデート後の駆け引きといった類の事例においてですら、常に言い逃れが通用するわけではない。場合によっては、警官はドライバーを賄賂で取り調べるかもしれないし、誘われた相手は、「そんな白々しい言い訳は聞きたくない」などと言って、誘ったことをなしにしようとする話し手の試みを拒否するかもしれない。

意味したかどうかが意図したかどうかに依存する場合でも、「そんなつもりはなかった」という言い逃れが通用しないケースがある。問題は、意図された意味の表と裏はどのように区別されるのか、である。この問いに答えることは当然、意図に依存した意味に関しても「そんなつもりはなかった」が無敵の言い訳でないのはなぜか、という問いに答えることでもある。そしてそれは、「本当のことは本人にしかわからない」論法のステップの一つである意図（帰属の証拠）に対する一人称的アクセスの特権性と、意味の否認可能性の関係を明らかにするという作業になる。

五　言外の意味の問題

この作業には第六章で取り組む。続く第四章と第五章ではそのための準備として、言外の意味について考察する。裏の意味は、多くの場合、話し手が直接言ってはいないことである。(vi)の賄賂をほのめかすドライバーは、「賄賂を払うので違反切符は見逃してください」とはっきり言葉にして賄賂を提案してはいない。(vii)もそうだ。こうしたことをはっきりと言葉にすれば、「そんなつもりはなかった」という言い訳は到底通用しないだろう。私たちの日常生活は、はっきりと言葉にせずとも伝わる間接的な言外の意味のやり取りに満ちている。そして、そうした言外の意味は、話し手が意図したものでありつつ、「そんなつもりはなかった」による否認が通用する裏の意味になりうる。

言外の意味であるということは、意図したにもかかわらず否認可能だということとどう関係するのだろうか。この問いに答えるには、そもそも、言外の意味の伝達はいかにして可能なのか——なぜ言ってもいないことが伝わるのか——という問題を考える必要がある。この問題に最初の体系的な説明を与えたのは、ポール・グライスであり、彼の理論は現代語用論の基礎となっている。そこで第四、五章では、グライスの理論を辿り、言外の意味の伝達のメカニズムにとって、「そんなつもりはなかった」が極めて有用な誤解の修正手段となっているということ、言外の意味を可能にするメカニズムの中に、裏の意味による責任の回避を可能にする要素があることを確認することにしよう。

❖これだけは押さえておきたい本章のポイント

・ある発言によってあることを意味しているにもかかわらず、そんなことは意味していないかのように振る舞う意味の否認は、ときに通用しときに通用しない。意味に言行一致の責任が伴うかどうかはこうした否認が通用するかどうかによって決まる。否認不可能で、言行一致の責任が伴う意味を表の意味、否認可能で、言行一致の責任を免れる意味を裏の意味と呼ぶ。

・意図の有無と言質の有無はピッタリとは重ならない。意図せずあることを意味することで言質を与えるケースもあれば（意図しない表の意味）、意図してあることを意味しつつも、意図を否定することで言質を回避できるケースもある（ほのめかされる裏の意味）。

第四章　なぜ言わなくても伝わるのか――グライスの語用論

一　言外の意味の謎

ある日の夕方、あなたは友人に今晩飲みに出かけようと誘われる。その誘いにあなたはこう答える。

「今日はうちの娘の誕生日なんだ」

こう言うことであなたは、その日が自分の娘の誕生日であるということを友人に伝えている。それだけではない。それに加えて、飲みに出かけることはできないということも伝えようとしている、というのはありそうなことである。

この二つの伝達内容を比べてみよう。

今日はあなたの娘の誕生日である。
あなたは今晩友人と飲みに出かけることができない。

このどちらもがあなたがこの場面で意味したことだ。あなたは前者を直接的に明示的に主張し、後者を間接的に暗にほのめかした。前者の内容は、あなたが使った文の意味内容と同じだ。これに対して後者は、あなたが使った文の意味内容を超えた、いわば言外の意味である。

コミュニケーションにおいて人はしばしば言外の意味を伝えようと意図し、そしてしばしばそれに成功する。

だがなぜこんなことが可能なのだろうか。なにせ言外の意味は、話し手が使った文の意味とは異なる内容で、話し手が直接言ってはいないことなのだ。なぜ直接言ってもいないことがうまく伝わるのか。話し手はどうやって自分が使った言葉が意味する以上のことを意味できるのか。聞き手にはなぜそうした言外の意味がわかってしまうのか。

こうした問いに最初の体系的な答えを与えたのが、ポール・グライス[1]である。グライスはこうした言外の意味を**会話の含み**(conversational implicature)と名付け、その伝達のメカニズムを詳しく論じている。[2]本章では現代の語用論の基礎でもあるグライスの理論を紹介する。その上で次章では、会話の含みという言外の意味と「そんなつもりはなかった」という言い訳がどう関係するのかを考察する。

あらかじめ結論を先取りしておけば、本章と次章で確認するのは次のことだ。会話の含みを理解するというのは意図を含む相手の心を読むということである。そして、相手の心を読むことに伴ういくつもの困難さのゆえに、会話の含みには誤解の余地が付きまとう。「そんなつもりはなかった」という類の言い訳は、誤解に対する脆弱性をもった会話の含みという意味にとって、ありうる誤解を解くための有用なコミュニケーション上のインフラである。しかしながら、この有用性を保持しようとすればするほど、そうした言い訳を転用することで、意味の否認の余地が生まれる。

それではグライスの理論の概要を確認することから始めよう。

二　グライスの会話の一般理論

グライスの会話の含みの理論の背景には、会話についてのより一般的な理論がある。そこでまず、グライスの会話の一般理論について確認しよう。グライスのアイデアの骨子は次だ。

・会話というのは共同作業だ。つまりそれは、協調的な営みだ。そして共同作業としての会話にはそれ用のルールがある。
・発言の解釈は、話し手がそうしたルールに従っているという仮定のもとで、なぜそんな発言をしたのかの理由を、話し手の心の中に求める作業――行為の合理化――である。

順を追ってみていこう。

1　会話の格率

グライスの語用論の基本的なアイデアの一つは、会話には普遍的なルールがある、というものだ。グライスは具体的にそうしたルールを四つにまとめている（Grice 1989, 26-27: 邦訳 三七―三九頁）[3]。これらのルールは**会話の格率**（maxims of conversation）（グライスの格率、グライスの会話の格率などの名称も用いられる）と呼ばれ、現代語用論の出発点にして一つの金字塔をなす。

量の格率（Quantity）：
・（言葉のやり取りの当面の目的のための）要求に見合う量の情報を与えるような発言を行うようにせよ
・要求されている量以上の情報を与えるような発言を行ってはならない

質の格率（Quality）：真なる発言を行うようにせよ
・偽だと思うことを言ってはならない
・十分な証拠のないことを言ってはならない

関係の格率（Relation）：関連性のあるようにせよ

様態の格率（Manner）：わかりやすい言い方をせよ
・曖昧な言い方をしてはならない
・多義的な言い方をしてはならない
・簡潔な言い方をせよ
・順序だてて話せ
などなど

まずは、私たちの会話が実際にこれらの格率に則っている――たとえそれが意識にのぼらずとも――ということを、それぞれの格率の説明と合わせて、簡単に確認しよう。

日常的なたわいのないやり取りを例にしよう。友人があなたに「今何時？」と質問したとする。あなたはどう返事するだろうか。

あなたが最初にすることは、時計を確認することだろう。そして確認した現在時刻に基づいて返事するだろう。あるいはついさっき時計を見たばかりなら、さっき見た時間をもとに間違いのない範囲で返事するだろう。あなたは適当に当てずっぽうで時間を言うことはないだろうし、確認した時間と違う時間を言うこともないだろう。これはあなた自身の発言が質の格率に合致したものだということを示している。時計を確認するのは十分な証拠のないことを言わないためであり、確認した時間と違う時間を言わないのは、偽だと思っていることを言わないためだ。

量の格率は、発言の情報量に関する格率だ。情報量は内容の詳しさによって測られる。発言の内容が詳しければ詳しいほどその情報量は多い。[4] たとえば、（1a）と（1b）では（1b）の方が詳しく、情報量が多い。

（1）a．「だいたい九時だよ」
　　b．「九時二分だよ」

さて、友人に「今何時？」と聞かれたあなたは時計を見て、現在時刻が九時二分であることを確認する。このとき、あなたは（1a）と（1b）のどちらを発言するだろうか（もちろん他の文を使う可能性もある。ここでこの二択にしているのはわかりやすさのための単純化だ）。それは場合によるだろう。たとえば、「だいたい九時ぐらいに集合な！」というアバウトな待ち合わせをした別の友人を待っている場面では、（1a）と発言するかもしれない。あるいは、あなたと友人は九時一〇分発の電車に乗る予定で、それに間に合わせるためには九時五分には今いる喫茶店を出なければならない、という場面であれば、（1b）と発言するかもしれない。この違いは、それぞれの場面で必要とされる情報の詳しさの違いに起因する。後者の場面では、一分単位の細かな違いが二人の今後の予定にとって小さくない違いをもたらすので、分刻みの細かな情報が必要になる。もっと詳しい情報にニーズがあれば、秒単位で答えることもありうるだろう（自分の時計が秒単位であっていると自信があるとして）。[5] この場面では（1a）ではニーズに応えるには不十分なのだ。これに対して前者の場面で（1a）と発言するとすれば、それは待ち合わせのアバウトさに鑑みて分刻みの細かな情報にニーズはないからであろう。この場面では（1b）はニーズを超えて詳しすぎる。これが示しているのは、あなたの発言が量の格率に合致したものだということである。あなたは自分の発言を、当該の会話におけるニーズを踏まえつつ、そのニーズに見合う程度には詳しくすると同時に、それがニーズ以上に詳しいものになることは避けているのである。

以上を踏まえてあなたは現在時刻を答えるだろう。だがそもそもなぜ時間ではなくウランバートルの天気や、東京タワーの所在地を述べたりしないのか。それは、あなたが関係の格率に従って話しているからだ。質問は今何が関係あるのかを明確にする。時間を聞かれているのだから、今関係があるのは時間だ。あなたが時間を答えたのは、それこそが目下の会話に関係あることで、ウランバートルの天気について何かを言ったりしないのは、それがその会話と無関係だからだ。

最後に様態の格率について見ておこう。これまでの三つの格率とは異なり、様態の格率は伝達内容ではなく、言い方に関わる。同じ時刻を伝えるにしても、違う言い方がある。「九時二分だよ」という文で伝えられる時刻は、次の文でも伝えることができる。

「八時四五分の一七分後だよ」

なぜ同じ時刻を伝達できるにもかかわらず「九時二分だよ」という文を使うのか。さまざまな説明が可能だろうが、一つのシンプルな説明は、様態の格率、特に、簡潔な言い方をしなさいというその下位格率によるものであろう。つまり、「八時四五分の一七分後だよ」と言わずに「九時二分だよ」

と言ったのは、そちらの方が簡潔な言い方だからだ。

2　共同作業としての会話と話し手の合理性

さて、グライスは、会話の格率が私たちの会話に実際に当てはまるだけでなく、ある種の規範性をもつと考えていた。彼いわく「典型的な事例では、それらの格率を遵守すると会話がより合理的になり、また侵害すれば合理性が損なわれる」(Grice 1989, 370: 邦訳三二五頁)。では格率の遵守と会話の合理性の間のこうした関係はなぜ生じるのだろうか。それを理解する鍵となるのが、会話の**協調性**である。

グライスは、会話というものが、根本的には、話し手と聞き手の共同作業、つまり、話し手と聞き手による協調的な活動だと考えた。協調的な活動とは、複数の人がある目標を共有し、その達成のために互いに協力しあいながら、相手の出方に応じて自分の行動をうまく調整しつつ、ことにあたるような活動のことだ。たとえば、友人と二人で大きな荷物を運ぶという共同作業は協調的な活動だ。共通の目標はその荷物をある場所まで運ぶことであり、そのために互いに相手と力を合わせる。そこでは、どんな行動をとるかがその目標達成という観点に照らして評価、選択、制限される。たとえば、相手に歩調を合わせることは重視されるが、なんの前触れもなくいきなり荷物から手を離す、といった行動は厳に慎まれる。グライスによれば、コミュニケーションにおいても、話し手たちはある共通の目標をもち、その達成に向けて協力しあっている。

グライスはこうした考察に基づき、会話の一般原理として次の**協調の原理**を提案する。

会話するにあたっては、目下の言葉のやり取りの目的や方向性に沿って、場面場面で必要とされるような発言をせよ。（Grice 1989, 26: 邦訳三七頁）

では具体的に会話における共通の目標とはなんだろうか。グライスはそうした目標として、「情報を与えたりもらったりすることや、他者に影響を与えたり他者から影響を受けたりすること」（Grice 1989, 30: 邦訳四三頁）を挙げる。グライスによれば、前節で見た会話の格率の合理性は、こうした目的のうち特に「最大限に効果的な情報交換」という目的に照らして説明される（Grice 1989, 28: 邦訳四〇頁）。会話の格率は、最大限に効果的な情報交換という共通目的の達成のために、どう発言すればよいのかの指針なのだ。会話の格率に従って発言することが合理的であるのは、それが合目的的、つまり、そうすることで最大限に効果的な情報交換という会話の共通目標を達成できる（少なくともそうであることが十分に期待される）からである。会話の格率とは「それに従うことが、一般に、協調の原理に一致した結果を生み出す」（Grice 1989, 26: 邦訳三七頁）ようなルールなのだから、協調的な話し手たちが共有する目標の達成を目指す限り、それに従って会話するのが合理的というわけだ。

3　行為の合理化とマインドリーディングとしての発言の解釈

ここまで主に話し手の側から会話について見てきた。今度は聞き手の側に目を向けよう。聞き手は話し手の発言をどうやって解釈するのか。ここでも協調性と合理性が一つの鍵となる。グライスによれば、発言の解釈、とりわけ会話の含みの特定は、発言という一種の行為を筋の通ったもの、つまり合理的なものとして理解すること——これは**行為の合理化**と呼ばれる——と不可分である。順を追って見ていこう。

まず行為の合理化とは何かを簡単に見ておきたい。上の絵を見てみよう。ある人——太郎と呼ぼう——がボールをある方向に向けて蹴っている。なぜ太郎はボールをこの仕方で蹴ったのだろうか。状況に応じてさまざまな説明が可能だろう。たとえば、太郎は試合中のサッカー選手で、眼前のボールを相手ゴールに蹴り込もうとして蹴ったのかもしれない。あるいは太郎はむしゃくしゃしていて、うさばらしになるかと思って足元にあったボールを蹴ったのかもしれない。あるいは太郎は、ボール遊びをしている子供たちに「すいませーん、そのボール取ってくださーい」と言われたので、その子供たちにボールを渡そうと思って蹴ったのかもしれない。

こうした説明をもう少し詳しく見ていこう。最初の説明には、太郎が、相手ゴールにボールを蹴り込みたいという欲求をもっていること、さらに、目下の状況でボールを蹴ればその欲求が実現されるだろう（少なくともそうなる見込みがある）と信じていることが関わっている。そもそもゴールしたいと思っていなかったり、ゴールしたいと思っていてもその場面でのシュートがゴールには繋がらないと思っていたりすれば、太郎はボールを蹴らなかったかもしれない。二つ目の説明を詳しく見ていくと、そこには、むしゃくしゃを解消したいという欲求と、ボールを蹴ることでそれが解消されるという信念が関わっているだろう。同様に、最後の説明は、ボールを子供に渡したいという欲求と、ボールを蹴ることでその欲求が達成されるだろうという信念に基づくものだ。

これらの説明はいずれも、あることを実現したいという太郎の欲求と、当該の行為によってその欲求が達成される見込みがあるという太郎の信念が、太郎がその行為をした理由になっているという形をしている。ある行為の理由を、当人がもつ欲求や信念などの心的状態によって説明するこの種の説明は、（そこからある種の実践三段論法を形成できるという点で）その行為が合理的である――ちゃんと筋の通ったものである――ということを示しており、それゆえ行為の合理化、あるいは行為の合理的説明と呼ばれる。ここでは行為の合理化の詳細に立ち入る必要はない[6]。わかっておくべきは、行為の合理化においては、行為の合理性が、その行為を行った人物の心的状態（信念や欲求、意図など）に言及して説明される、ということである。

グライスは、発言も一つの行為だということに着目する。発言が行為なのだとすれば、それも合理化できるだろう。つまり、なぜ話し手はしかじかの発言をしたのかを、話し手の心の状態で説明できる。次節で見るように、グライスによれば、発言の解釈、特に会話の含みの特定という作業は、発言という行為の合理化のプロセスの一環に位置づけられる。聞き手は、話し手の発言を解釈する際、相手がなぜこんなことを言ったのかを合理化しようと試みる。会話の含みはこの行為の合理化の一環として話し手に帰せられる心の状態に対応した伝達内容なのである。

こうしたグライスの理論からの重要な帰結は、会話の含みの解釈には、他人の心を推測する――この人はしかじかのことを信じている、しかじかの欲求をもっている、しかじかのことを意図しているなどなど——能力が不可欠となる、ということだ。こうした他者への心的状態の帰属は、相手の心を読むこと、マインドリーディングと言われる。グライスの理論によれば、マインドリーディングの能力がなければ、話し手がどんな会話の含みを伝達したのかを聞き手は理解することができないのである。[7]

以上がコミュニケーション一般に関するグライスの理論である。これを踏まえて、会話の含みの伝達のメカニズムに対するグライスの説明を見ていこう。

三　グライスの会話の含みの理論

1　会話の含みの伝達の基本的なメカニズム

まず確認したいのは、ルールは合理化の背景になるということだ。たとえば、サッカーの試合中の行動を考えよう。ゴールしようと思ってボールを蹴った、あるいはクリアしようと思ってボールを蹴った、という説明が合理化になるのは、その人がルールに従ってサッカーをしている（少なくとも本人はそう思っている）からだ。ある場所に確実にボールを運びたいだけなら、手でもっていった方が確実で合理的であろう。そうしないのは、サッカーのルールがそれを禁じているからである。あるいは、同じ盤上の同じ位置に石を置くにしても、プレイヤーが囲碁をやっているのか、それとも五目並べをやっているのかに応じて、一方は合理的だがもう一方は不合理になる、ということもありうるだろう。

グライスはこのことが発言の解釈にも当てはまると考える。つまり、発言を解釈するというのは、話し手が協調の原理と会話の格率というルールに従っているという仮定のもとでの行為の合理化だ。聞き手は、話し手の発言を筋の通った合理的なものとして理解しようとする。話し手が合理的である限り、会話の目標の達成のためには協調の原理や会話の格率に従ってどんな発言をするかを決めているはずだ。そこで聞き手は、話し手は協調的であり会話の格率に従っていると仮定し、その仮定のもとで、話し手が当該の発言をしたのはなぜかを考える。

さて、この合理化の試みはいつもすんなりいくとは限らない。聞き手はときに話し手の発言が会話の格率に違反しているように見えるケースに遭遇する。このとき聞き手は、そうした（一見したところの）逸脱の理由を相手の心の状態に求める。特にそうした逸脱と話し手が協調的であるという仮定の整合性を維持するための理屈を、話し手の心の状態に求めようとする。ある発言によって会話の含みとして伝達されるのは、そうした心の状態の内容に他ならない（Grice, 1989, 86: 邦訳一二九頁）。一般に、話し手がある発言であることを会話の含みとして意味するのは、話し手がそうだと考えていると想定しない限り、なぜその発言をしたのかが、その話し手は協調的であるという仮定と整合的に理解できない（と聞き手が考えるだろうと話し手が考えている）場合である。話し手があることを会話の含みとして意味するということをグライスは次のようにまとめている。

ある人がpと言う［中略］ことで、qということを会話の含みとしたと言いうるのはまさに次の場合である。（1）その人は会話の格率、あるいは少なくとも協調の原理を遵守しているものと推定される、（2）その人がpと言った［中略］ということを、この推定と整合的なものにするためには、彼がqということに気づいている、あるいはqと考えているという想定が必要である、そして、（3）話し手は、（2）で言及された想定が要求されるということを聞き手が計算する、あるいは直感的に把握する能力が聞き手にあると考えている（そして話し手がそう考えていると聞き手が考えていると期待できる）。（Grice 1989, 30-31: 邦訳四四頁）

（グライスははっきりと言っているわけではないが）ここでは（1）から（3）を話し手があることを会話の含みとして意味することの必要十分条件だと考えることにしよう。[8] 対応する聞き手による会話の含みの解釈プロセスは次のようになる。

話し手はpと言った。彼が諸格率を、あるいは少なくとも協調の原理を遵守していないと考えるべき理由はない。だが、彼が協調の原理を遵守していると言えるのは、彼がqと考えている場合に限られる。ところで、彼がqと考えていると想定する必要性を私が理解できることを、彼は知っている（しかも、彼がそれを知っていることを私が知っていることを彼は知っている）。彼は私がqと考えるのを思い止どまらせるようなことは何もしていない。彼は、私がqと考えることを意図しているか、あるいは少なくとも、私にqと考える余地をみずから与えている。そうであるからには、彼はqということを含みとしたのだ。（Grice 1989, 31: 邦訳四五頁）

このように会話の含みは、発言という行為を、話し手が協調の原理や会話の格率に従っているという想定と整合的に合理化しようとすることに基づいている。あることを会話の含みとして意味する話し手はそうしたことを期待する。[9] そして、聞き手は期待通りに話し手の発言の合理化を試みる中で、何が会話の含みなのかを割り出す。[10]

グライスは、会話の含みを生み出すこうした合理化として、次の二つのタイプを挙げている。一つは、話し手があることを考えていると想定することで、格率からの逸脱が解消される、つまり逸脱は見かけ上のもので実際には格率は遵守されていることになるタイプ。これは、話し手が格率に背いてみせることで格率を利用しているケースだ。もう一つは、話し手がそう考えているという想定によって、逸脱は解消されないものの、なぜ逸脱してしまったのかについての正当化が与えられるタイプ。二つの格率が衝突する状況、つまり、それらの要求を同時には満たせない状況にこうした正当化が関わる。

それでは、グライスが挙げる例を使いながら、彼の理論が会話の含みをどう説明するのかを見ていこう（以下の二つの事例は Grice 1989, 31-37: 邦訳四六—五四頁の例に適当な脚色を施したものである）。

2　会話の含みの例

まず格率の利用の事例から。

Xは哲学の教員職に応募しようと思い、指導教員のAに推薦状の執筆を依頼する。Aが書いた推薦状の文面は以下の通りだった。

「前略。X君は日本語に堪能であり、また個別指導にはいつも出席しております。草々」

この推薦状によってAが伝える言外の意味は、Xは哲学に関して有能ではない、といったことであろう。グライスによれば、この内容が会話の含みとなるのは、おおよそ次のような理由による。Aが推薦状を書いている以上、Xは協調的だと想定される。さて、目下の文脈で求められているのは、Xが哲学の教員に採用するにふさわしいかどうかを判断するのに役立つ情報である。そこには、たとえば、Xの哲学の能力に関するAの評価といったことが含まれるだろう。するとAが書いた推薦状の内容だけでは明らかに情報不足だ。ではAはなぜこうした情報不足の内容しか書かなかったのだろうか。AはXの指導教員なのだから、それ以上詳しいことを知らないというはずはない。ではなぜあえて書かなかったのか。その理由は、Xが哲学に関して有能ではないとAが考えているということに求められよう。Aは推薦状を読む人がこうしたことをわかってくれると考える（そしてAがそう考えていると相手が考えると期待している）。したがって、Xは哲学に関して有能ではない、ということが会話の含みである。

次は格率の衝突の事例だ。

AとBは一緒にフランス旅行に行く計画を立てている。AとBは学生時代からの友人で、AとB、それからCの三人でよく遊んでいた。Cがフランスにいるのを思い出したAは、「そういえば、Cが

フランスにいたはずだけど、旅行中会いにいけたらいいよね」と言う。続けてAはBに

「Cはいまどこに住んでいるんだっけ」

と尋ねる。Bは次のように答える。

「南フランスのどこかだよ」

Bのこの答えが伝える言外の意味は、Cの居場所についてそれ以上詳しいことは知らない、といったことであろう。グライスによれば、この内容が会話の含みとなるのは、おおよそ次のような理由による。Bが非協調的であると考える理由は特にない。目下の文脈で求められているのはフランス旅行中にCに会いに行ける程度に詳しいCの居場所に関する情報だ。南フランスのどこかだというだけでは、Cには会いにいけないだろう。ではなぜもっと詳しい情報をBは言わなかったのだろうか。その理由は、BがCの居場所についてそれ以上詳しい情報を知らないと考えており、それゆえ、量の第一格率に従って要求に見合う情報を与える発言をしてしまうと、質の第二格率（十分な証拠のないことを言ってはならない）に違反してしまうからに違いない。BはAがこうしたことをわかってくれると考える（そしてBがそう考えているとAが考えると期待している）。かくして、BがCの居場所についてそれ以上詳しい情報を知らない、ということが会話の含みとなる。

四　会話の含みと誤解の問題

会話の含みという言外の意味がどう生み出され、聞き手はどうやってそれを解釈するのかについてのグライスの理論が概観できた。これを踏まえて、次章で考えたいのは、いかにして人は会話の含みを誤解してしまうのか、という問題だ。

❖これだけは押さえておきたい本章のポイント

- 会話というのは共同作業だ。つまり、話し手と聞き手が協力しあって、共通の目標——たとえば効率的な情報のやり取り——の達成を目指す協調的な活動だ。会話にはこの目標達成に役立ついくつかのルールがある。
- 会話の含みと呼ばれる言外の意味がある。会話の含みを理解するには、相手の心を読まなければならない。つまり、ある発言で何が会話の含みとして意味されたのかを理解するには、なぜ話し手がそう発言したのかを、話し手の信念や欲求や意図を推測しながら合理的なものとして——つまり、筋の通ったものとして——理解する必要がある。

第五章

なぜ思いもよらないことが伝わってしまうのか——誤解と文脈

一　思いもよらないことが伝わってしまう／思っていたことが伝わらない

コミュニケーションに誤解はつきものだ。思いもよらないことが伝わってしまう、あるいは思っていたことが伝わらない、というのは日常茶飯事である。なかでも、会話の含みはかなり誤解されやすい。

前章で確認したように、会話の含みは、聞き手がマインドリーディングの能力を使ってその内容を割り出してくれるだろうという話し手の期待のもとで生じる。この期待はときに裏切られる。聞き手は、話し手が会話の含みとして伝達しようとした内容とは別の内容を発言に読み取ってしまったり、いかなる会話の含みも発言に読み取らなかったり、ということが起こる。

会話の含みという言外の意味についてこうした誤解が生じる原因は、どこにあるのだろうか。本章では、このことを、他人の心を推測することの難しさ、とりわけ、それに起因する文脈を共有することの難しさという観点から考える。その上で目を向けるのは、そうした誤解を解くための手段としての「そんなつもりはなかった」の有用性と、それに便乗した言い逃れの間のせめぎ合いである。

二　会話の含みの誤解と文脈

そもそも文脈とは何か。グライスによれば、会話の含みを理解するためには、発言そのものに加えて、次のようなデータが使われる。

(1) 使われた語の慣習的意味［＝文字通りの意味］と、語の使用に指示が伴っているときにはその指示対象の確認、(2) 協調の原理と格率、(3) 発言の文脈（言語的なものも、それ以外のものも含む）、(4) その他の背景知識、(5) 会話の参加者はどちらも、上記の項目に該当するすべての関連事項を手に入れることができ、しかもそうであることを双方が知っている、あるいはそう想定している、という事実（あるいは事実と想定されていること）。(Grice 1989, 31: 邦訳四五頁)

前章のフランス旅行計画の事例で説明しよう。Bの

「南フランスのどこかだよ」

という発言を解釈する際、この発言に加えて次のことがAにとってのデータになる。（1）に対応するのは、この日本語の文がどんな意味の文なのか、そして「南フランス」とはどこのことなのか、だ。（2）はもはや説明不要であろう。（3）の発言の文脈とは、その発言があった状況で成り立つさまざまな客観的な事柄である。そこには言語的なもの、つまりこの会話の中でその発言の前後にどんな発言があったのかや、その他のさまざまな事柄、たとえば誰が発言したのか、誰が聞き手なのか、いつどこで発言されたのかといった事柄も含まれる。（4）はたとえば、CがAとBの共通の友人であるとか、AとBがフランス旅行を一緒に計画するような仲であるといったこと、あるいはフランスの広さや旅行の日程設定に関するさまざまな常識などが含まれる。（5）が述べているのは会話の含みの割り出しに用いられるのは、（1）から（4）が、話し手と聞き手の共通了解になっているという事実ないし想定である、ということだ。こうした共通了解は、当然誰が話し手で誰が聞き手なのかに応じてさまざまに変化する。たとえば、私と私の妻の間では、昨晩の我が家の夕飯が、焼き魚とサラダであったことが共通了解になっているが、私と私の父の間ではそれは共通了解ではない。さらに共通了解は時間と共に変化する。昨晩の夕飯がなんであったのかは、今は私と妻の共通了解の一部だが、一昨日の段階ではそうではなかったし、一年経てば共通了解ではなくなるだろう。ある発言によって何が会話の含みになるのかは話し手と聞き手の間での共通了解に依存する。共通了解がなんであるかに応じて、同じ文の発言であっても、ある内容が会話の含みになったりならなかったりする。

本書では、発言の場面で成り立っていることをすべてひっくるめて**文脈**と呼ぶことにする。この意味での文脈に含まれるのは、発言に関わる客観的事実――たとえば誰が言ったのか、いつ言ったのか、などなど——だけではない。その発言が出た会話の話し手／聞き手の間で何が共通了解になっているのか、そして、それら個々の話し手／聞き手がどんな考えをもっているのか——ここには、それぞれが客観的な文脈がどんなものだと思っているのかや、それぞれがお互いの間でどんなことが共通了解になっていると思っているのか、ということも含まれる——も文脈の重要な一部になっている、ということに注意しよう。[1] さらに、話し手が文脈だと思っているものを**話し手の考える文脈**、聞き手が文脈だと思っているものを**聞き手の考える文脈**と呼ぶことにしよう。

実際の文脈、話し手の考える文脈、そして聞き手の考える文脈、この三つが常に一致するとは限らない。たとえば、話し手が共通了解だと考えていることが、聞き手が共通了解だと考えていることと食い違うということがある——この状況をロバート・スタルネーカーは**欠陥文脈**と呼ぶ（Stalnaker 1978）。こうした食い違いが生じたとき、聞き手は、話し手が意図していなかったことを会話の含みとして発言から読み取りうる。思いもよらなかったことが伝わってしまうのはなぜか、その原因の一つは、話し手の考える文脈と聞き手の考える文脈の食い違いなのだ。

事例で確認しておこう。そのために、フランス旅行計画の事例を、次のように改変してみよう。聞き手であるAはBがCの居場所を知っていると思っており、さらにはこのことがAとBの間での共通了解になっていると考えている。他方で話し手であるBはCの居場所を知らず、BがCの居場所を知っているということがAとBの共通了解になっていると考えてはいない。

話し手であるBは、AがBの発言をどう解釈するかを、話し手の考える文脈に基づいて予想する——というか、そうするより他にやりようはない。Bは、話し手の考える文脈に基づき、自分が

「南フランスのどこかだよ」

と発言すれば、自分がCの居場所についてそれ以上詳しいことは知らないと思っていることが聞き手のAにはわかるだろう（そしてBがそう考えているとAが考えるだろう）と考える。そこでBは、自分はCの居場所についてそれ以上詳しいことは知らないということを意味するつもりで、「南フランスのどこかだ」と発言する。このとき、Bがこの発言によって会話の含みとして意味しているのは

自分はCの居場所についてそれ以上詳しいことは知らない

ということだ。

聞き手であるAは、Bのこの発言を、聞き手の考える文脈に基づいて解釈する──再び、他にやりようはない。そして目下の状況では、Aは、Bが会話の含みとして意味したことの割り出しに失敗するだろう。というのも、Aは、BがCの居場所を知っていると思っているのだから、そしてそれがAとBの共通了解になっていると思っているのだから、そのことと明らかに不整合な心の状態にBがあると考えることでBの発言を合理化することはできないからだ。この場合、BがCの居場所を知っているのだから、BがCの居場所について南フランスのどこかだということ以上は知らないなどということはない、とAは考えるはずだ。するとAはそれとは異なる心的状態をBに帰すことでそうした合

理化を試みることになろう。たとえば、Aは

Bは Cの居場所を何らかの理由で――単に知らない、というのではない別の理由で――言えない、あるいは言いたくない

とBが考えていると考えることで、そうした合理化を行うかもしれない。この場合Aは、Bの発言はその言外の意味としてまさにこの内容を伝えていると解釈することになるだろう。

もちろんこれはBが意図していなかったことであり、AはBの意図を誤解している。それだけではない。Bはその内容を会話の含みとして意味することを意図していなかっただけでなく、実際にその内容を会話の含みとして意味してはいない。AとBの共通了解が何であるかについてAとは異なる考えをもつBは、AがBがこうしたことを考えていると推論ないし直感すると期待してはいない。そして、会話の含みの条件（第四章三節1）によれば、こうした期待は人があることを会話の含みとして意味するための要件の一つなのである。かくして、Aの解釈はBの意図の誤解であるだけでなく、そもそもあることを意味しているかどうかに関する誤解でもある。

三　共通了解を作ることの難しさ

このように、話し手の考える文脈と聞き手の考える文脈の食い違いは、言外の意味についての誤解を生み出す。何が共通了解なのかの考えが一致しないことで、思いもよらないことが相手に伝わってしまったり、伝わると思ったことが相手に伝わらなかったりする。

何を会話の含みとして意味したことになるのか、そして何が会話の含みとして伝わるのかは、共通了解が何かに依存する。ではそうした共通了解はどう形成されるのだろうか。

共通了解を形成するための一つの重要な手段は、コミュニケーションだ。二人の間でどんな会話が交わされたのか、相手がどんなことを意味したのか、こうしたことが、コミュニケーションするもの同士の共通了解となる。そして形成された新たな共通了解を背景に、コミュニケーションは続けられる。コミュニケーションとは、絶え間ない共通了解のアップデートのプロセスなのである。[2]

しかし、コミュニケーションによる共通了解の形成には限界がある。一つは、今まさに検討している誤解の可能性である。誤解の可能性がある限り、言葉によるコミュニケーションが、話し手の考える文脈と聞き手の考える文脈の食い違いを完全に排除することはない。第二に、そもそも、膨大な共通了解のすべてを言葉にするなどということはおおよそ無理である。さらに言えば、口頭でのやり取りによって何が伝わるのかが共通了解を踏まえて決まる限り、事前に口頭で共通了解のすべてをすり合わせることは原理的にできない。

それゆえ私たちは、何が自分と相手の共通了解なのかの推測に基づいてコミュニケーションを始めるしかない。この意味でコミュニケーションは、ローカルルール間のすり合わせなしに始めるトランプゲームの「大富豪」のようなものだ。[3]「大富豪」にはいろんなローカルルールがある。革命はありなのか。革命を構成する手札にジョーカーを入れてよいのか。2で上がってもいいのか。こうした微妙なルールのずれの可能性を事前にすり合わせることなく、とりあえずゲームを始めてみる。途中で誰かが同じ数字のカードを四枚出したなら、その後の展開を見ながら、革命がありなのかどうかを見定めていく。コミュニケーションも同様だ。私たちは、共通了解のすべてを事前にすり合わせることなく、コミュニケーションを続けながらそれを見定めていく。

しかし、こうした共通了解の推測はいつもうまくいくわけではないし、それぞれの考える文脈のすり合わせを阻害するような要因すら存在する。この二つの点を確認していこう。

コミュニケーションの相手との間で何が共通了解になっているのか。これを推測する一つの大きな手がかりは、二人でこれまで何を一緒に体験したのか、ということである。一緒に何かしたなら、そこで起こったことを自分は知っているし、相手もそれを知っているし、自分がそれを知っていることを相手もわかっているし、相手がそれをわかっていることも自分はわかっているし、さらにはこうしたすべてをお互いわかっているだろう。たとえば、今まさに二人で一緒に食事をしているなら、そのことは二人の間での共通了解になっているはずだ。あるいは過去に一緒にした体験も、共通了解の基礎になる。先週二人で一緒にラーメンを食べに行ったのなら、そのことは二人の共通了解になっていそうなものだ。ただし、こうした共通了解はお互いの記憶力の推測に依存する。さらには相手の記憶力がどれくらいなのか、そして相手が自分の記憶力をどのくらいだと見込んでいるのか、こうした推測が過去の共通の経験に基づく共通了解の推定には必要になる。そして、その見込みが外れることは、再び話し手の考える文脈と聞き手の考える文脈の食い違いを引き起こす。

共通了解のすべてが、こうした共有された経験に基礎をもつわけではない。もう一つの重要な要素は、「常識」と呼ばれているなにかだ。常識とはみんな知っていて当たり前のことなのだから、当然自分の話し相手も知っているはずだし、相手も自分がそれを知っていると思っているはずだ。そして、こうしたこと自体もお互いわかり合っている。つまり常識は共通了解になっているはずだ。こうした期待をもちながら私たちは相手の話に耳を傾ける。

問題は、自分が常識だと思うものが、相手が常識だと思うものと同じとは限らないということだ。そもそも常識というのは属性に応じて変わる。大学教師にとっての常識と、職業的ミュージシャンにとっての常識がまるまる同じなんてことはあり得ないだろう。小学生にとっての常識と大学生にとっての常識ももちろん違うだろう。日本の閑静な住宅街で長く暮らす人の常識はティフアナ[4]では通じまい。「みんな知っていて当たり前」の「みんな」の前には、こうした属性が隠れている。職業的ミュージシャンにとっては当たり前、大学生にとっては当たり前、ティフアナに住む人にとっては当たり前、などなどというわけだ。ということは、常識を使って相手と自分の共通了解を見積もるには、相手と自分の共通の属性を探さなければならない。それだけではない、共通了解を見積もるためにどの属性を使うのかについて、お互いの考えが食い違っていたら、常識に基づいた共通了解の推定にも食い違いが生じてしまう。共通了解の推定には、どの属性を使って共通了解を推定するのかの共通了解も必要になる。[5]

さらに属性がうまく共通了解になったとしても問題は残る。ある属性をもつ人なら知っていて当たり前のことが何かについても人によって考えが異なりうるからだ。たとえば、「日本で生まれ育った人なら知っていて当たり前」だと思うことを思い浮かべてほしい。現在の総理大臣の名前は知っていて当たり前だろうか。東京が日本の首都だということは？　富士山が日本の最高峰だということは？　Xをやっている人なら、フォローされてもフォロー返しする必要はないが、フォロー返ししないと気分を害する人もいるということは常識なのだろうか。そう思う人もいれば、そう思わない人もいるだろう。どんな人ならどんなことを知っていて当たり前かについての考えが異なることによって、常識に基づいた共通了解の推定にも食い違いが生じる。

　スタルネーカーは話し手の考える文脈と聞き手の考える文脈の食い違いはコミュニケーションに深刻な問題を引き起こさないと考える（Stalnaker 1978）。まず、この食い違いには、コミュニケーションの誤解・失敗の原因となるものとそうでないものがある。たとえば、目下の話題に関係のない点で食い違っていても、コミュニケーションに問題は生じないだろう。地球が平らで、みんなもそう信じていると信じている客と、地球は丸く、みんなもそう信じていると信じているカフェ店員の間での料理の注文のやり取りに、二人の考える文脈の食い違いによって支障が生じることはおそらくない。第二に、話し手の考える文脈と聞き手の考える文脈の食い違いがコミュニケーションの誤解・失敗を引き起こす場合、それはコミュニケーションが進むにつれて修正される。なんか変だな、話が噛み合っていないぞ、ということに気づいた話し手と聞き手は、その原因を共通了解についての考えの食い違いに求め、その食い違いをなくそうとする、というわけだ。コミュニケーションには、互いの考える文脈をすり合わせ、食い違いを解消するような自動補正システムが備わっているのである。[6]

　アンドリュー・ピートは、スタルネーカーのこうした楽観論に疑問を呈している（Peet 2021）。話し手の考える文脈と聞き手の考える文脈の食い違いが補正されないまま、コミュニケーションが続き、話がずっと噛み合わない、ということがときに生じるのだ。ピートはルベル・アンダーソンが「解釈の袋小路」と呼ぶ状況を引き合いに出しながら、次のように論じる。

黒人に対する警察の不当な暴力に端を発する人種差別抵抗運動のスローガン

「Black lives matter.　黒人の命は大事」

は、黒人以外の命は大事ではないのか、というリアクションを生んだ。そうしたリアクションは、BLM運動の力を削ぎたい人々の思惑と相まって

「All lives matter.　みんなの命は大事」

という別のスローガンを生み出した。

「Black lives matter」が黒人以外の命は大事ではないということを意味している、というのはもちろん誤解である。ではなぜそうした誤解が生じたのか。その原因は、BLM運動側とそれに対する反対派の白人の間での共通了解の食い違い、とりわけ、黒人の命が不当に蔑《ないがし》ろにされている、ということが共通了解になっていない、という点にある。話し手たるBLM運動側の考える文脈には、これが入っている。「Black lives matter」は、それを背景に、そうした状況の是正を求めるために掲げられ

ているのだ。これに対して、聞き手たる反対側の考える文脈には、黒人の命が不当に蔑ろにされているということが入っていない。反対派は、黒人の命が蔑ろにされているというアメリカ社会の現状を無視し、あたかもアメリカでは黒人の命も白人の命も等しく同等に扱われているかのように考える。こうした背景をもとに、「Black lives matter」を解釈すれば、それは黒人を特別視するものとして理解されうる。

スタルネーカーの提案によれば、こうしたすれ違いが生じたとき、話し手と聞き手は文脈をすり合わせそれぞれの考える文脈の食い違いを解消しようとする。では、BLMをめぐる誤解は文脈のすり合わせによって解消されたのか。話はそんなに簡単ではない。その大きな理由は、黒人が不当に命を脅かされているということを共通了解にさせないような力が文脈に存在する、ということにある。白人側にとって、黒人が虐げられているということを無視し続けることは、アメリカ社会における白人優位の社会構造を維持し、自分の利益を確保し続けることにつながるからだ。そしてもちろん、BLM運動側には、黒人が虐げられているという現状を共通了解にすることを諦めるという選択肢はない。かくしてそれぞれの考える文脈の食い違いは解消されず、誤解の解けない解釈の袋小路に入り込んでしまう。

ここで生じているのは、話し手の考える文脈と聞き手の考える文脈の衝突だ。お互いがお互いの考える文脈を押し付け合う理由がここには存在する（理由がある、というのはその理由が正当なものだということを意味しない。目下考察中の事例では、一方には正当な理由があり、もう一方の理由は不当なものである）。お互い譲れない理由があり、それゆえに欠陥文脈が修復されないまま、コミュニケーションはすれ違い続ける。

このように共通了解の推測や、話し手の考える文脈と聞き手の考える文脈のすり合わせがいつもうまくいくとは限らない。そして、この失敗の可能性は、会話の含みの誤解の可能性にもなるのだ。

会話の含みという意味は、相手の心をどう推測するかに依存している。ある発言によってあることを会話の含みとして意味する際に、話し手は、聞き手が話し手たる自分の心を読むことを期待する。そうした期待は、聞き手が何を考えているのか、そして聞き手と話し手の共通了解はなんなのかについての話し手の考え——これは話し手の考える文脈の一部である——に基づいている。会話の含みの解釈とは、発言という行為の合理化のために、相手の心を推測するということである。さらにはそうした推測そのものが、話し手が何を考えているのか、話し手と聞き手の間での共通了解が何かについての聞き手の考え——これは聞き手の考える文脈の一部である——を背景になされる。このようにして会話の含みの解釈は、話し相手の心の推測に複雑な仕方で依存することになる。

他者の心のあり方に対する推測が不確かなものである程度に応じて、話し手の考える文脈と聞き手の考える文脈の一致は不確かなものになる。そしてその二つが一致しないとき、話し手が会話の含みとして意味したことと、聞き手が会話の含みとして解釈したこととの間に、不一致が生じうる。つまり、他者の心のあり方に対する推測が不確かなものである程度に応じて、会話の含みが誤解の余地を残したものになるのだ。かくして、他者の心の推測の不確かさは、会話の含みを誤解に対して脆弱なものにしてしまう。

四　誤解か責任逃れか──「そんなつもりはなかった」をめぐるバランスゲーム

聞き手が何が会話の含みなのかを誤解したとしよう。このとき、話し手はそうした誤解をどうにかして解きたいと思うだろう。会話の含みの伝達という、誤解の余地を多分にもつコミュニケーションの方法にとって、誤解を解くための手段があるというのは、非常に有用なことだ。「そんなつもりはなかった」はまさにそうした誤解を解くための有効な補正手段として機能する。なぜか。話し手があることを会話の含みとして意味したのならば、話し手はそう意図していたはずであり、したがって、話し手があることを会話の含みとして意味することを意図していなかったのなら、話し手はそれを会話の含みとして意味していなかったはずだからだ。

あることを会話の含みとして意味するということは、例外はあるものの基本的に意図的である。このことを確認するために、期待と行為と意図の関係についてもう少し一般的に考えてみよう。ある人が目の前にある豚の貯金箱に金槌を振り下ろせば割れるということを期待／予期しつつ、その貯金箱に金槌を振り下ろしたなら、その人は金槌を振り下ろすことでその豚の貯金箱を割った（その貯金箱は割れたのだとしよう）だけでなく、割ろうと意図していただろう。ある人が目の前にあるゴールにボールを蹴り込めば得点になるということを期待／予期しつつ、ゴールに向かってボールを蹴れば、その人はシュートしただけでなく、シュートしようと意図していただろう。期待と行為と意図の間のこうした関係に例外がないわけではない。重要な例外は、そうした行為が何らかの仕方で強制された場合だ。しかしこうしたケースを除けば、ある結果が生じることを期待／予期しつつなされる行為を、まさにその結果を引き起こすためにしたならば、その行為は意図的なものである。同様のことが会話の含みにも言える。話し手がある発言をする。しかも、話し手は、聞き手がその発言を合理化するために話し手があることを考えていると考えるだろうと期待／予期しつつそう発言する。だとすれば、その話し手は、そう発言することでそのことを会話の含みとしていただけでなく、そうすることを意図してもいただろう。発言が強要されたという状況であればこれが成り立たないだろうが、しかしこれは例外だ。[7][8][9]

　かくして「そんなつもりはなかった」は、会話の含みを用いたコミュニケーションにつきまとう誤解に対する一種のセーフティネットとしての役割を果たす。[10]「そんなつもりはなかった」は、誤解に弱い会話の含みによるコミュニケーションにとっての基本的なインフラの一つなのである。

　第三章の最後で見たほのめかし（少なくとも一部のほのめかし）は、会話の含みにとってのこの安全装置をあざとく利用する。ほのめかしに続く意図の否認によって話し手は、あることを会話の含みとして意味していたにもかかわらず、あたかもそれを意味していなかったかのように振る舞う。そうした否認が通用するのは、そんなつもりがなかったということが一度認められたならば、追及されるべき責任を生み出す行為がそもそもなされていなかったかのようになるからである。

　ここで私たちは一種のバランスゲームに突き当たる。会話の含みに関する誤解修正用のインフラとしての「そんなつもりはなかった」の有効性は担保しておきたい。他方で、ほのめかしが責任回避の手段として悪用された場合、それをそのまま放置しておくわけにはいかない。何かしらの対抗手段が必要だ。前者の目的にとって、「そんなつもりはなかった」はなるべく通用するものであってほしい――実際に誤解があったなら、「そんなつもりはなかった」と話し手が言えばそれがばっちり解けてほしい。しかし、このことは、本当は話し手があることを会話の含みとして意味していた場合であっても、「そんなつもりはなかった」が通用することを後押しする。これに対して、後者の目的にとっては、「そんなつもりはなかった」は、会話の含みに関しても反論不可能な無敵の言い訳であっては困る。あることを会話の含みとして伝達しておきながら、ことあるごとに「そんなつもりはなかった」と言い訳し、意味に伴う責任を回避する輩を放っておきたくはない。そうした場合には、「『そんなつもりはなかった』なんて言い訳は通用しない」ときっぱり言えるようであってほしい。このことは、「そんなつもりはなかった」が通用しないということを後押しする。誤解修正のインフラとしての「そんなつもりはなかった」の有効性を担保することと、責任回避のための「そんなつもりはなかった」を無効化することはトレードオフの関係にある。この相反する方向に働く力の間でどうバランスをとるのかに応じて、どんな場面で会話の含みが表の意味になり、どんな場面で会話の含みが裏の意味にとどまるのかが決まることになる。

　ほのめかしに対抗する方向に目を向けよう。「そんなつもりはなかった」という言い訳が会話の含みについても反論不可能な無敵の言い訳でないのだとすれば、それはなぜか。そんなつもりがあったかどうかは関係ないという、差別発言に対して採った戦略はここでは使えない（第三章三節）。会話の含みは、発言の強要といった例外的な事例を除いて、意図なしには生じない。つまり会話の含みに関しては、話し手が意図していないのに意味していた、ということは基本的にない。そして話し手がそもそも意味していないのならば、意味したことに伴う責任を話し手に追及するのは理不尽で不当だ。さらに、例外的に発言が強要されたものであれば、そのことは話し手に対する責任の追及を取り下げる良い理由になるだろう。

すると、会話の含みについても「そんなつもりはなかった」が反論不可能な無敵の言い訳でないのだとすれば、「そんなつもりがあったかどうかは関係ない」というのとは別の根拠が必要になる。一つの有力な候補は、「あなたにはそのつもりがあった」という応答である。ではどんな場合に、そう応答できるのだろうか。

次章ではこの問いに、意味していたということがわかるというのはどんなことか、という観点から迫る。

❖これだけは押さえておきたい本章のポイント

・会話の含みには誤解の余地が多分にある。誤解が生じる原因の一つは、何が互いの共通了解なのかについて話し手と聞き手とで考えが食い違っているということである。共通了解についての互いの考えのすり合わせは、常識やコミュニケーションを通じて行われるが、それには限界がある。

・「そんなつもりはなかった」は、会話の含みの誤解を解くための有用な手段であり、私たちのコミュニケーションの重要なインフラの一つである。だがそれは、意味しているのに意味していないように振る舞うことで言質を回避するための手段に転用されうる。誤解修正のインフラとしての「そんなつもりはなかった」の有効性を担保することと、責任回避のための「そんなつもりはなかった」を無効化することはトレードオフの関係にある。

第六章

誤解じゃないって本当にわかるんですか？——知識と意味の否認可能性[1]

一　誤解の余地と意味の否認

議論の現状を確認しておこう。「そんなつもりはなかった」という言い訳と会話の含みの関係は二面的だ。前章の最後で確認したように、「そんなつもりはなかった」は、次の二つの異なる場面で使われうる。

（1）話し手が会話の含みとして意味していなかったことを、話し手が意味していると聞き手が誤解した場合。

（2）話し手はあることを会話の含みとして意味しているが、それが表の意味となることで生じる責任を回避したい場合。

（1）の「そんなつもりはなかった」は、会話の含みを用いたコミュニケーションにつきまとう誤解をとき、コミュニケーションを正しい方向に導くための有用な補正手段である。それは、会話の含みという誤解の余地が多分にあるコミュニケーションの仕組みにとって一種のセーフティネットであり、私たちのコミュニケーションに欠かせないインフラの一つだ。これに対し、（2）の「そんなつもりはなかった」は、意図しない会話の含みはほとんどないということを逆手にとった、責任回避の試みである。その試みは、あることを会話の含みとして意味したにもかかわらず、「そんなつもりはなかった」という言い訳によってそもそも意味したことを否定する試みだ。

この試みはときにうまくいく。つまり会話の含みはときに否認可能だ。では、この試みはいかにしてうまくいくのか。その一つの仕方は、会話の含みがもつ誤解の余地につけこむ、というものだ。

第四章三節2で見たグライスの例を使って考えてみよう。哲学の教員職に応募しようとする学生Xのために、教員Aが

「前略。X君は日本語に堪能であり、また個別指導にはいつも出席しております。草々」

とだけ書いた推薦状を応募先に送る。このとき、この文面によってAは

「Xは哲学がだめだ」

ということを会話の含みとして意味している。Aは、その内容をはっきり書いてしまうのは直接的な批判すぎるがゆえに憚《はばか》られると考え、それを間接的に伝えることにしたのだ。

エリザベス・キャンプも指摘するように、この会話の含みはときに否認可能である（Camp 2018）。この点を確認するために、これに続くやり取りを具体的に考えたい。そこで、推薦状を受け取った教員Bに登場してもらおう。Bが推薦状を受け取ってしばらくのちに、AとBが顔を合わせる機会があった。そこで二人の間で次のような会話が交わされる。

B：「あの推薦状ありがとうございました。Xさんは哲学だめなんですね」

自分が言外にほのめかした内容を面と向かって確認されたAは、ちょっと戸惑いつつ、次のように返事する。

A：「いやいや、そういうつもりではなくて。彼、締め切り当日になって『推薦状書いてほしい』と言ってきまして、授業や会議もあって忙しくしていたものですから、ずいぶん短いものになってしまって申し訳ありません」

Aのこの返事に直面したBが次のように応答する、というのはない話ではない。[2]

Aが推薦状によってXは哲学がだめだということを意味したと考えたのは自分の誤解である、あるいは少なくとも誤解の可能性があると考え、Aがそのことを意味していたとの断定を避ける。それゆえ、Xは哲学がだめだと断定もしない。（Bの心の声：「ああ、推薦状があんなに短かったのは書く時間がなかったからで他意はなかったという可能性はなくはないか。じゃあ実際のところXさんの哲学の能力はどのくらいのものなのか、A先生に改めて確認してみよう」）

このように考えるBは、「Xは哲学はだめだ」とはっきりと言葉にして主張したときに生じる責任をAに追及することはない。かくしてAは言質を回避する。

ここでのAの否認は、会話の含みの誤解の余地につけこんだものである。あることを会話の含みとして意味しておきながら、後になって「そんなつもりはなかった」という仕方でそれを否認する話し手は、誤解を解くためのインフラを責任回避の手段に転用している。そうした転用——この転用は少なくとも嘘であるという点で、そして責任回避が不当なものであるならばその点でも、悪用である——の典型は、誤解ではないにもかかわらず、あたかもそれが誤解であるかのようなふりをして、「そんなつもりはなかった」を使用してみせる、というものだ。話し手のこうした振る舞いに対して聞き手はときに、確かにそれは自分の誤解かもしれない、と反応する。このとき、話し手の否認は通用したことになる。つまり、意味したということが聞き手にわかっていないという仕方で、意味していないという話し手のふりがまかり通る。要するに、誤解の余地があるなら否認可能、というわけだ。

以下ではこの否認可能性を、**誤解の余地としての否認可能性**と呼ぶことにしよう。わかる／わからない、知っている／知らないなど、知識に関わる事柄を一般に**認識的**な事柄と言う。誤解の余地としての否認可能性は、**認識的な否認可能性**だ。

本章のねらいは、誤解の余地としての否認可能性を詳しく見ていくことで、それがもつある揺れを明るみに出すことだ。誤解の余地としての否認可能性の有無は、誤解に基づいて行動することのリスクに応じて揺れ動く。本章はこのことを、あることを知っているかどうかは当人の**実践的な関心**——損得に関わる要因——に左右されるというジェイソン・スタンリーの立場（Stanley 2005）に基づいて明らかにする。この作業は同時に、なぜ意図に依存した意味についてさえ「本当のことは本人にしかわからない」論法が誤っているのかを明らかにもするだろう。

それでは、あることがわかっている・知っているということと、実践的な要因がどう関係するのかを見ていくことから議論を始めよう。

二　知識と実践的な関心

あることを知っているかどうかは、当人の実践的な関心、損得に関わる要因に左右される。本節ではこのことを知識についての関連代替説という理論をベースに説明する。[3]

1　知識と適切に無視される可能性――関連代替説

まずは関連代替説の基本的な考えを確認する。関連代替説の一つの定式化は、デイヴィッド・ルイスによる次のものだ。

［ある人］Sが P ということを知っているのは、次の場合かつその場合に限る。Sの手持ちの証拠が、P でないあらゆる可能性を排除する（ただし、私たちが適切に無視する可能性についてはその限りではない）。（Lewis 1996, 554）

この提案の背景にある考えを簡単に見ておこう。

まず、証拠が可能性を排除するというのは、その証拠がその可能性と両立しない、ということだ。たとえば、今ゼレンスキーがニューヨークにいるということは、同時刻にゼレンスキーがキーウにいるということと両立しない。それゆえ、ゼレンスキーがニューヨークにいるということは、彼がキーウにいるという可能性を排除する証拠である。

私たちは手持ちの証拠に基づいてさまざまな判断を下す。たとえば、ゼレンスキーがニューヨークにいるという証拠に基づいて、彼は今キーウにいないと判断する。この判断は妥当なものだろう。それが妥当に思われるのは、手持ちの証拠が、ゼレンスキーが今キーウにいる可能性を排除するからだ。他方で、ゼレンスキーが今日ニューヨークにいるという証拠に基づいて、彼が明日ワシントンD Cにいることはないと判断したとすれば、この判断は妥当なものではないだろう。それが妥当でないのは、手持ちの証拠が、ゼレンスキーが明日ワシントンDCにいる可能性を排除しないからだ。こうした判断の妥当性は、判断の認識的な正当性と呼ぶことができる。

このように、あることが成り立っているという判断が妥当である——認識的に正当なものである——のは、手持ちの証拠がそれが成り立っていないという可能性を排除する場合だ。ルイスの定義が要求しているのは、知識とはこの意味で認識的に正当な判断と同等の正当性をもたなければならない、ということである。

この基準が現実的なものであるためには、一つの重要な但し書きが必要になる。それは、この基準は、ありとあらゆる可能性を考慮した上で、それらを手持ちの証拠と突き合わせることを要求してはいない、ということだ。というのも、もしそれを要求しているのだとすれば、私たちが日々証拠に基づいて下す判断のほとんどが認識的に妥当でなくなる——この意味で、その基準は現実味のないものになってしまう——からだ。たとえば、私が何かの機械に操られて、現実と区別のつかない精巧な幻覚を見せられている——映画『マトリックス』を思い出してほしい——という可能性を完全に排除するような証拠を私はもっていない（少なくともある種の懐疑論はそう考える）。だとすれば、さっき自分で豆を挽いて淹れたばかりであり、いつものいい匂いがするということは、目の前にあるこの液体がコーヒーではないという可能性のすべてを排除する証拠にならない。もし証拠によってこうした可能性をも排除する必要があるのだとすれば、これらの証拠に基づいたこの液体がコーヒーだという判断は妥当なものではなくなってしまう。これは私たちの判断の妥当性の基準としては厳しすぎる。ここであげた証拠は、目の前の液体がコーヒーだという判断の妥当性に十分な証拠だろう。

ではなぜ反対の可能性がすべて排除されないにもかかわらず、これらの証拠に基づく判断は妥当なのだろうか。それは、私たちはこうした突拍子もない可能性を無視するのであり、そうすることが適切だからだ。証拠に基づいてさまざまな判断を下す、そうした私たちの日々の営みにとっては、そうじゃないという証拠をもっているわけではないけれど、そもそもそれを無視するのが適切である、そうした可能性があるのだ。

2　実践的な要因と知識の状況依存性

以上が関連代替説の基本的な考えだ。この考えをより具体的なものにするためには、どんな可能性が適切に無視される可能性なのか、それがどう決まるのかを明らかにする必要がある。[4] この点に関してここで確認したいのは次の二つのことだ。第一に、どんな可能性が適切に無視されるのかは、判断の正しさを左右する要因だけでなく、その判断の正しさがどれくらい大事なのかという実践的な要因によっても左右される。第二に、状況に応じてこれらの要因は変化するがゆえに、どんな可能性が適切に無視されるのかも状況に応じて変化する。順番に見ていこう。

まず、判断の正しさを左右するような要因——これは真理伝播的な要因と呼ばれる——について。たとえば、目の前にあるものの大きさを目で見て判断するということを考えよう。普段の暮らしの中ではそうした判断は妥当だろう。だがトリックアート展を訪れているのなら、そうはいくまい。なぜこうした違いが生じるのだろうか。それは、ものが視覚経験に反した大きさをしている——見た目通りの大きさをしていない——という可能性を無視するのが適切かどうかが、視覚経験が正しく情報を伝えてくれることが見込まれる状況かどうか――視覚が信頼に足る情報伝達経路たる状況かどうか――によって変わってくるからだ。一般に、知識獲得システムが正常に働かないような状況では、そのシステムの信頼性が下がる。そうした状況――トリックアートに囲まれているというのはそうした状況だ――では、普段は考慮しなくてもよい可能性を考慮に入れなければならず、結果、正常な状況では知識に十分であるような証拠だけでは知識に足りない、ということが起こりうる。つまり、証拠に基づいた判断の正しさを脅かすような要因によって、無視するのが適切でない可能性が増えるのである。

何が適切に無視される可能性なのかを左右する事情は、判断の正しさを左右するものだけではない。それは実践的な要因、とりわけ、その判断の正しさがどれくらい大事かにも左右される。以下で特に注目するのは、間違いであった場合に生じる被害の大きさ、つまり、間違いのコストの大きさだ。

次の例を考えよう。[5] 私はふと、たまに行くレストランで夕食に何かテイクアウトして帰ろうと思い立つ。同時に、先日定休日のことをすっかり忘れてそのレストランに行ってしまってがっかりしたことを思い出す。そこでスマホを取り出し店の定休日が何曜日かを確認する。定休日は木曜日、今日は金曜日だ、ということはあのレストランは開いている、大丈夫。私は安心してお店に向かう。お店はちゃんと開いている。

こうした場面で、私はそのレストランが開いていることを知っていたと言えよう。私はそのことをちゃんとわかった上でレストランに向かったのだ。この場面では、前回の失敗の轍《てつ》を踏まないよう、しっかり定休日を確認するということが、そのお店が開いているかどうかを知るに足りた、というわけだ。

　これに対して、次のような場面を考えてほしい。私はふと、今晩の夕食に例のレストランで何かテイクアウトして帰ろうと思い立つ。私はこの前定休日に行ってしまったことを思い出しつつ、定休日を確認する。定休日は木曜、今日は金曜日だ。よし、お店は開いている。そこで私は妻にテイクアウトの件をメールする。すると妻から、「今日は両親と外食しようかと思ってたんだけど、ちょうどいいからテイクアウトじゃなくてそこでみんなで一緒に食べよう、お店開いてるよね？」と返事がある。みんなでお店まで行ってやってませんでしたなんてことになったら――定休日じゃないけれど、もしかしたら何かしらの理由で滅多にない臨時休業をしているかもしれない――最悪だと思った私は、念の為、電話を入れ、お店が開いていることを確認する（ついでに予約も入れておく）。

　この場面で、お店に電話を入れる前に、私にはレストランが開いていることがわかっていただろうか。今日が定休日ではないということを確認したという点では先ほどの場面と変わらない。にもかかわらず、この場面では、定休日を確認しただけでは私にはそのレストランが開いているかどうかがまだわかっていなかったと考える理由がある。私がお店に確認の電話を入れたというのがその理由だ。もしレストランが開いているということがわかっていたのなら、わざわざお店に電話することはなかっただろうからだ。

　このように、同じ証拠――今日が定休日でないということを示す証拠――を手にしているにもかかわらず、ある状況では私はレストランが開いていることがわかっており、別の状況ではわかっていない。関連代替説を使うと、この違いは次のように説明される。この二つの状況では、適切に無視できる可能性が異なっている。一つ目の状況では、定休日である可能性はそうした可能性に含まれているが、滅多にない臨時休業の可能性はそこに含まれていない。臨時休業の可能性は適切に無視される可能性だ。二つ目の状況では、定休日である可能性だけでなく、臨時休業の可能性もそこに含まれている。この状況ではその可能性を無視するのは適切ではない。今日が金曜日であり、定休日が木曜日であるということは、店が定休日である可能性を排除するが、臨時休業の可能性は排除しない。それゆえ、一つ目の状況と二つ目の状況において、手持ちの証拠が同じであるにもかかわらず、お店が開いていると知っているかどうかに差が生じたのである。

二つの事例において、適切に無視される可能性の違いを生み出しているのは、レストランで家族の夕食をテイクアウトするのか、両親を招いてそのレストランで食事するのかの違いだ。そしてこの違いは、判断の正しさを左右しない。この違いは、定休日以外に休業するかどうかに影響を及ぼさない——そもそもそれはレストランが開いているかどうかを左右しない——のだから。この違いによって変化するのは、間違っていた場合のコストである。お店で晩ごはんをテイクアウトするという状況では、そこで晩ごはんが買えなかったとしても、スーパーでお寿司でも買って帰れば事足りる。それに対して両親も含む家族みんなで出向いてお店が閉まっているとなると、無駄足になるし、別のレストランをそれから探すのも大変だし、皆が迷惑を被ることになる。こうした間違いのコストという要因が、適切に無視される可能性がなんなのかの違いを生むのだ。[6]

重要事に関してはいろんな可能性を考えて慎重にことを運ぼう、というのは私たちの自然な態度である。たとえば、ある人は普段から新型コロナウイルスの感染対策に特別気をつかっていて、それゆえ新型コロナウイルスに感染しているという可能性があまりないのだとしよう。こうした状況で、その人は、若くて持病のない友人に会うにあたってわざわざ抗原検査をすることはしないが、高齢の祖母や肺に疾患をもつ父に会う場合には抗原検査をする、ということはありそうな話である。実践的要因に応じて適切に無視される可能性が変わるのは、こうした慎重さの表れだと考えることができる。とりわけ、間違いのコストが大きいならば、普段は無視される程度にありそうにない可能性をちゃんと考慮に入れる必要がときに生じる。かくして間違いのコストが大きくなると、無視するのが適切ではない可能性が増えていく。

　ここまでの話をまとめよう。ある人があることを知っているかどうかは、どんな証拠をもっているかだけではなく、何が適切に無視される可能性なのかに左右される。そして、何が適切に無視される可能性なのかは、状況に応じて変化する。その変化の要因には、少なくとも二種類ある。それは、判断の正しさに関わる要因、それから、判断が間違いであった場合のコストという実践的な要因である。判断の正しさを脅かす要因があったり、間違いであった場合のコストが大きかったりすると、無視するのが適切ではない可能性は増えていく。こうした変化によって、手持ちの証拠は同じであるにもかかわらず、知っているかどうかが変わることがある。

　適切に無視される可能性は状況に応じて変化する。このことをルイスの提案に組み込むと次のようになる。

ある状況である人がpということを知っているのは、pではないどんな可能性についても次が成り立つ場合かつその場合に限る。（i）その人の手持ちの証拠がその可能性を排除するか、あるいは、（ii）その可能性は、その状況で適切に無視される可能性である。

準備は整った。それでは知識についてのこうした考察を意味の否認可能性と結びつけてみよう。

三　誤解の余地としての否認可能性

話し手が意味したことが、誤解の余地としての否認可能性をもつというのは、誤解の余地が排除できないということであり、それは結局、話し手がそれを意味したということが聞き手にわかってはいない、ということだ。

前節の議論によれば、あることをわかっていない、あることを知らない、というのは次のように説明される（知識の条件を否定しただけである）。

ある状況である人がpということを知らないのは、pではないある可能性について次が成り立つ場合かつその場合に限る。（i）その人の手持ちの証拠がその可能性を排除せず、かつ、（ii）その可能性は、その状況で適切に無視される可能性ではない。

以上を踏まえて、誤解の余地としての否認可能性を次のように定式化してみよう。

誤解の余地としての否認可能性（認識的な否認可能性）[7]：話し手が意味したことが、ある状況において、誤解の余地としての否認可能性をもつのは、話し手がそれを意味していないある可能性について次が成り立つ場合かつその場合に限る。（i）評価者の手持ちの証拠がその可能性を排除せず、かつ、（ii）その可能性は、その状況で適切に無視される可能性ではない。

評価者とは、話し手があることを意味したかどうかを評価する人のことだ。多くの場合それは、話し手の直接の相手である聞き手だ。しかし、そうした評価をするのは、発言の直接の聞き手に限られない。評価者は、直接の聞き手ではない第三者――いわば間接的な聞き手――かもしれない。「話し手がそれを意味していない可能性」にはどんなものがあるだろうか。ここでは次の二種類のものを区別しよう。

（a）意味したかどうかが問題とされる発言自体をしていない、という可能性
（b）発言はあったけれど、その発言によってそのことを意味していないという可能性

（a）の可能性は、いわゆる「言った言わない」の言い争いで争点とされる可能性だ。「そんなこと

言ってないよ、あのときすごいうるさかったから、聞き間違いなんじゃない？」とか「それ言ったの、私じゃなくて、別の人なんじゃない？　君、随分酔ってたし」といった類の否認が引き合いに出すのがこの可能性である。このように、意味したことを否定する試みには、ある発言をしたにもかかわらず、その発言をしたこと自体を否定するというものがある（Dinges and Zakkou 2023）。

　これに対して、（b）の可能性では、発言そのものがあったことは実際の文脈と変わらない。しかし、その発言によって何が意味されたのかが実際の文脈とは異なる。こうした可能性のことを、以下では**代替解釈文脈**と呼ぼう。話し手がある発言であることを意味したとする。その意味に関する代替解釈文脈とは、話し手が同じ言葉を発しているが、そう意味してはいないような文脈のことである。発言自体は認めた上で「そんなつもりはなかった」と言い訳する人が引き合いに出すのはこちらの可能性である。

　本書は、もっぱら（b）のタイプの可能性が関わる否認可能性について考察する。

　続く二つの節では、会話の含みがときにもつ誤解の余地としての否認可能性を例に、「そんなつもりはなかった」が無敵の言い訳ではないということ、そして誤解の余地としての否認可能性が間違いのコストの違いに応じて揺らぎうる、ということを確認しよう。

四　誤解の余地としての否認可能性と「そんなつもりはなかった」
――「本当のことは本人にしかわからない」論法の破り方その2

前章で確認した通り、意図しない会話の含みというものは（脅迫のような例外的な事例を除いてほとんど）ない。つまり、話し手にそのつもりがなかった文脈というのは、会話の含みにとっての代替解釈文脈である。すると、そのつもりがなかったという代替解釈文脈の中に、適切に無視されず、しかも、聞き手の証拠によって排除できないものがあれば、会話の含みは誤解の余地としての否認可能性をもつことになる。

ここで第一章で見た「本当のことは本人にしかわからない」論法を思い出そう。第三章で確認したように、そのステップの一つである**（意味→意図）**、つまり意図しない意味はないという考えは一般論としては間違っている。他方でこのことは、意図に依存した意味の存在を排除しない――実際会話の含みはそうした意味だ。第三章が未解決の問いとして残したのは、意図に依存した意味に関しても「そんなつもりはなかった」が無敵の言い訳でないのだとしたら、それはなぜか、という問いであった。ようやくその問いに答えるときがきた。注目するのは「本当のことは本人にしかわからない」論法のもう一つのステップである、意図に対する一人称的アクセスの特権性だ。[8]

意図（帰属の証拠）に対する一人称的アクセスの特権性：ある人があることを意図しているかどう

かは究極的にはその人にしかわからない。

人があることを意図したかどうかには、他人にも利用可能なさまざまな状況証拠がある。一人称的アクセスの特権性につけられた「究極的には」という但し書きを理解する一つの仕方は、意図の有無はどんな状況証拠にも反しうる、というものだ。つまり、意図に対する一人称的アクセスの特権性とは

> ある人があることを意図していた（意図していなかった）ということを示すさまざまな強力な状況証拠があるにもかかわらず、その人はその意図をもっておらず（もっていて）、そのことがその人にはいわば自分の心をのぞき見ることで得られる直接的な証拠によってわかっている、ということがありうる

ということだ。

一人称的アクセスの特権性によれば、ある人があることを意図していたという状況証拠がどれだけ揃っていたとしても、そう意図していなかったという可能性が完全に排除されることはない。これを踏まえた上で、なぜ「そんなつもりはなかった」が無敵の言い訳ではないのか、特に、なぜ、意図に対する一人称的アクセスの特権性は、会話の含みをいつでも否認可能にするわけではないのかを考えよう。

答えは単純だ。それは、一人称的アクセスの特権性が保証するような仕方で状況証拠と意図の有無

が乖離する可能性は、多くの状況にとって適切に無視される可能性だからである。そうした特殊な可能性を考慮することが、誤解によって生じるコストに見合うことはまずない。聞き手に利用可能なさまざまな状況証拠が、話し手があることを会話の含みとして言外に伝えようと意図していたことを示しているとしよう。一人称的アクセスの特権性によれば、こうした状況証拠に反して、話し手は本当にそれを意図しておらず、そのことは究極的には話し手にしかわかりようがない、という状況は確かに不可能ではない。しかしそうした特殊な代替解釈文脈は、ほとんどの状況にとって、関係はあるもののかなりありそうにない可能性だ。そして、この種の可能性を無視するのが適切でない状況というのは、あったとしても、よほど慎重になるべき特殊な事情がある状況に限られる。逆に言えば、そうした特殊な事情がない限り、さまざまな状況証拠が話し手があることを会話の含みとして言外に伝えようと意図していたことを示している状況では、そのことが聞き手にはわかっている、ということだ。そのつもりがあったかどうかは、他者に知りえないことでは決してない。かくして、意味が意図に依存する場合でも「そんなつもりはなかった」は無敵の言い訳ではない。

もちろんこのことは、「そんなつもりはなかった」があらゆる状況で通じないということではない。今見た議論は、どんな状況でも状況証拠によって話し手に意図を帰属できるという話ではない。状況証拠が貧弱であれば、その証拠によっては、適切に無視されず、しかも話し手が意図していないという可能性のすべてを排除はできない、ということは当然ありうる。こうした状況では、意図していたとわかっているとは言えない。しかしこうした状況は、意図に対する一人称的アクセスの特権性とは関係がない。というのも、それは、意図は究極的には本人しかわからないということに訴えるまでもなく、意図していない可能性が十分あるような状況だからだ。要するにそれは、一人称的アクセスの特権性など持ち出さずとも、「そんなつもりはなかった」が通じるような状況なのだ。

前章で見たように、何が会話の含みとなるのかは、文脈の細かな違いに左右されうる。会話の含みにとって、そうした違いを生み出す文脈はどれも、代替解釈文脈である。どんな代替解釈文脈が、会話の含みを否認可能にするだろうか。そもそも含みがない文脈と、別の含みが生じている文脈のそれぞれについて考えてみよう。

まず、そもそも会話の含みがない文脈について。会話の含みは、その含みなしでは話し手が協調的で合理的な話者だという仮定が維持できない場合に生じる。それゆえ、会話の含みが生じる文脈では、そもそも話し手が何も含みとしていないという可能性は、協調性と合理性の仮定のもとでは、話し手が発言したという事実が証拠となって排除されるだろう。つまり、そもそも会話の含みがないという代替解釈文脈がその含みを否認可能にするとすれば、それはその文脈が協調性の仮定や話者の合理性の仮定が成り立たない事情があるような文脈だという場合になろう。本章冒頭で見た推薦状の事例で、締め切り直前に学生から依頼があったとか、忙しかったとかというのは、まさにそうした事情に相当する。十分な情報を伝える推薦状が書けなかったのは時間がなかったから、というわけだ。[9]

次に、別の会話の含みが生じる文脈について。キャンプが指摘するように、意味の否認はしばしば話し手が実際に意味したのとは異なる意味の提示を伴う（Camp 2018）。第三章で見たほのめかしの事例を思い出そう。賄賂のケースでは、ドライバーは実際には賄賂を提案したのだが、否認の段階では、その場で罰金を支払うということを示唆したのだと言う。そうした別の会話の含みが生じる文脈は、賄賂の提案という会話の含みにとっての代替解釈文脈だ。その場で罰金を払うという提案を代替的な解釈として提示することによって、ドライバーは、そうした代替解釈文脈を会話の表舞台に浮かびあがらせる。その上で警官に、あなたはこの文脈が実際の文脈であったという可能性を排除できますか、と迫っているのである。セックスの誘いのケースもそうである。ネットフリックスうんぬんのくだりによって話し手は、セックスの誘いという会話の含みにとっての代替解釈文脈に聞き手の注意を向け、その可能性を適切に無視されないものとして聞き手に突きつけているのだ。前章ではどんな場合に会話の含みに関する誤解が生じるのかを論じた。そこで注目したのは、話し手の考える文脈と聞き手の考える文脈が食い違う、特に、話し手と聞き手の間で互いの共通了解についての理解が食い違う、という場面であった。会話の含みの否認は、しばしば、話し手と聞き手の間でのこうした食い違いの可能性を巧みに利用する。

少なくない場面で、聞き手はこうした代替解釈文脈の可能性を排除するのに十分な証拠をもっているわけではない。そうした場面では、会話の含みは誤解の余地としての否認可能性をもつ。会話の含みの誤解しやすさは、会話の含みの否認しやすさでもあるのだ。

五　間違いのコストに応じた会話の含みの否認可能性の揺れ

会話の含みが誤解の余地としての否認可能性をもつかどうかは、さまざまな要因に左右される。評価者がどんな証拠をもっているかは、それを左右する重要な要因だ。意図の状況証拠がどれくらい揃っているかで否認可能かどうかは当然変わる（なので評価者に応じて否認可能かどうかも変わりうる）。以下で確認したいのは、会話の含みが誤解の余地としての否認可能性をもつかどうかが、こうした真理伝播的な要因だけでなく、間違いであった場合のコストという実践的な要因によって揺らぐ、ということだ。

推薦状の事例を振り返ろう。Aは

「前略。X君は日本語に堪能であり、また個別指導にはいつも出席しております。草々」

という文面の推薦状を書くことでAが意味したのは

「Xは哲学がだめだ」

という会話の含みだ。その後、推薦状を受け取ったBとAとの間で次のやり取りがある。

B：「あの推薦状ありがとうございました。Xさんは哲学だめなんですね」

A：「いやいや、そういうつもりではなくて。彼、締め切り当日になって『推薦状書いてほしい』と言ってきまして、授業や会議もあって忙しくしていたものですから、ずいぶん短いものになってしまって申し訳ありません」

この言い訳が通用するかどうかは、Bが置かれた状況次第だ。一〇〇人を超える応募者の中から面接に進む最終候補三人を選ぶための一次書類審査という場面を考えよう。そこでは、推薦状は数ある選考資料の一つに過ぎず、主に履歴書や業績などを勘案して最終候補は決定されるのだとしよう。推薦状の内容は決定的ではなく、それどころかあくまで参考情報程度の扱いでそれが選考の結果を左右するということはほとんどない。この状況では、推薦状が言外にほのめかす情報が間違いであったとしても、その影響は大きくなく、慎重になる必要はそれほどない。その結果、Aが提示した代替解釈文脈は適切に無視される、というのはありそうな話である。こうした考察が示唆するのは、この状況では、Xは哲学がだめだというAの会話の含みは否認可能ではない、ということだ（他方でこのことは、この会話の含みが誤解としての否認可能性とはまた別の種類の否認可能性をもつということを排除しない。これは第八章の主題である）。

今度は、推薦状がより重要な役割を担う場面を考えてみよう。面接を終えた三人のうち二人が甲乙つけ難い。Xはそのうちの一人だ。Xともう一人の有力候補で差があるのはどうも推薦状だけに見える。推薦状が採用を左右しうる、という状況である。この状況では、その推薦状が何を意味しているのか、最初の場面と比べて慎重な判断が要求されよう。結果、この状況では、Aが提示した代替解釈文脈を無視するのは不適切になりうる。つまり、本当に時間がなかっただけなのかもしれないという万が一の可能性を真剣に考慮する必要が出てきうる。推薦状の文面やその他の背景的な状況——たとえばAが推薦状を書いたという事実、AがXの指導教員だという事実などなど——が、この可能性を排除しないのだとしたら、この場面では、Aの会話の含みは誤解の余地としての否認可能性をもつことになる。[10]

同様のことは、第三章で見たほのめかしの二つの事例（「今ここで手っ取り早くすませられないでしょうか」による賄賂の提案と「うちでネットフリックスでも見ない？」によるセックスの誘い）についても成り立つ。ドライバーやAの発言は、それに続く言い訳が白々しいものである程度には、賄賂の提案であり、セックスの誘いである、そう思う人は少なくないのではないだろうか（ちなみにアメリカでは「ネットフリックスでも見てまったりしない？」（Netflix and chill）は性的な誘いのスラングになっている）。これらの言い訳に私たちが感じる白々しさは、そこで示された代替解釈文脈があまりありそうでなく、適切に無視されるという判断に対応している。

しかし、こうした傍目《はため》からの判断は絶対的なものではない。それは、これらのやり取りの間接的な聞き手である私たちの立場、いわば傍観者としての立場に相対的なものだ。より慎重にことにあたる理由のある当事者たちの立場——警官の対応はドライバーが犯罪者になるかどうかを左右し、Bの応答には二人の今後の関係がかかっている——からは、普段は無視するようなありそうにない可能性ですら適切に無視されず、これらの言い訳が示唆する可能性が適切に無視されないものになる、ということは十分ありうる。もしそうだとすれば、これらの代替解釈文脈が実際の発言の文脈である可能性を排除する証拠がない限り、その可能性は生きた選択肢として残り、賄賂の提案やセックスの誘いは否認可能になる。この二つの事例はいずれも駆け引き的な性格をもつが、その一端は、何が適切に無視される可能性なのかの揺れにあると考えられる。[11]

状況に応じて何が適切に無視される可能性かが変わるのは、異なる評価者が関わる場合に限られない。たとえば警官が、ドライバーを逮捕するのか、それとも口頭で賄賂をほのめかしたことを咎めるにとどめるかどうかの違いを考えよう。当然逮捕の方が口頭での注意より重いペナルティである。結果、それぞれのペナルティに応じて適切に無視される可能性に違いが生じ、最終的に、ドライバーの賄賂のほのめかしは、口頭で注意する場合は否認できない（ので、警官は口頭での注意を実行する）が、逮捕する場合は否認可能になる（ので、逮捕はしない）、ということはありうる。[12]

会話の含みが誤解の余地としての否認可能性をもつかどうかは、代替解釈文脈を聞き手が証拠によって排除できるかどうかだけではなく、代替解釈文脈が適切に無視される可能性かどうかにも左右される。そして何が適切に無視される可能性なのかは、評価する人の置かれた状況の実践的な要因、特に間違いのコストの大小に応じて変わりうる。かくして、ある会話の含みが誤解の余地としての否認可能性をもつかどうかは、評価する人が置かれた実践的な要因によって揺れ動きうる——ひいてはそれによって決まる意味の表と裏の境界も揺れ動きうるのである。

六　会話の含みを超えて

次章では、本章の考察を発展させて、ＳＮＳでのリアクションがもつ誤解の余地としての否認可能性について考察したい。具体例として取り上げるのは、第一章で言及した、ジャーナリストの伊藤詩織が衆議院議員の杉田水脈を名誉毀損で訴えた訴訟である。

❖これだけは押さえておきたい本章のポイント

・話し手が意味したというのは誤解ではないということが聞き手にわかっていないなら、その意味は誤解の余地としての否認可能性をもつ。会話の含みが誤解されやすいということは、会話の含みがこの意味で否認可能になりやすいということでもある。

・誤解の余地としての否認可能性の有無は、誤解によって生じるコストの大きさに左右される。これは否認可能性がもつ揺れ、ひいては意味の表と裏の境界の揺れの一つだ。

・意味したかどうかが意図の有無に依存する場合でも、「本当のことは本人にしかわからない」論法は無敵ではない。その理由は、意図はさまざまな状況証拠から知ることができるからだ。意図が本人にしか知りえない究極的な状況というのは極めて例外的な状況で、そうした状況を考慮することが誤解によって生じるコストに見合うことはまずない。状況証拠から意味する意図がわかる場合は、「そんなつもりはなかった」という言い訳によって言質を逃れることはできない。

第七章 「いいね」と「そんなつもりはなかった」

一 「いいね」と否認可能性

ＳＮＳで何か投稿するというのは一つの発言であり、人はそうすることでさまざまなことを意味する。ＳＮＳで何かを意味する方法は、具体的な言葉をそこに書き込むというものだけではない。たとえば、Twitter（現X）上であるツイートに「いいね」を押すというのは、一種の発言であり、その発言によって人はさまざまなことを意味できる。「いいね」を押すことは、ときに「いいね」したツイートの内容に対する好感を意味し、ときに追悼の意を表す（ある人の死を知らせるR.I.P.のツイートに押された「いいね」を考えてみよう）。「いいね」で意味できることは他にもいろいろあるだろう。これらはどれも「いいね」を押すことでなされる発語内行為の一種である。そして人はときにその否認を試みる。

本章では、「いいね」で意味したことの否認可能性を、一つの具体例を取り上げて考察する。取り上げるのは、ジャーナリストの伊藤詩織が衆議院議員の杉田水脈を訴えた訴訟における「いいね」の否認だ。[1]

本章で着目する裁判の争点を確認することから始めよう。性暴力被害を公表し裁判で争っていた伊藤に対してTwitter上で匿名アカウントによる数多くの誹謗中傷投稿がなされた。杉田は、そうした投稿の少なくとも二五件に対して「いいね」した。杉田が「いいね」した投稿には、「枕営業の失敗ですよね」、「自分の望みが叶わないと相手をレイプ魔呼ばわりした卑怯者」といった極めて侮辱的な内容のものが含まれていた。裁判の争点の一つは、杉田がこれらのツイートに「いいね」を押すことで

その中傷的な内容に対する好感を表明した

かどうか、ということにあった（主たる争点は、「いいね」を押したことが、社会通念上許される限度を超えた名誉感情侵害行為にあたるかどうかであった）。杉田の「いいね」は対象ツイートの中傷的内容に対する好感の表明であったと主張する伊藤側に対して、杉田側は

ブックマークのために本件対象ツイートに「いいね」を押したにすぎない

と反論した。「ブックマークの意図で本件各押下行為をした」というのである。

「いいね」を押す、というのは一種の発言であり、誹謗中傷に好感を表明するというのは、そうした発言によってなされる発語内行為である。[2]

この行為の責任を追及された杉田の応答は、典型的な「そんなつもりはなかった」型の言い訳である。杉田は、代替解釈文脈として単にブックマークしただけという文脈を提示し、中傷的内容への好感の表明やその意図を否認している。好感を表明するつもりはなく、ブックマークするつもりだったにすぎない、というわけだ。

杉田のこの否認は通用しただろうか。興味深いことに、東京地裁と東京高裁とで判断が割れた。一審の地裁は否認可能性を認め、杉田に無罪判決を出した。これに対して二審の高裁は、否認可能性を認めず、杉田に賠償命令を出した。二つの裁判でのこうした判断の違いはどのように生じたのか。一審と二審の判決の内容を確認した上で、それらの判断の違いについて、否認可能性に関するここまでの議論を踏まえた一つの解釈を与えるのが本章の目標だ。

二　一審と二審は「いいね」の否認をどう評価したか

判決内容の確認から始めよう。

一審の判断から見ていく。まず一審は、あるツイートに「いいね」することは、それ自体では「非常に抽象的、多義的な表現行為にとどまる」と指摘する。「いいね」を押すことは、多くの場合好感の表明であるものの、杉田も指摘するようにブックマークするためという用法もある。さらに仮に「いいね」が好感の表明だったとしても、「いいね」したツイートの内容に対する好感の表明だとは限らない。「いいね」は個々のツイートの内容ではなく、そのツイートをしたユーザーに対する好感の表明にも使われるからだ（好きなアイドルのツイートには中身も見ずにとにかく「いいね」する、といったスタンスを考えればよい）。それゆえ、杉田が当該のツイートに「いいね」を押したという事実だけからは、それがツイートの内容に対する好感の表明だと結論はできない。

では、当該ツイートに「いいね」を押したという事実以外の事情も加味すれば、杉田の「いいね」がツイートの中傷的内容に対する好感の表明だったと結論できるだろうか。一審はそれも否定する。一審は、杉田が「いいね」を押すことで好感を表明したのだとしても、その好感の対象は特定できないと判断した。一審はその根拠を次のように述べる。

> まず、本件対象ツイートの内容及び相互の関係（別紙2－A及び2－B参照［上記相互関係の図］［本引用では省略：現筆者］）に着目しても、本件各押下行為によって示される好意的・肯定的な感情の対象及び程度が特定できるということはできない。
>
> 次に、被告のアカウントに着目しても、そのプロフィールページには、「いいね」を用いる意図や目的等に関する記載はなく（甲14）、ほかに本件各押下行為がされた当時、被告が自らのアカウント上で、自らによる「いいね」の目的や意図について明らかにしていたことはうかがわれないから、仮に好意的・肯定的感情を示す目的で本件押下行為が行われたとしても、これによって示される好意的・肯定的な感情の対象及び程度をうかがい知ることはできない。
>
> そして、他に本件各押下行為によって示される被告の好意的・肯定的な感情の対象及び程度を特

定するに足りる証拠は、見当たらない。（強調は現筆者）

この判断の特徴は、「いいね」を押したという事実以外の事情として、Twitterの中で閉じた情報に着目していることだ。ツイートの内容やツイート間の関係、それから杉田のTwitterアカウントに記載された情報、こうしたTwitterの中の情報から、問題の「いいね」がツイートの内容に対する好感の表明であったと断定はできない。一審は、こう判断した上でさらに、他にそれを支持する証拠もない、と結論した。伊藤側はさまざまな背景的状況――BBCやインターネットの番組、ブログでの杉田の伊藤に対する揶揄や批判、内容を選んで「いいね」が押されていたことなど――を証拠として提出していたが、それらは証拠にならない、というのである。

二審は、ツイートに「いいね」を押すことそれ自体だけからは、ツイートの内容への好感を表明したかどうかは判断できないという一審の考察を踏襲しつつ、次のように主張する。

当該「いいね」を押す行為が、対象ツイートに対して好意的・肯定的な感情を示したものと認めることができるか否か、そのように認めることができるとしても、具体的にどの部分に好意的・肯定的な感情を示したものと認めることができるかを判断するためには、対象ツイートの記載内容等から、「いいね」を押すことによって対象ツイートのどの部分に好意的・肯定的な評価をしていると理解することができるかを検討する必要があるし、また、「いいね」を押した者と対象ツイートで取り上げられた者との関係や「いいね」が押されるまでの経緯も検討する必要がある。（強調は

現筆者）

弁護士の深澤諭史は、一審と二審のこうした違いを次のように説明する。[3]

異なったのは、ツイッターにとどまらない周辺事情をどう考慮するか。1審がツイッター内部を重視した判断にとどまったのに対し、2審は外部の周辺事情も判断材料として重くとらえています。

つまり、一審と二審の違いは、証拠として、Twitterの世界に閉じた情報に着目するのか、それに加えてより広い背景的状況も証拠として勘案するのかの違いだ、というわけだ。

二審はこれらの事情を検討し、次のように結論する。

本件対象ツイートは、いずれも、控訴人や控訴人を擁護するツイートをした「B」を揶揄、中傷し、あるいは控訴人らの人格を貶めるものである。そして、被控訴人は、インターネットで放送された番組やBBC放送の番組の中で、更には自身のブログやツイッターに投稿したツイートで、本件性被害に関し、控訴人を揶揄したり、控訴人には落ち度があるとか、控訴人は嘘の主張をしていると批判したり、本件性被害が被害者に全く落ち度のない強姦事件と同列視されていることに怒りを感じると控訴人を非難する発言や投稿を繰り返していたところ、被控訴人ツイート1及び2を契機に本件対象ツイートがされるや、「いいね」を押した（本件各押下行為）ものである。また、被控訴人は、本件対象ツイートのほかにも、控訴人や「B」を批判、中傷するする［原文ママ］多数のツイートについて「いいね」を押している一方で、被控訴人に批判的なツイートについては「いいね」を押していなかった。

これらの事実に照らせば、本件各押下行為は、控訴人や「B」を侮辱する内容の本件対象ツイートに好意的・肯定的な感情を示すために行われたものであることが優に認められる。

かくして二審は、杉田の「いいね」による中傷的内容への好感の表明に否認可能性を認めなかった。[4]

このように、一審と二審の判断を分けたのは、証拠をTwitterの世界に閉じた情報に求めるのか、それとも、より広い背景的状況も証拠とみなすのかの違いである。以下では、誤解の余地としての否認可能性に関するここまでの議論を踏まえて、この違いについて考察してみよう。以下の議論は、実際の裁判において何が生じたのかを言語哲学の観点から解釈する一つの試論である。ここでの提案の妥当性の最終的な評価には、法学、法哲学をはじめとする関連分野の議論を踏まえた吟味が必要になる、ということはあらかじめ断っておきたい。

三　「いいね」と誤解の余地としての否認可能性

最初に示したいのは、一審と二審の判断の違いが、何が適切に無視される可能性なのかの判断の違いとして理解できる、ということだ。

否認可能性を評価する評価者（この場合、裁判官）の置かれた状況で、杉田の「いいね」が対象ツイートの中傷的内容に対する好感の表明に関して誤解の余地としての否認可能性をもつのは次の場合である。

「いいね」によって中傷的内容に対する好感を表明するということとの代替解釈文脈に次のようなものがある。（ⅰ）杉田の「いいね」の背景的状況――BBCやインターネットの番組、ブログで杉田が伊藤を揶揄・批判していたこと、内容を選んで「いいね」が押されていたこと――によっては排除されず、かつ、（ⅱ）裁判という状況で適切に無視されない。

（ⅰ）の背景的状況は、一審の段階ですでに伊藤側が証拠として指摘しており、一審でもその事実性は疑われていない、ということに注意しよう。二審で伊藤側から追加されたのは判例やTwitterの仕様に関する説明であり、杉田の意図の有無を決定づけるような新事実が追加されたわけではない。

こうした背景的状況が成り立っていてなお、「いいね」が当該ツイートの中傷的内容についての好感の表明ではない（ブックマークしただけである、ツイートの内容ではなくユーザーに対する好感の表明に過ぎなかった、などなど）という文脈を考えよう。この種の文脈は、杉田の「いいね」による中傷的内容への好感の表明に関する代替解釈文脈の一種である。

もちろんこうした文脈は、かなりありそうにない文脈だ。一般に、普段からある人物をさまざまに揶揄・中傷していて、内容を選んでツイートに「いいね」する人が、その人物に対する中傷のツイートに「いいね」を押したときに限ってそうした中傷への好感の表明の意図とはまったく無関係にそうした――しかも二五回にわたってそうだった――なんて、まずありそうにない。普段の行いとある「いいね」とがまったく無関係だということはなかなかありそうにないという日常的な判断に従えば、問題の代替解釈文脈もまたありそうにないものである。

一審はこうしたありそうにない可能性を無視するのは適切ではないと判断した。対して、二審はこれらありそうにない可能性は適切に無視されると判断した。

一審のこの判断によれば、問題の背景的状況は、杉田の「いいね」が中傷的内容への好感の表明であるということの証拠にはならない。そうした背景的状況は、問題の代替解釈文脈を排除しないし、それを無視するのも不適切だからだ。結果、杉田の「いいね」は、中傷への好感の表明に関して否認可能になる。

これに対して二審の判断に照らすと、こうしたありそうにない代替解釈文脈の可能性はどれも、適切に無視される。このとき、無視するのが適切でない代替解釈文脈ではどこでも、（a）二審が考慮した背景的状況が（部分的にであれ）成り立っていないか、（b）「いいね」が中傷的内容への好感の表明であるかのいずれかが成り立っている。この場合、杉田が「いいね」した背景的状況は、杉田の「いいね」が中傷的内容への好感の表明であるということの証拠として機能する。それらの証拠によって、無視するのが不適切な可能性のうち（a）の類の可能性はすべて排除され[5]、残るのは（b）の

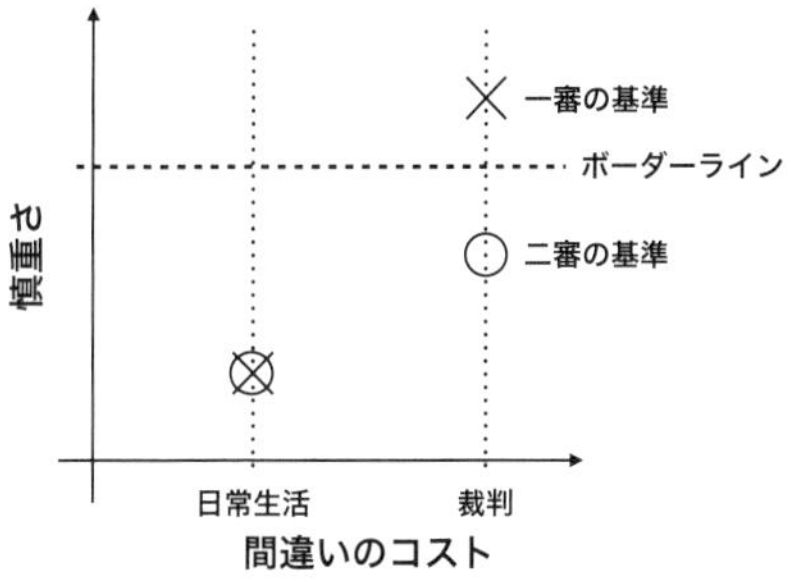

一審と二審の違い：×は一審の基準、○は二審の基準を表す（日常生活でのコストに見合う慎重さについて二つの基準で相違はないと仮定しよう）。波線は、強い状況証拠に反して杉田に意図がなかったという可能性が適切に無視されるかどうかのボーダーラインだ。一審の基準では裁判のコストに見合う慎重さはボーダーラインより上にあり、その可能性を無視するのは適切ではない。二審の基準では慎重さの基準はそれより下にあり、その可能性は適切に無視される。

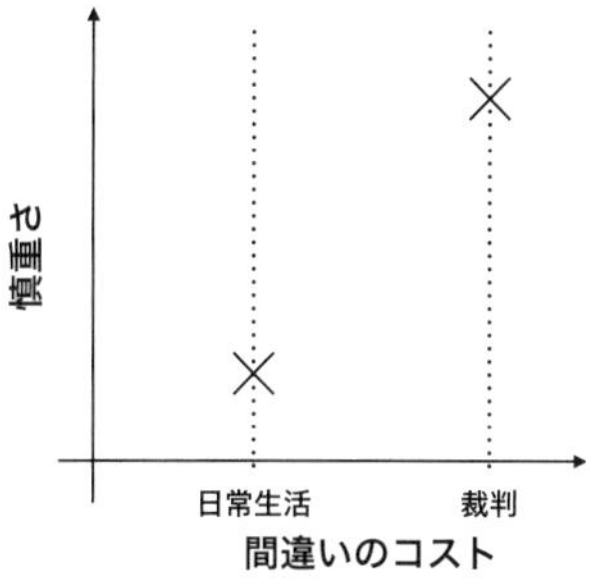

日常生活と裁判の違い：日常生活と裁判とでは判断が間違いだった際のコストが異なる。それぞれのコストに応じてそれに見合う慎重さは異なる。二つの×はそれぞれ日常生活でのコストに見合う慎重さ、裁判でのコストに見合う慎重さを表す。

可能性だけだからだ。結果、杉田の「いいね」は、中傷への好感の表明に関して否認可能ではない。

　このように、杉田が「いいね」した際の背景的状況が証拠として機能するかどうかは、問題となっている代替解釈文脈が、適切に無視されるかどうかに左右される。その種の代替解釈文脈に適切に無視できないものがあれば、それらの背景的状況は証拠として機能しない。他方で、それらの代替解釈文脈がどれも適切に無視されるなら、「いいね」が押された背景的状況は、証拠として機能する。

　まだ謎が一つ残っている。それは、一審と二審のこの違いはどう生じたのか、という謎だ。

　この違いを生み出したのは、間違いであった場合のコストの違いではない。一審も二審もどちらも裁判であり、ことの重大さに大きな違いはない——なんなら二審の判断の方がことが重大ですらあるかもしれない。

　この違いを生み出したのは、裁判での間違いのコストにはどのくらいの慎重さ――どのくらいありえない可能性まで考慮するのか――が見合うのか、この対応関係に関する判断の違いだ。

裁判で要求される慎重さは、日常生活での慎重さとは異なる。それはコストの違いに由来する。コストの違いに鑑みれば、当然裁判では日常的な場面より慎重であることが求められる（前頁上右図）。この点について一審と二審の判断に違いはない。一審と二審の違いは、誤審のコストに見合うのはどれくらいの慎重さなのかについての違いだ（同上左図）。詳しく見ていこう。

いつもあなたに嫌がらせしてくる嫌な奴が、あなたのことだとはっきりわかる悪口のツイートに「いいね」しているのを見つけた。他のツイートへの「いいね」を見る限り、そいつはツイートの内容で「いいね」するかどうかを決めている。悪口への「いいね」を非難したところ、相手が「ブックマークしただけ、あとから読み返そうと思って」としらを切ってきた。あなたはそんな言い訳は通用しない、悪口をいいと思ったから「いいね」したに決まっている、と考えるのではないだろうか。こうした考えの背景にあるのは、こうした背景的状況が成り立ちつつ、それでも「いいね」が悪口への好感の表明ではないような代替解釈文脈は、その評価の状況では適切に無視される、という判断である。

しかしながら、日常的なこの判断は、絶対的なものではない。何が適切に無視される可能性なのかは状況次第で変わりうる。前章で論じたように、間違いのコストの大きさはこれを左右する一つの要因だ。間違いが大ごとになるようなら、普段は無視されるようなあまりありそうにない可能性を考慮することが要求されうる。こうした観点からすると、裁判は、日常的な基準より慎重な判断がされうる状況である。何せ裁判なのだから、ことは重大である――裁判の結果は人の人生を左右しうるのであり、冤罪を避けるよう細心の注意が必要である。おそらく裁判という状況は、私たちが社会生活を送る中で最も用心深く慎重な判断がなされる場面ですらある。[6]それゆえ、普段はありえないものとして端《はな》から考察の対象とならない可能性さえも、裁判では万が一の可能性として考慮することが求められうる。そして一審は、普段の行いと「いいね」とが無関係だという代替解釈文脈を、そうした万が一の可能性として、裁判では無視するのが適切でないと判断した。

ある発言で意味されたことについて、日常的な場面では誤解の余地としての否認可能性がないが、裁判ではそれがある、ということに矛盾はない、ということに注意しよう。それは状況状況で何が適切に無視される可能性なのかが異なるということ、そしてそれに応じて誤解の余地としての否認可能性の有無が変わりうるということの帰結だ。これが意味しているのは、裁判である意味の否認が認められ、それに伴う責任の追及を免れたからといって、裁判とは異なる状況においてもその意味に伴う責任の追及を完全に免れるわけではない、ということである。

クルーとイチカワは法執行機関への手放しの追従がレイプ・カルチャーにおいて果たす役割を批判的に論じている (Crewe and Ichikawa 2021)。その批判のポイントの一つは、知識の状況依存性を考慮すれば、レイプ被害を訴える証言が裁判で証拠として採用されなかったということは、その証言を裁判とは違う別の状況で信用しないということの十分な理由にはならない、というものである。

この考えは、誤解の余地としての否認可能性にも当てはまる。言質を与えてはいないという裁判所の判断を裁判以外の場面にそのまま持ち越す必要はないし、そうした持ち越しはときに間違いですらある。[7]裁判における有罪判決は法執行機関による制裁を伴う。法執行機関による制裁という重大な帰結に鑑みた慎重さは、誤解の余地としての否認可能性のハードルを下げる。他方で、法執行機関による制裁とは異なる仕方で追及される責任、特にそれと比べて重大性の低いペナルティを科すことに照らした慎重さが要求される場面では、誤解の余地としての否認可能性のハードルは、裁判のそれと比べて上がりうる。つまり、誤解の余地としての否認可能性がもつ状況依存性に照らせば、ある意味に関して、法執行機関による制裁とは異なる、それと比べればずいぶんと軽いペナルティを科すことは、妥当でありうる。もちろんこうしたペナルティをむやみやたらに乱発することは妥当ではない。そのペナルティにふさわしい慎重さは当然求められる。ここでのポイントは、その慎重さは、裁判におけるそれとは異なりうる、ということである。

一審と二審の違いに話を戻そう。一審が無視するのが不適切だと判断した可能性を、二審は無視するのが適切だと判断した。二審の判断は一審の判断ほど慎重ではない。二審によれば、間違いのコストと慎重さの対応は、一審の見積もりよりも日常的なそれに近い（もちろん同じだ、というわけではない）。二審はそう判断することで、いわば裏の意味を表に引きずり出したのだ。

裁判での間違いのコストにどんな慎重さが見合うのか。この対応関係には客観性がある、ということに注意しよう。一般に、どんな状況でどんな可能性が適切に無視されるのかは個人が恣意的に動かせるものではない。それは、無視するのが適切な可能性なのだから。どの程度のコストにどの程度の慎重さをもって対応するのが適切なのかは、個々人の都合や好みだけで決まるのではない。[8] その対応の決定には、コストと慎重さの合理的なバランスはどこにあるのか、同程度のコストをもつ他の状況と整合的かどうかといった、客観的な指標が関わっている。それだけではない。ある種の状況に関しては、間違いのコストと慎重さの対応づけに、社会的な合意が求められる。裁判はまさにその種の状況だ。[9]裁判官の良心に基づいた判断は、裁判官個人の資質を超えて、一種の社会全体の意識の反映であると同時に、社会の合意を構成するものである。目下の仮説によれば、裁判に伴う間違いのコストと適切に無視される可能性の対応を見直し、裁判で適切に無視される可能性を増やす――そうすることで否認可能性のハードルを上げる――という二審の判断は、私たちの社会の決断でもある、ということだ。

裁判での間違いのコストに見合う慎重さの基準をどこに設定すべきか。二審におけるその設定が、悪質な言い逃れに対する対抗手段として機能している――対抗手段となることが目的だったかはわからないけれど――ということを見過ごすべきではない。二審の判断は、日常的な基準に照らせば到底通用するはずのない白々しい「そんなつもりはなかった」が裁判で連発される状況に対する牽制になっている。だがそれは同時に、誤解を解く安全装置としての「そんなつもりはなかった」の有効性に制限をかけることでもある。第五章の最後で言及した、安全装置としての「そんなつもりはなかった」と悪質な言い逃れの手段としての「そんなつもりはなかった」のバランスゲームを思い出そう。二つ目の仮説によれば、二審の判断は、このバランスゲームにおけるバランス調整の一つの具体例になっている。つまり、裁判という、社会生活の中で究極の用心深さ・慎重さが要求される状況において、誤解と責任逃れの間のバランスが、後者を阻止し、前者を甘受する方向で調整された、ということである。最高裁が杉田の上告を棄却し高裁判決が確定した今、このバランスゲームに一つの決断が下されたのである。もちろんこの決断は絶対的なものではない。「そんなつもりはなかった」が今後どんな場面で使われ、そしてそれをどう社会が受け止めるのかに応じて、再度そのバランスが見直されることもありうる。私たちはこのバランスゲームの只中にいる。

四　意味のグレーゾーンへ

誤解の余地としての否認可能性の有無は、状況に応じて変わりうる。「いいね」と否認に関する二つの裁判を検討することで見えてきたのは、ある状況において何が適切に無視される可能性なのかの設定が、言い逃れに対抗するような方向へ、つまり否認可能性のハードルを上げるような方向へ動かされうる、という可能性であった。このように、否認可能かどうかは絶対的なものではない。それはさまざまな仕方で揺らぎうる、不確かなものなのだ。否認可能性が意味の表と裏を区別することを踏まえれば、意味の表と裏の境界もまた、こうした揺らぎと不確かさを免れない。

本書前半のここまでの考察で私たちの前に現れたのは、意味の表と裏の線引きが揺らぎ、不確かになる、いわば意味のグレーゾーンである。本書後半で取り組むのは、意味の裏表が揺らぎ、不確かになるさまざまな仕方を探究し、あちらこちらにある意味のグレーゾーンを明るみに出す、という作業だ。

まず第八章から第十章では、意味の否認が、意味したということがわかる・わからないとは違う次元でも評価される、ということに着目する。そこで浮かび上がるのは、意味の否認可能性の多様性であり、それゆえに生じる意味の否認可能性の揺れだ。否認可能性は誤解の余地に基づくものに尽きない。発言にどんな責任が伴うのかを否認可能性に基づいて判断するとき、私たちには、複数の異なる種類の否認可能性が選択肢として与えられている。そのうちどれを使うのかに伴い、意味の裏表は揺れ動くのである。

❖これだけは押さえておきたい本章のポイント

- 他人のツイートに「いいね」することでその内容に好感を表明しつつ、「そんなつもりはなかった」と否認する。こうした否認が通用するかどうかは、何が適切に無視される可能性かに左右される。そして何が適切に無視されるかの設定は、日常的な場面と裁判とでは異なりうる――特に、冤罪のコストを考えれば、裁判では日常生活と比べてより多くの可能性を適切に無視されないものとして考慮するということがありうる。結果、日常生活では否認可能でない意味が、裁判では否認可能になるということが生じうる。
- どのくらいの慎重さが裁判における誤解のコストに見合うのか、その釣り合いが調整されることで、白々しい「そんなつもりはなかった」による意味の否認の通用する・しないは変化しうる。

第八章

多様化する意味の否認可能性

一　認識的でない否認可能性

第六章で取り上げた推薦状の話を振り返ろう。哲学の教員職に応募すべく学生Xが、教員Aに推薦状を依頼する。依頼されたAは

「前略。X君は日本語に堪能であり、また個別指導にはいつも出席しております。草々」

とだけ書いた推薦状を応募先に送る。Aが会話の含みとして意味しているのは

「Xは哲学がだめだ」

ということだ。はっきり書くと後々角が立つかもしれない内容なので、あくまで間接的に伝えるにと

どめる、というのがここでのAの考えである。
しばらくして推薦状を受け取った教員BとAが顔を合わせる機会があった。そこでBは言う。

B：「あの推薦状ありがとうございました。Xさんは哲学だめなんですね」

Aは次のように返事する。

A：「いやいや、そういうつもりではなくて。彼、締め切り当日になって『推薦状書いてほしい』と言ってきまして、授業や会議もあって忙しくしていたものですから、ずいぶん短いものになってしまって申し訳ありません」

第六章の議論の出発点は、これに対するBの次のリアクションだった。

応答（i）：Aが推薦状によってXは哲学がだめだということを意味したと考えたのは自分の誤解である、あるいは少なくとも誤解の可能性があると考え、Aがそのことを意味していたとの断定を避ける。それゆえ、Xは哲学がだめだと断定もしない。（Bの心の声：「ああ、推薦状があんなに短かったのは書く時間がなかったからで他意はなかったという可能性はなくはないか。じゃあ実際のところXさんの哲学の能力はどのくらいのものなのか、A先生に改めて確認してみよう」）

このリアクションの特徴は、Bが誤解の余地を認めている、という点にある。誤解の余地としての否認可能性は、認識的な否認可能性、つまり、誤解じゃないということがわかっているかどうかを基準とした否認可能性だ。

さて、Bがとりうるリアクションはこうしたものだけではない。次のようなリアクションもまたありそうなものだ。

応答（ii）：Aが推薦状によってXは哲学がだめだということを意味したのだという考えをBは変えない。つまりそれは誤解ではないとBは考える。そして、それに基づいたXは哲学がだめだという考えも変えない。しかし、諸々の事情を勘案すれば、仮にAが「X君は哲学がだめだ」とはっきりと主張した場合に生じるだろう責任を追及することは難しいとBは考える。（Bの心の声：「直接口に出すと角が立つからそうは言わないけれど、Xさんが哲学だめだということを伝えようとしていたのは明らかだよな。ということはXさん哲学だめなんだな。まあ、あえて言わないでいるのだから、そこのところの気持ちは汲むべきだし、深く追及するのはまずかろう」）

応答（i）と応答（ii）の共通点は、どちらも、意味していないという否認が通用している、つまり、そんなことは意味していないという話し手のふりがまかり通っている、という点にある。この意味で、どちらの場合でもAが意味したことは否認可能性をもっている。

他方で、応答（i）と応答（ii）は重要な点で異なっている。応答（i）でAの否認が通用するのは、聞き手たるBが、AがX君は哲学がだめだと意味したというのは自分の誤解かもしれないと考えるからだ。これに対して応答（ii）では、誤解でないことがBにはわかっている。にもかかわらず、Aが意味したことはある種の否認可能性をもつ。この否認可能性は誤解の余地に基づく否認可能性ではない。つまり、それは認識的な否認可能性とは違う何かだ。

このように、否認可能性には複数の異なる種類のものがある。聞き手が誤解の可能性を排除できないというのは、意味していないふりが通用する一つの仕方にすぎない。他にもそうしたふりが通用する仕方があり、それに応じて意味は認識的な否認可能性とは異なる種類の否認可能性をもつ。本章で探究するのは、こうした否認可能性の多様性である。

次節ではまず、否認可能性が多様化する背景を確認する。その背景とは、意味していないという話し手のふりを聞き手が容認するということ、そしてその容認の基礎にある規範だ。

二　否認の容認と規範

一般に、意味したことの否認が通用するというのは、そんなことは意味していないという話し手のふりが通用する、そうしたふりがまかり通るということだ。では、そうしたふりが通用する、ふりがまかり通るというのはどういうことだろうか。

それは単に、話し手がそうしたふりをできる、ということなのではない（Dinges and Zakkou 2023）。そうしたふりはやろうと思えば大抵できる。「そんなつもりはなかった」と発言するだけなら簡単だ。だが、あまりに否認が白々しければ、そうしたふりは認められず、意味に伴う言行一致の責任が追及される、ということが当然起こる。

意味していないというふりが通用するかどうかは、単にそうしたふりができるかどうかでなく、そうしたふりをしてもよいかどうかにかかっている。では、よいかどうかはどう決まるのか。ここでの提案は、よい、というのを、意味していないという話し手の振る舞いを聞き手が容認して然るべきで、ある、許可して然るべきである、ということだと理解する、というものだ。

このように考えると、否認可能性が、そうした容認・許可の基礎にある規範に支えられている、ということが見えてくる。つまり、どんな場合に話し手の意味していないというふりが認められて然るべきなのか、それを決める規範が否認可能性の基礎にある、というわけだ。話し手が意味していないふりをしてもよい、というのは、そのふりを聞き手が容認・許可することがそうした規範に適っている、ということに他ならない。

こうした考察から導かれるのは、意味の否認可能性についての次のような一般的な特徴づけだ。

意味の否認可能性の一般図式：話し手がある発言によってあることを意味したとき、その意味が否認可能であるのは、その意味に関するある代替解釈文脈について次が成り立つ場合かつその場合に限る。実際の発言の文脈がその代替文脈であるかのような振る舞いを話し手がした場合、その振る舞いを評価者が容認することがある規範Nに適っている。

具体的にどんな規範が否認可能性を基礎づけるのだろうか。たとえば、第六、七章で見た誤解の余地としての否認可能性の背景には、どんな規範があるのか。それは、証拠によって誤解の可能性を適切に排除できないなら話し手のふりを容認せよ——要するに、誤解じゃないということがわかっていないなら容認せよ——という規範である。この規範は、容認するかどうかを認識的な基準に基づいて区別する認識的な規範だ。

認識的な規範は否認可能性を基礎づける規範の一つだが、唯一の規範ではない。前節で見た応答（ii）において聞き手は、「Xは哲学がだめだ」と意味してはいないという話し手のふりを容認している。しかしその容認はここで見た認識的な規範に適ったものではない。誤解の可能性はない、というのがそこでの聞き手の判断であり、その判断は間違っていない。にもかかわらず、ここでの聞き手の容認が然るべきものであるならば、その背後にある規範は、認識的なものではない。

コミュニケーションのプロセスの一部に、話し手が何を意味したのかを聞き手が知るということが含まれる限り、認識的規範は否認可能性を考える上で重要な規範となる。しかしそれはコミュニケーションを見る一つの仕方に過ぎない。言質という観点からすれば、意味していないという振る舞いの容認を特徴づけるのは認識的な規範だけではない。つまり、コミュニケーションでの責任を左右するのは、認識的な規範であるとは限らない。他にもさまざまな規範が意味したことをなかったことにしようとする話し手の振る舞いを容認する理由を聞き手に与えうる。こうした聞き手の容認の背景にある規範の多様性が、否認可能性の多様性を生み出す。

以下では、否認可能性を基礎づける規範、つまり、先に見た意味の否認可能性の特徴づけの「ある規範N」の部分に当てはまる規範を具体的に取り上げ、そうした規範が一つではなく複数あり、それに応じて否認可能性も多様になるということを実際に見ていこう。

三 意味の社会的な否認可能性

まず否認可能性を基礎づける規範として、社会規範を考えてみよう。そうした規範を基礎にもつ否認可能性を、**社会的な否認可能性**と呼ぼう。

たとえば、ある場面での発言についてはその言外の意味はすべからく責任を不問とすべし、という社会規範が採用されるかもしれない。ジェニファー・ソールが指摘するように、法廷はそうした文脈の候補の一つである（Saul 2012）。合衆国の法廷では偽なことをほのめかすことは偽証に当たらない。実際にこの規範が採用される社会では、法廷では、そこでの発言が伝える言外の意味については、それが意味されたということがどれほど明らかであろうとも、同様の内容をはっきりと言葉にすることで生じる責任を問われることはない。つまり、法廷内の言外の意味については、それが意味されていなかったかのような話し手の振る舞いを容認することが法廷での規範に適っているのである。この場合、言外の意味は、認識的に否認可能ではないにもかかわらず、法制度という私たちの生活の基礎にある社会規範の観点からは否認可能だ、ということが生じる。

このことを、否認可能性を論じる文献にしばしば登場するブロンストン対合衆国裁判を例に確認しよう（Saul 2012, 95; 邦訳一五三頁、Cappelen and Dever 2019, 19-20; 邦訳二七―二九頁）。その裁判で次のやり取りがあった。

質問者：「ブロンストンさん、あなたはスイスの銀行に銀行口座をもっていますか？」
ブロンストン：「いいえ」
質問者：「もっていたことは？」
ブロンストン：「会社が六ヵ月ほどそこに口座をもっていました。チューリッヒにです」

ブロンストンは二つ目の発言によって

「ブロンストン個人はスイスの銀行に口座をもっていたことはない」

ということを言外の意味として伝えている。[1] しかしこの内容は虚偽であった。ブロンストンは過去にスイスの銀行に口座をもっていたのだ。これが偽証に当たるかが問われた。どうなったか。最終的に合衆国最高裁はそれが偽証に当たらないと判断した。最高裁は次のように述べている。

確かに、第二の質問に対する回答には、銀行の個人口座など一度もなかったという含みがある。普段の会話であれば、この解釈が引き出されるのは道理かもしれない。しかし、私たちは普段の会話を扱っているのではなく、またこの法律は、証人が真だと思っていないいかなる重大な事柄を含みとするいかなる重大な事柄を証人が故意に陳述しても、これを犯罪行為とはしない。(Cappelen and Dever 2019, 19-20; 邦訳二八頁から孫引き)

つまり、法廷での発言に伴う言外の意味は否認可能であり、それによって偽証罪に問われることはない。それが言外に意味されたということがわかっていたとしても、である。

このように法廷という特殊な状況においては、認識的な規範とは異なる規範に基づいて意味の否認可能性が評価されうる。こうした状況において、言外の意味の認識的な否認可能性と社会的な否認可能性とは異なるものでありうる。

この事例が示すように、社会的に否認可能な意味が常に認識的にも否認可能だとは限らない。逆に、認識的に否認可能であるにもかかわらず、社会的に否認可能ではないというケースを考えることもできる。たとえば、仕事に対する不満を口にすることが厳格に禁止されている職場を考えてみよう。そのルールはとても厳しく、不満と誤解されうるような紛らわしいことを言うことさえその職場の風紀を乱す行いであって決して認められない。職の威厳や神聖さを保つことを目的にこうしたロー カルルールを採用することが認められる特別な職場(という小さな社会)はあるかもしれない。仮にホワイトハウスがその種の職場なのだとしよう。さて、大統領がホワイトハウスの庭師に「調子はどうだい」と声をかけたとしよう。そこで庭師は「最近、子供が産まれまして、もうやりくりが大変なんですが、それでも楽しくやってます」と言うことで、自分の待遇の改善をほのめかしたとしよう。大統領は「給料に不満があるなら、他に仕事を探したまえ」と応える。それに対して庭師は、「いえ、そんなつもりはまったくなくて、楽しく家族と暮らしていることをお伝えしたかったのです」と言い訳したとする。これに対して大統領は、実際の文脈がそうした代替解釈文脈である可能性が証拠によって排除できないことを認めつつ、ホワイトハウスでの仕事に対する不満だと誤解されうるようなことを言うことはホワイトハウスの風紀を乱す行いであるがゆえに、庭師の否認を認めないかもしれない（「いや、君は不満を口にしたに等しいのだ。君はクビだ」）。

このように社会的な否認可能性は誤解の余地としての否認可能性という認識的な否認可能性とは別物である。それどころか、認識的な否認可能性を決める要因と社会的な否認可能性を決める要因とが衝突することとさえある。差別的な内容を言外にほのめかすことによって生じる害に抵抗すべくペナルティを科そうとするならば、そのペナルティの重さに応じて無視するのが不適切な可能性は増えるだろう。つまり、この観点からすると、認識的な否認可能性が高まる、ということだ。しかしながら、このことは、社会的な否認可能性が高まるということを必ずしも意味しない。むしろ逆に、この要因は、社会的な否認可能性を認めないということに対する重要性を高めさえするかもしれない。

社会的な否認可能性は、意味していないという話し手の振る舞いを容認する社会規範を基礎にもつ。ここで複数の社会規範が衝突する、つまりそれらが不整合であるという場合を考えよう。そんなことあるのかと思われるかもしれないが、社会規範の模範例たる憲法や法律にすら不整合は存在する。よく知られた逸話によれば、不完全性定理の証明で知られる数学者・論理学者ゲーデルは合衆国市民権の獲得のための面接の際、合衆国憲法にある不整合を指摘しようとして、友人のアインシュタインに止められた。[2] 規範が食い違うケースでは、意味していないかのような振る舞いが、一方の規範からすれば容認されるがもう一方の規範からすれば容認されない、ということが生じうる。つまり、厳密には、ある意味が社会的に否認可能かどうかは、さまざまな社会規範に相対的にしか決まらない。このことは、社会規範が社会集団に応じて変化しうるということを考えれば、否認可能性の社会集団に対する相対性も意味する。

かくして、認識的な否認可能性が状況相対的に変化しうるのと同様、社会的な否認可能性もどんな社会規範を採用するかに応じて変化しうる。つまり、社会的な否認可能性それ自体も多様でありうる。この論点は、以下で論じる他の種類の規範についても同様に成り立つということに注意してほしい。

四　意味の対人的な否認可能性

今度は対人関係という、よりローカルな関係に関する規範について考えてみよう。たとえば、過度に相手に恥をかかせないとか、不必要な対立は避けるべし、といったことが、私たちの社会で緩やかに合意された対人関係における規範であるかもしれない。実際の文脈が代替解釈文脈であるかのような話し手の振る舞いを容認することがこうした対人関係の規範に適うということによって特徴づけられる否認可能を、**対人的な否認可能性**と呼ぼう。

一例として、推薦状の事例における本章冒頭の応答（ii）を振り返ろう。口に出すと角が立つから追及しないとか、あえて言わないでいるのだからその気持ちを汲むとかというのは、対人関係を考えた上での判断であり、とりわけ、それに基づくBの容認は不必要な過度の対立を避けるという対人関係の規範に適ったものとなろう。[3]

対人関係の規範は、社会一般のルールであるとは限らない。それは少数の人たちの間で採用されたローカルなものでありうる。極端な話をすれば、二人の間での合意のもと、ある対人関係の規範が二人の間でのルールとして採用される、ということもある。たとえば、二〇二三年のＷＢＣの舞台裏、栗山英樹監督と大谷翔平選手との間で交わされたという次の会話を見てみよう。[4]

栗山「どうだ、大丈夫か」
大谷「身体の状態次第なんで」
栗山「わかった、準備する」

この会話を紹介する記事によると、このやり取りによって、決勝九回で大谷が投げるということについて二人の間で合意が形成されたという。その説明を引用しよう。

具体的な言葉はなくとも翻訳すれば「決勝の9回はお前で行くぞ」「そのつもりです」という合意

が成立しているというのだ。栗山が大谷を〝天邪鬼〟と表現する所以である。短いやりとりの中から汲み取った大谷の想いを、栗山はこう解き明かした。

「オレは翔平を決勝で行かせようとずっと思っていた。でもアイツは天邪鬼だから、オレが先に『投げろ』と言ったら絶対に投げないんだよね。だから翔平のほうから投げたいと言い出すのを待っていたわけ。翔平のことだから、勝ちたくなってスイッチが入ったら絶対に自分から『行きます』って言ってくる。そうしたら案の定、翔平からは『投げたい』とは言わないんだ。でも『身体の状態次第』ってことは投げるってことでしょ。あの段階で翔平は決勝で投げるつもりになっていたと思うよ」

大谷の「身体の状態次第なんで」という発言の裏の意味は、決勝九回で投げるということだった。それが大谷が意味したことだと栗山は確信していた。「『身体の状態次第』ってことは投げるってことでしょ」という発言は栗山のそうした確信を裏付けているように思われる。にもかかわらず、仮に決勝で大谷が投げなかったとしても、そのことを発言に反する振る舞いとして栗山が追及することはなかったのではないだろうか。つまり、この二人のあうんの呼吸は、そうした追及をいわば野暮なものとして決して許さないのではないだろうか。こうした推測が正しいのだとして、ここでの対人関係のあり方が対人関係における社会一般の規範として採用されているとは考え難い。ここで働いている規範はおそらく、栗山と大谷の二人の間で暗黙裡に合意されたローカルな対人規範である。

五　意味の実践的な否認可能性

対人関係の規範よりももっとローカルな規範が否認可能性を基礎づけることはあるだろうか。つまり、個人的な規範が否認可能性を基礎づけることはあるだろうか。たとえば、自分の利益になることや楽しいことを選択し、自分に不利益になることや恐ろしかったり不快だったりすることは避けるというのは、自分の人生を送る上での損得を勘案した上で合理的な行動であろう。[5] こうした類の合理性を実践的合理性と呼ぼう。実践的合理性に合致した行動をすべしというのは、一種の行動規範である。**実践的合理性のもとでの否認可能性**とは、実際の文脈が代替解釈文脈であるかのような話し手の振る舞いを容認することがこうした実践的合理性の規範に適う、つまりそうすることが実践的に合理的である、ということによって特徴づけられる否認可能性である。[6]

実践的合理性の規範が、認識的な規範や社会規範、対人関係の規範と常に一致しないと考えるのは悲観的に過ぎる。たとえば、ある種の対人関係の規範は、それが二人にとって実践的に合理的だからこそ成り立つものですらあるかもしれない。この場合、そうした対人規範のもとでの否認は、実践的合理性のもとでの否認可能性の一種だ。他方で、実践的合理性の規範が、認識的な規範や社会規範、対人関係の規範と常に一致すると考えるのは、よほど楽観的なものの見方だ。そうした楽観視ができない以上、実践的合理性のもとでの否認可能性は、ここまで見てきた否認可能性のどれとも異なる別種の否認可能性となりうる。
事例で考えよう。ならず者が、静かなしかし有無を言わせぬ口調で
「誰もあんたが怪我する姿なんか見たくないだろ」
と発言することによって
「このままでは怪我することになる」
という脅しを言外に伝える。聞き手が震えつつも
「脅しには屈しない。警察に突き出してもいいんだぞ」
と応じるのだが、そのならず者は余裕の笑みを浮かべつつ
「いや、脅してなんかいないし、そんなつもりはまったくない。ただ、繰り返すが、誰もあんたが怪我する姿なんか見たくないだろ」

と返す。もちろんその言外の意味は再び脅しだ。それははっきりしている。つまりその意味に誤解の余地としての否認可能性はない。しかしそれでも、そうではないという話し手の振る舞いを容認して脅すという行為の不当さを追及しないという選択は、その場面でのさまざまな事情を考慮した上で自身の身を守るための合理的な選択でありうる。

あるいは差別的な信条をもつ集団が街頭演説会を行っており、そこではっきりそれとわかる差別的なほのめかしがなされたとしよう。そうしたほのめかしに対して声を上げる、特に差別的なことを言外の意味にするつもりはなかったという話し手のふりを認めないということは、認識的規範や社会規範の観点からも適切だ。しかし、差別主義者に囲まれた状態でそうした応答ができるかといえば、それには実践的に大きな困難が伴うだろう――そうすべきなのはわかっていても怖くてできない、暴力に晒《さら》される危険だってないわけではない。そうした状況で自分の身を守るために差別主義者のそんなことは意味していないというふりを忸怩《じくじ》たる思いで認めるということには、重大な不利益を避けるという意味で十分な合理性がある。

逆に、認識的規範や社会規範の観点からは話し手の否認は認められるにもかかわらず、個人の損得に鑑みて否認を認めないということもあるだろう。聞き手が大統領、話し手がホワイトハウスの庭師という先ほどの例を思い出そう。ただ今度は、大統領の念頭にあるのはホワイトハウスの風紀ではなく、理由はわからないがその庭師のなにかが気に入らないから早々に首にしたいという個人的な気持ちだとしよう。こうした個人の気持ちを満足させるべく、大統領は、庭師の発言はよい口実になると考え、誤解の可能性があることをわかりつつ、自分の絶大な権力を盾に庭師の否認を認めなかったとすれば、これは権力を笠に着た否認拒否のゴリ押しだ。

このように、実践的合理性のもとでの否認可能性は、話し手と評価者たる聞き手の間の力関係に大きな影響を受けうる。話し手が聞き手に対して大きな力をもっているせいで、認識的に否認不可能な意味が実践的合理性のもとでは否認可能になる、ということがある。認識的には無理筋な言い訳であるにもかかわらず、おとなしく話し手の言う通りに認めておいた方が聞き手にとって得になる／損をしない、そういう状況を考えればよい。差別主義者に囲まれた聞き手の状況はまさにそうした状況である。この種の話し手がやっているのは暴力に訴えた否認のゴリ押しだ。あるいは、聞き手の方が話し手に対して大きな力をもっているせいで、認識的に否認可能な意味が、実践的合理性のもとでは否認不可能になる、ということもあるだろう。誤解でないとわかっているかどうかという認識的な観点からすればまともな言い訳であるにもかかわらず、その言い訳を認めないことで聞き手が得をする、あるいは認めると聞き手に都合が悪いという状況だ。個人的な動機で否認を認めない大統領の事例はこの種の事例である。こうして実践的合理性に基づく否認可能性は、聞き手を欺くという悪さとはまた別種の悪質さをもちうる。

六　揺れる否認可能性

ここまでで、認識的な否認可能性（誤解の余地としての否認可能性）、社会的な否認可能性、対人的な否認可能性、実践的合理性のもとでの否認可能性という四種類の否認可能性を見てきた。否認可能性を基礎づける規範は他にもあるだろう。たとえば道徳的な規範がここまで見てきた規範と異なるとすれば、道徳的な否認可能性を新たな否認可能性としてリストアップすることもできよう。

このように、聞き手の容認の基礎にある規範がどんなものであるかに応じて、異なる種類の否認可能性が生み出される。もちろん、これらが異なる種類の否認可能性であるということは、これらの否認可能性がまったく無関係であるということを意味しない。事実そんなことはない。ある意味を否認する「そんなつもりはなかった」があまりに白々しい——認識的にありそうにない——なら、社会規範の観点からそれを認めることが適切でなくなる、ということはありそうなことである。実際、裁判における発言の法的な否認可能性は、言外の意味であれば一律あてはまりこそすれ、直接言葉にしたことの否認可能性を認めるようなものではない。これが示唆するのは、社会的な否認可能性を決定する一要因に、認識的な否認可能性の程度が含まれている、ということだ。あるいは、個人の利益の追求が社会規範に制限される、ということも私たちがしばしば直面する現実である。こうした事実は当然、社会的な否認可能性と実践的合理性のもとでの否認可能性の間の関係にも反映されているだろう。

それにもかかわらず、否認可能性には、何か絶対的に正しい特徴づけがあるというわけではなく、話し手の否認が容認されるのがどんな規範のもとでなのかに応じた多様性をもつ。私たちは日々の生活の中で、こうした多種多様な否認可能性を巧みに使い分けている。それだけではない。こうした使い分けは、発言に伴う責任回避の試みに巧みに利用される。次章では、こうした試みとして、**犬笛**と**イチジクの葉**を取り上げ、否認可能性の多様性の実態と、それがいかに言質の回避に用いられるのかを見ていくことにしよう。

❖これだけは押さえておきたい本章のポイント

・意味の否認可能性には多様性がある。意味したということがわかる・わからないという認識的な基準で評価される誤解の余地としての否認可能性だけが意味の否認可能性なのではない。意味が否認可能かどうかは、裁判のような特殊な社会的文脈の事情や、対人関係のスムーズさ、あるいは話し手や聞き手の個人的な都合といったさまざまな理由に照らして、異なる基準で評価される。そしてどの基準を取るかによって、意味が否認可能かどうかは変わりうる。

第九章　犬笛とイチジクの葉[1]

一　責任逃れのストラテジーと否認可能性の多様性

コミュニケーションには、意味しつつも言質は与えないためのさまざまなストラテジーがある。ほのめかしはそうしたストラテジーの一つだ。本章では言質回避のストラテジーとして、**犬笛**と**言葉のイチジクの葉**の二つを取り上げる。これらが否認可能性の多様性を巧妙に用いた責任の回避の試みであることを見るのが本章の狙いだ。

二　犬笛

犬笛は犬には聞こえるが人には聞こえない。これにちなんで、幅広い聞き手に向けられた表向きのメッセージとは別のメッセージを一部の聞き手にこっそり伝える発言を、犬笛と呼ぶ[2]。表向きは問題のない表現だが、仲間内ではある差別的な内容を伝えるものとして理解される隠語の使用は、典型的な犬笛だ。犬笛は、差別的な内容に限らず、表沙汰にすると何かしら問題になる内容の伝達によく用いられる。ソールは次の例を挙げている(Saul 2018)。二〇〇三年の一般教書演説でジョージ・W・ブッシュは次のように述べた。

「しかし、力が、奇跡を起こす力が、アメリカの人々の善良さと理想主義と信念のうちにはあるのです」

「奇跡を起こす力(wonder-working power)」は讃美歌から取られた言葉で、キリスト教原理主義者にとって、それが「キリストの力」を表す隠語の役割を果たす。それゆえ、この主張は、キリスト教原理主義者にとって、このことを解さない多くの人とは異なり、その文字通りの内容に加えて、キリストの力がアメリカの人々の善良さと理想主義と信念のうちにはあるという内容をも伝える。それだけではない。キリスト教原理主義者は、ブッシュがそうした自分たちの仲間内で知られた用法をシェアしているという事実から、彼がキリスト教原理主義者の仲間であるというメッセージをも受け取ることになる。もちろんブッシュはこのことを意図していた。にもかかわらず、キリスト教原理主義者に対するメッセージなのかと問われたとしたら、「そんなつもりはない、讃美歌から言葉は取ったが、言ったこと以上の他意はない」などと言って、そのことを否認する余地が彼にはあるだろう。

ソールの挙げるもう一つの例は、同じくジョージ・W・ブッシュによるドレッド・スコット判決への反対だ（Saul 2018）。黒人に合衆国の市民権はないとするこの判決は、南北戦争の引き金の一つとなり、のちに合衆国憲法修正第十三条と第十四条で覆された悪しき判決としてよく知られている。それゆえその判決に反対することは、人種差別に反対するという真っ当な内容として理解される。他方で、中絶反対派にとってこの判決は別の意味合いをもつ。中絶反対派にとって、中絶の権利を認めるロウ対ウェイド判決は、胎児の人としての権利を奪う悪しき判決であり、黒人の権利を奪うドレッド・スコット判決と同様に覆されるべきものだ。それゆえ中絶反対派にとっては、ドレッド・スコット判決への反対を表明することは、ロウ対ウェイド判決への反対、ひいては、中絶反対を暗に示す犬笛として響く。

もう一つ、架空の、しかしありそうな例を考えよう。次のように主張する人を想像してほしい。

「生活保護をもらうべきでない人がそれをもらっている現状は正されるべきである」

この文字通りの内容に関して特段反論すべきことはないと思う。生活保護を不正受給している人はいるだろう。そうした現状はもちろん正されるべきである。しかし、表向きは当たり障りのないこの主張は、それが特定の外国籍の日本居住者が生活保護をもらうべきでないと考える人たちに向けてなされた場合、国籍差別の犬笛として機能しうる。特に、そう考える人たちの間で、「生活保護をもらうべきでない人」という表現が特定の外国籍の日本居住者たちを表す言葉としてしばしば用いられている場合、そうした人たちはこの主張に

「ある特定の外国籍の日本居住者が生活保護をもらっている現状は正されるべきである」

というメッセージが隠されているのを聞き取るだろう。それと同時に、「生活保護をもらうべきでない人」のこの特有の使い方を共有するものとして、そう主張する人は自分たちの仲間なのだというメッセージをも受け取るだろう。にもかかわらず、その話し手には、「私には差別するつもりは毛頭ない。もらうべきでない人はもらうべきでないという、至極真っ当なことを言っているだけだ」などと言って差別的なメッセージの伝達を否認する余地がある。

犬笛は表向きの内容――これはしばしば当たり障りのない内容だ――と、一部の人にだけ向けられた隠れた内容――こちらはしばしば表沙汰にしてしまうと問題視されうる内容だ――という二種類の内容をあわせもつ。この二重性は、犬笛が伝える隠された内容を裏の意味にとどめておくのに一役買っている。つまり表向きの当たり障りのない内容だけを伝えているということが、隠された内容の伝達に対する代替解釈文脈として機能するのである。

前章で見た否認可能性の多様性は、犬笛の否認において複雑な仕方で利用される。犬笛の一つの特徴は、二つの異なるグループに対して鳴らされる、ということだ。隠語を用いた犬笛であれば、その聞き手は、話し手と隠語とある価値観――特に犬笛に隠された裏の意味に共感するような価値観――を共有するグループと、そうでないグループに分かれる。それぞれを**内輪**と**外野**と呼ぶことにしよう (cf. Henderson and McCready 2018)。犬笛を吹く人にとって、内輪の人には隠されたメッセージが伝わってほしい。他方で外野の人にはそうしたメッセージは伝わってほしくない。こうした非対称性を担保するのは、一つには隠語の隠語としての意味があくまで内輪にとどまっているということだ。しかし隠語の隠された意味はしばしば内輪にとどまらず、外野に漏れる（実際ブッシュが使った犬笛の意味は外野にすでに漏れている）。こうした状況では、外野がその隠された意味に気づき、それを問題視するということが生じうる。にもかかわらず、犬笛はこうした状況においてさえ、責任逃れの余地を話し手に与える、つまり隠されたメッセージを表沙汰にせず裏の意味にとどめておくのに役立つ。隠語がばれても、犬笛による隠されたメッセージの伝達は否認可能でありうるのだ。さらに、隠語が外野にばれた後でも、犬笛は内輪と外野に対する非対称性を維持しうる。その非対称性は、内輪と外野では利用可能な否認可能性が異なりうる、という非対称性である。この否認可能性の非対称を手掛かりに、意味の否認可能性がいかに複雑なものかを見ていこう。

第一に、犬笛による隠された内容の伝達は、誤解の余地としての否認可能性に関して内輪と外野とで異なる振る舞いを示しうる。第六章で見たように、誤解の余地としての否認可能性の有無は、何が適切に無視される可能性かに応じて変化する。内輪と外野とでそうした可能性が異なるのだとすれば、内輪と外野とでは、犬笛が誤解の余地としての否認可能性をもつかどうかも異なりうる。では内輪と外野とで何が適切に無視される可能性かに違いが生じることはあるだろうか。

何が適切に無視される可能性かは、間違いのコストに左右されるのだった。たとえば、ペナルティを科すとなれば相応のコストが生じるし、重いペナルティになればそのコストは高くなる。それに応じてより慎重になる、つまりより多くの可能性を考慮する必要が出てくる。

犬笛が伝える隠された内容が、外野から見て差別的な内容だとしよう。つまり、犬笛の隠された内容は外野にとってその伝達が非難に値するものであり、社会的なペナルティが科されて然るべきものなのだとしよう。他方で話し手と価値観を共有する内輪の人たちはその内容の伝達を非難するつもりは少しもない。仮に外野がその犬笛の隠された内容に関して話し手の責任を追及しペナルティを科そうとするならば、それにはそれに相応《ふさわ》しい慎重さ、つまり、より多くの、よりありそうにない可能性を考慮することが必要になりうる。この場合、外野に対する否認可能性のハードルは、内輪に対する否認可能性のハードルより低くなる。その結果生じうるのは、犬笛が隠れた内容を意味していたということが、外野に対しては誤解の余地としての否認可能性をもつが、内輪に対してはもたないという状況である。平たく言えば、内輪の人には隠された内容が意味されたことがわかっているが、外野はそれがわかってはいない、という状況が生じうるのである。[3]

この意味で、多くの場合、犬笛を吹く人は、内輪に対しては、誤解の余地があるという認識的な意味でしらをきることはできない。[4] このことは一見したところアンビバレントな状況を生み出す。一方で、このことは犬笛の話し手にとっても望ましいことである。というのも、話し手がこの認識的な意味でしらをきれるとすれば、それは聞き手が犬笛の隠された意味に確信がもてないということであり、それはつまるところ、話し手が犬笛の隠された意味を内輪に伝達するのに失敗したということになるからだ。他方で、犬笛の話し手が外野に非難されたとき、その話し手は、内輪に味方してほしい、つまり内輪にその否認を認めてほしいのではないだろうか。つまり犬笛は内輪に対しても否認可能であってほしい。実際、犬笛を吹く人に味方してその否認に追随する内輪の人はいるだろう――犬笛の話し手の否認に続いて「そうだそうだ、この人はそんなこと言ってないぞ！」などと援護射撃をする内輪の人すらいるかもしれない。かくして、犬笛は内輪に対して否認可能であり、否認可能ではない。では、この二つにどう折り合いをつければよいだろうか。

この問いに対する答えは、否認可能性の多様性にある。この一見したところのアンビバレンスは、犬笛は内輪の人に対して認識的ではない否認可能性をもつ、と考えることで解消される。犬笛の内輪と外野はしばしば社会的・政治的に異なる信条をもつ集団である。生活保護をめぐる事例で言えば、内輪は、ある特定の社会集団が不当な仕方で福祉的資源を搾取しており、その状況は是正されるべきだと考える一方、外野は、そうした考えにコミットしていない。それどころか、外野には、そのような不当な搾取はなく、この非難はその社会集団に対する差別だと考える人も含まれるだろう。こうした外野が犬笛に隠された内容に気づき、そのことで話し手を非難する、というのが今問題になっている状況だ。こうした状況では、外野の追及から犬笛を吹いた人を守るべき理由が内輪にはある。内輪にとってその人は、社会的に意見の対立のあることがらに関して自身と意見を同じくする仲間なのだ。それゆえ、犬笛の話し手の否認を認めることが、外野の攻撃から味方を守る一つの手段となる限り、内輪にはそうする理由がある——犬笛が単に表向きの文字通りの内容だけを意味していたのではないということがわかっていたとしても、そうなのだ。こうしたことが成り立つ場合、犬笛は内輪に対して認識的ではない否認可能性をもつだろう。他方で犬笛を吹く人を擁護する特段の理由をもたない外野にとっては、犬笛が認識的でない否認可能性をもつことはないだろう。それどころか、差別的な内容に関しては、それをほのめかす言動ですら社会的に認められないのだとして、話し手の否認の振る舞いを容認しない、ということすらありうるかもしれない。

このようにして、犬笛の否認可能性は、内輪と外野に関してねじれた仕方で非対称でありうる。それは次のような状況だ。一方で、犬笛は、外野に対して誤解の余地としての否認可能性（つまり認識的な否認可能性）をもつが、内輪に対してはそれをもたない。他方で、犬笛は、内輪に対して認識的でない否認可能性をもつが、外野に対してはそれをもたない。

犬笛のこうした非対称性の背景にあるのは、内輪と外野の思想信条の違いである。この意味で、社会の分断は犬笛の条件である。他方で社会の分断は、なぜわざわざ犬笛を吹かなければならないのかを説明しない。犬笛が使われる理由を説明するのは、むしろ内輪と外野でのある基本的なレベルでの規範の共有、特に犬笛を使って伝えられる内容を表沙汰にすることを何かしらまずいものにする規範が、内輪と外野で共有されている、ということである（cf. Khoo 2021）。差別的な犬笛にとっての内輪は、差別はあってはならないというのが社会の基本的な規範であるということ、自身がそうした基本的な規範を有する社会の一員であることを自覚している。だからこそ、その規範に対するあからさまな違反として非難されうることを表立って語ることはしない――自分のことを差別主義者だと自称する差別主義者があまりいないのと同様に。犬笛が用いられるのは、反差別という社会の基礎的な規範からの逸脱による非難を回避するためである。

おそらくこうした内輪のあり方は一枚岩ではない。「ある特定の外国籍の日本居住者が生活保護をもらっている現状は正されるべきである」を例に取ろう。内輪の人には、この内容は差別なのだと考えるものがいるかもしれない。そうした人は反差別の社会規範を自覚的に破ろうとする人たちだ。内輪を構成するのは、こうした自覚的な差別主義者だけとは限らない。たとえばそこには、「ある特定の外国籍の日本居住者が生活保護をもらっている現状は正されるべきである」という自分たちの考えは差別ではないが、それを差別だとみなす人が外野に少なからずいると考える人が含まれているかもしれない。だが、いずれの場合でも、差別は決して容認されないという社会規範の強さを踏まえれば、自分たちの考えを表立って表明すると、差別だと非難される危険がある。こうした危険を回避するのが得策であると考えるならば、犬笛はそのための有効な手段となりうる。

　このように犬笛を吹く人やその内輪は、外野と同じ基礎的な社会規範に縛られている。縛られているからこそ、そうした規範にあからさまに反対することはせず、そこからの抜け道を探し、陰でこっそりとメッセージを伝え合うのである。それゆえ、犬笛の条件は、社会の分断であると同時に、そうした分断が深刻化していないということでもある。

　社会の分断が深刻化し、差別は決して認められないという基礎的な社会規範の共有が危ぶまれる状況になったとき、差別的な犬笛は需要を失う。差別は決して認められないという社会規範を共有しない人々は、あからさまな差別発言をきっと厭わない。そこに現れるのはあからさまな差別表現を用いたヘイトスピーチが横行する社会だ。

　あからさまな差別発言は私たちが暮らす現実が抱える大きな社会問題の一つである。他方でこれが問題だと広く認識されていることは、差別発言を社会問題とみなす規範が私たちの社会に受け入れられていることの印でもある。つまり私たちはあからさまな差別発言をよしとする社会に暮らしていない。しかしこうした社会のあり方は揺るぎないものではない。クーは、犬笛が、規範による行動の社会的な統制を形骸化し弱体化させると論じる（Khoo 2021）。ルール違反をしても罰せられないならば、違反が横行し、規範は人々の行動に対する縛りとして機能しなくなる、というわけだ[6]。

社会規範の共有を表向き認めつつ、それを実質的に無効化するような語りは犬笛だけではない。次に見るのは、言質回避のためのいわば免罪符的な役割を期待された発言である、イチジクの葉だ。

三　イチジクの葉——言葉の免罪符

「私には外国人の友達がたくさんいますが」と言った後で排外主義的な発言をする。「これはオフレコですが」と言って、公には口にできないひどい発言をする。この種の発言をする話し手は、こうした前置きをつけておけば言質を回避できるかのように、平然とひどいことを口にする。その前置きに期待されているのは、それさえつけておけばなんでも許される免罪符のような役割だ。都合の悪い内容に関する責任追及を回避するために付け足されるこの種の補足的な発言を、ソールはイチジクの葉と呼ぶ[7]。

イチジクの葉の例と分析として、ドナルド・トランプの次の発言とそれについてのソールの分析を見てみよう（Saul 2021。以下本節におけるソールへの言及はすべて Saul 2021 による）。

「あまり男尊女卑的に聞こえてほしくはないんだが、家に帰って夕食の準備ができていないとすごく腹が立つ」

「家に帰って夕食の準備ができていないとすごく腹が立つ」という発言が示唆するのは、家事は女性の役割であって食事の準備などなどは女性がやってしかるべきだ、という考えである。トランプは、こうした考えを聞き手が読み取ること、そしてその考えがトランプ自身の考えであるということを読み取ることを意図していただろう。他方で、こうした考えは、少なくとも女性の社会参画を阻害するという点で女性差別的であり、そう考える人は女性差別的な考えの持ち主だとみなされてしかるべきだ。女性差別は認められないということは、現代アメリカにおける一つの社会規範である。にもかかわらず、この社会規範に対する潜在的な不満をもつアメリカ市民も一定数存在する。そこで、トランプは女性の役割に関する自身の考えを直接口に出さないことで規範を表向きは尊重しつつ、他方でそれをほのめかすことでその規範に潜在的な不満をもつ市民の欲求に訴求する。

この発言に付された「あまり男尊女卑的に聞こえてほしくはないんだが」という前置きは、「家に帰って夕食の準備ができていないとすごく腹が立つ」という発言を、その発言がほのめかす女性差別的な考えと切りはなすよう聞き手を促す――前者から後者を連想することは聞き手の側の邪推だというわけだ。このようにイチジクの葉は、話し手が差別的な内容に与《くみ》していると聞き手が結論することを邪魔し、その結果、差別的な考えを表明することに伴う非難をできなくしようとする。ソールによれば、イチジクの葉の基本的な働きは、こうした仕方で発言から問題のあることがらを推論しないよう妨害することにある。

もう一つ、ソールの例を見よう。「私の親友は黒人だ」――だから私が黒人に対して偏見や差別的意識をもっているはずがない、なので私の発言はそうした偏見や差別的意識から切り離して理解されるべきだ――というのは人種差別的主張を隠すための古典的なイチジクの葉である。

イチジクの葉が用いられるのは差別的な意味を隠すためだけではない。従軍慰安婦に関する次の発言を見てみよう。

「戦時慰安婦ですよね。戦時だからいいとか、悪いとか言うつもりは毛頭ないんですが、どこの国にもあったことですよね[8]」

従軍慰安婦は戦時慰安婦でありそれはどこの国でもあったことだ、という発言からは、その眼目が、従軍慰安婦は戦時慰安婦なのだから、戦時にさまざまな国で行われていたことと比べて特段悪いわけではない、ということにあると容易に推論されよう。「戦時だからいいとか、悪いとか言うつもりは毛頭ないんですが」は、こうした推論を邪魔するために付されたイチジクの葉である[9]。

こうした話し手は、イチジクの葉をつけることで、意味しているにもかかわらずあたかも意味していないかのように振る舞う。その眼目は、問題含みの内容を裏の意味にとどめておき、言質を与えないことにある[10]。

ではイチジクの葉はそれが隠そうとする意味を否認可能にするだろうか。本章のここまでの議論を踏まえれば、その答えが一通りでない、ということは容易に想像されよう。犬笛は内輪と外野とで否認可能性に関して異なる振る舞いをするということを見た。同じことがイチジクの葉にも言える。

第一に、差別を隠そうとするイチジクの葉は、誤解の余地としての否認可能性に関して内輪と外野とで異なる働きをする。イチジクの葉が付された発言は、聞き手にある内容を想起させる。それと同時に話し手はイチジクの葉によってそうした連想を表向き妨害する。そうした妨害は、話し手は差別的な内容を意味していないという代替解釈文脈に聞き手の注意を向けさせる。その狙いは、自分は話し手を誤解しているかもしれないと考えるよう聞き手を誘導することだ。こうした誘導は、内輪にとっては無効だが――でないとそもそも伝えたいことを伝え損なってしまう――、外野にとっては有効である――外野に言質を取られると非難されてしまう――ことが話し手にとって望ましい。そうした違いを生み出す一つの要因は、何が適切に無視される可能性かが内輪と外野で違うということであろう。外野がイチジクの葉が付された発言の責任を追及し、それに対するペナルティを科そうとするなら、そうしたペナルティとは無縁の内輪と比べて、より慎重に、より多くの可能性を無視できないものとして考慮することが必要になる。こうした違いによって、イチジクの葉が隠そうとする意味が、内輪に対しては誤解の余地としての否認可能性をもたないが、外野に対してはそれをもつ、ということが起こりうる。

第二に、イチジクの葉が隠そうとする意味は、内輪に対して認識的でない否認可能性をもちうる。外野の追及から話し手を擁護する理由をもつ内輪にとっては、話し手の差別的な意味の責任を追及しないことに理があり、このことが、誤解の余地としての否認可能性のなさにもかかわらず、別の否認可能性を意味に与えうる。犬笛に関して見られたのと同様の仕組みがここでも働いている。つまり、そうすることで、反差別という社会規範に対する表立っての違反を回避しつつ、差別的な考えを共有することができるのだ。聞き手にとってのこうした利益は、当該の発言に認識的でない否認可能性を与えうる。他方で、外野にそうした理由がない限り、その発言は外野に対して認識的でない否認可能性をもたないだろう。

かくしてイチジクの葉は、否認可能性を確保し、言質を取られてはまずい内容を裏の意味にとどめておくために用いられる。言質回避のこの仕組みは、犬笛のそれと同じである。[11]

四　否認可能性の多様性と帰責の正しさの問題

意味の否認可能性がもつ多様性はときに、言質回避の試みに巧みに利用される。とりわけ、表にできない不満が燻《くすぶ》る分断された社会では、否認可能性の多様性が、社会の規範に対する違反の隠れ蓑《みの》として機能しうる。そうした隠れ蓑の例として、本章では犬笛やイチジクの葉を見た。犬笛やイチジクの葉は、否認可能性を巧みに使って社会の規範を骨抜きにする。この意味でそれらは否認可能性の悪用である。そして、否認可能性の多様性は、こうした悪用を可能にする土台となっている。このことを踏まえれば、そうした悪用を防ぐために、否認可能性の多様性が言質に影響を及ぼさないようにすべきではないか、という考えが出てきてもおかしくはない。そうした考えによれば、さまざまな否認可能性の中でも、言質の有無を「正しく」決めるものとそうでないものとがある。次章ではこの考えを検討してみよう。そこで確認するのは、表の意味と裏の意味の区別と否認可能性の関係は一筋縄ではいかない複雑なものであり、表の意味と裏の意味を「正しく」区別するような、ただ一種類の否認可能性があるわけではない、ということだ。

❖これだけは押さえておきたい本章のポイント

・意味の否認可能性の多様性は、一部の人たちにとっては否認可能だが、他の人たちにとっては否認可能でない、という二面性をもったコミュニケーションを可能にする。犬笛、それからイチジクの葉はそうしたコミュニケーションの方法の具体例だ。

第十章　揺らぐ表と裏の境界線

一　表の意味と裏の意味の区別の状況依存性

私たちの言葉のやり取りは、否認可能性の多様性にさらされている。ここで、否認可能性と表の意味と裏の意味の区別の問題に立ち戻ろう。表の意味とは否認可能でない意味、裏の意味とは否認可能な意味だ。否認可能性の多様性が明らかになった今、表の意味と裏の意味の区別について何が導かれるか。

一つの重要な問いは、さまざまな種類の否認可能性のうち、どれが表の意味と裏の意味の区別に対応するのか、という問いだ。答えの候補はいくつもある。ある特定の一種類の否認可能性が意味の表裏を区別するという答えから、さまざまな種類の否認可能性のうちのいくつか、あるいはそのすべて、という答えまで、いろいろな候補がある。

さまざまな種類の否認可能性のうち意味の表裏に対応するのはただ一つだけだというタイプの答えについて考えよう。これは、意味の表裏を見定めるただ一つの、どんな場面でも有効な普遍的な仕方がある、というものの見方だ。この場合、理論家の一つの仕事は、それが誤解の余地としての否認可能性（＝認識的な否認可能性）なのか、それとも社会的な否認可能性なのか、あるいはそれらとは別の種類の否認可能性なのかを突き止めるということになろう。否認可能性の多様性は、言質の有無を見分けるのを難しくすることはあっても、言質の有無そのものを左右することはない。

本章で確認したいのは、こうした考え方はうまくいかない、ということだ。意味の裏表、言質の有無が特定の種類の否認可能性によってどんな場合でも特定できるというこの見方は、言葉と責任をめぐる私たちの日々のコミュニケーションの実態をうまく捉えていない。前章までの議論がすでに示唆するように、否認可能性の多様性は、コミュニケーションにおける帰責の実践に複雑な仕方で組み込まれているのだ。

たとえば、ある意味に関して、それを意味していないという話し手の振る舞いを容認することが認識的な規範には適ってない（つまり認識的に否認可能ではない）が、社会的な規範には適っている（つまり社会的には否認可能である）、という状況を考えよう。この場合、認識的な否認可能性の観点からすれば、話し手には意味したことに伴う責任があり、聞き手にはそれを追及する権利がある。しかし社会的な否認可能性の観点からは、話し手にその責任はなく、聞き手にそれを追及する権利はない。こうした場面において、どちらの規範に基づいた否認可能性によって責任の有無が判断されるかは、ケースバイケースだ。たとえば、はっきりそれとわかる言外の意味について、日常的な場面では認識的な否認可能性に基づいてその責任が問われるが、法廷では、社会的な否認可能性に基づいて責任が問われない、ということがありうる（第八章）。その決定はその場面におけるさまざまな事情が総合的に勘案された上でなされる。その場面での表の意味とは、そのようにして選ばれた規範のもとでの否認不可能な意味である。そしてその場面での裏の意味とは、そのようにして選ばれた規範のもとで否認可能な意味である。

一般に、一つの発言が意味することの表と裏の境界線は一本とは限らない。否認可能性は認識的か、社会的か、対人的か、実践的合理性に基づくものかなどなどの種類のレベルで多様だし、そのそれぞれの種類の否認可能性に関しても規範の多様さや状況に依存した多様性がある。このどれもが、それぞれ表と裏の境界線を与えうる。その発言の否認可能性が評価される場面がどんな場面なのかに応じて、どの規範に基づくどの否認可能性が採用されるのかが異なりうる。実際のコミュニケーションでは、場面場面で、多種多様な否認可能性のどれか——あるいは否認可能性の有無に関して同様の帰結をもつ複数の否認可能性——が、その場面における表の意味と裏の意味を区別するものとして採用される。

私たちは日々の生活の中で、多種多様な否認可能性を巧みに使い分けている。こうした使い分けによって、表の意味と裏の意味の区別の基準は場面場面で変化する。意味の表と裏を区別する絶対的で普遍な、つまりどんな状況でも使える単一の基準を私たちはもっていない。つまり、表の意味と裏の意味の区別は状況依存的なのだ。

二　意味の表と裏の境界は何に左右されるのか

表の意味と裏の意味の区別は、どんな否認可能性をその区別の基準として採用するかの選択に左右される。その選択は都度、さまざまな要素を踏まえて総合的になされるのだろう。ではどんな要因がどんな仕方でその選択に影響するのだろうか。

出発点として、誤解の余地としての否認可能性、つまり認識的な否認可能性について考えよう。話し手が何を意味したのかを聞き手が知るということがコミュニケーションの重要な一部分である限り、認識的に否認可能かどうかは、多くの場面で、言質を考えるための重要な指針を与える。あることが意味されたということが聞き手にわかっているかどうかが、否認可能かどうかを、ひいては意味に伴う責任の有無を決めるというのは、意味に伴う帰責の重要なあり方である。

しかし、認識的な否認可能性は絶対ではない。意味したということがわかった上で責任を不問にする、あるいは、意味したということがわかっていないにもかかわらず責任を追及する、こうしたことが実際には起こる。

では、どんな事情によって認識的な否認可能性からの逸脱が生じるのだろうか。第八章三節で、認識的には否認可能ではないが社会的に否認可能な意味の例として、法廷における言外の意味を取り上げた。法廷での発言には、こうした逸脱を生じさせる何か特別な事情があるのだろうか。ソールは、法廷で尋問を任されたものに課される特別な役割を指摘する（Saul 2012, 95-97; 邦訳一五三―一五六頁）。当事者対審主義の法制度のもとでは、弁護士や判事が証人に対して質問し答えを引き出す役割を法廷で担う。その役割の中には、証人の答えに含まれる曖昧さや不明瞭さ、不十分さを指摘し、曖味でなく、明瞭で、かつ十分な答えを得るように証人を追及することが含まれる。ブロンストンは、質問されたことにほのめかしで答えた。この場合、それがほのめかしに過ぎないことを指摘し、質問されたことに正面から答えるよう追及することは、尋問する側の責任なのである。こうした特殊な事情が、法廷での発言が伝える言外の意味に責任を問わないことの背景となっている。

法廷でのやり取りにこうした特殊な事情があるということには、法体系が社会の認めるシステムである限り、社会的な合意がある。この意味で、法廷における認識的な否認可能性からの逸脱は、社会的な合意に基づいた逸脱の事例である。

逸脱のすべてにこうした広く社会的な合意が存在するわけではない。社会の中のある特定の集団の事情や、あるいは会話する二人の間の事情が逸脱の理由となる場合もある。第九章で見たように、犬笛やイチジクの葉は、内輪と外野で否認可能性に関して異なる振る舞いをときに見せる。犬笛の隠れた内容はときに、内輪に対して、認識的には否認不可能であるにもかかわらず、認識的でない仕方で否認可能となる。その背後にあるのは、話し手と聞き手が思想信条を同じくする同士であり、隠された意味に否認可能性を認めることが共通の利益につながる、という事情である。差別主義者の集まりでの差別的なほのめかしを考えよう。差別主義者の間では、お互いにその差別的な言外の意味の伝達を確信しつつ、外部から追及されたときには互いにしらをきることができるようにしておくという仕方でそうしたほのめかしの否認可能性を確保しておくことは、お互いにとって利のあるものであろう。ここでは、話し手と聞き手の間のイデオロギーの共有が、認識的な否認可能性からの逸脱の理由となっている。

対人関係の規範に基づいた否認可能性の採用は、ときに、話者間の不要な衝突を避けるという一般的な関心や、会話の当事者二人の間で共有されたごくごくローカルな人間関係の関心を他の関心に優先させるということを要求する。推薦状のケースのように、はっきりと口にせず、しらをきれる余地を残しておくことが話し手と聞き手の双方のためになるという場面はある。なんであれ会話する二人が、意味の責任を宙ぶらりんにしたまま会話するということに価値を見出し、それに合意したならば、それが二人の間の対人関係の規範として二人のコミュニケーションにおける否認可能性のあり方を決定するということがあってもおかしくはない。ソールは、性的にオープンな関係でいようと決めたカップルが、浮気について、あけすけに話さないこと、嘘はつかないことに同意しつつ、しかしミスリードは許容する、という状況を記述している（Saul 2012, 98-99; 邦訳一五七―一五八頁）。これはその種の事例の一つであろう。こうした場面での認識的規範からの逸脱は、（認識的な観点からは追及されて然るべき）責任を追及することの重要さと、二人の間に良好な関係があることの重要さとが天秤にかけられて、後者が選ばれることで生じる。もちろん、こうした傾きは、その責任を追及することで生じる二人の間の関係の危機を甘受してもなお追及すべき重要なことがらや、二人の人間関係の良好さがどうでもいいものになるといったことによって、覆されうる。婚姻関係の破綻はそうした瞬間なのかもしれない――「今まで見逃してきたけどもう勘弁ならん。もう別れてやる」というわけだ。

こうした事例では、逸脱に対する広く社会的な合意はないものの、特定集団――ここには話し手と聞き手の二人だけからなるとても小さな集団も含まれる――の中で逸脱に対する合意がある。そこでは、イデオロギーの共有や、ある種の目的の共有が、合意の背景にある。しかし、あらゆる逸脱がこうした合意に基づいているわけではない。話し手と聞き手の間の力関係に大きな違いがある場合、合意なしに規範が選択されることもある。つまり、より大きな力をもつ方が、自分の都合のよい選択をゴリ押しする、というケースである。実践的合理性に基づく否認可能性はときにこうしたゴリ押しの性格をもつ。大統領とホワイトハウスの庭師の事例（第八章五節）では、大統領が自分の権力にものを言わせて、認識的規範より自分の個人的な都合を優先させる。そうすることで、認識的に否認可能な意味が、実践的合理性のもとで否認可能でなくなる。学界の重鎮と駆け出し研究者の事例（第八章四節注3）では、話し手たる重鎮が自分の権力にものを言わせて、認識的規範より自分の個人的な都合を優先させる。そうすることで、認識的に否認可能ではない意味が、実践的合理性のもとで否認可能となる。

否認可能性を聞き手が否認の振る舞いを容認するということと結びつけて考える本書の立場からすると、意味が否認可能かどうかが聞き手の判断に委ねられているように思われるかもしれない。しかしそうではない。そもそも、意味の否認可能性を左右するのは、聞き手が実際に容認するかどうかではなく、そうした容認の基礎となる規範があるかどうかである。そしてここまでの事例から明らかなように、どの規範によって否認可能性を定めるのかの選択は、ほとんどの場合、聞き手だけに委ねられているわけではない。例外は、聞き手が力を発揮して自分の都合をゴリ押しする、というケースだ。

三　言質と帰責の正当性の問題[1]

1　理想上の責任と事実上の責任

ここで提案しているのは、否認可能性と意味の表裏の区別の実態、つまり、私たちが実際にどのように意味に伴う責任を人に課しているのかを記述するような枠組みである。こうした実態は不当なものでありうる。つまり、それは本来のあるべき帰責の姿からずれたものでありうる。

たとえば実践的合理性に基づく否認可能性はときに話者間の力関係が大きく影響し、力の弱い側にとって理不尽なものとなる。第八章五節で見た、個人的に庭師のことが気に入らないという理由で庭師の否認を容認しない大統領は、自分の都合を優先し、否認の拒否をゴリ押ししている。こうした否認は、大統領が話者間での合意なく自身の都合の良い規範を採用しているという点で、不当なものにうつる。不当な否認の拒否による責任の追及は不当だ。

これが意味しているのは、庭師には本当は責任はない、ということではないのか。同様に、身の危険を感じた聞き手が差別主義者のわかりきった犬笛に否認可能性を認める場合、差別主義者は本当は責任を追及されるべきであり、それゆえ、差別主義者には本当は責任があるのではないのか。

確かに一理ある。ただこうした整理の仕方は、この事態を見るただ一つの仕方ではない。本書では言質のやり取りと帰責の実践が不当なものでありうるという実態を別の仕方で整理することにしたい。その軸となるのは、世の中には不当に課される責任がある、という考え方だ。[2]

一般に、責任が課されるというのは、何らかの仕組みによって、何かしらのことをしなければならない状態に置かれる、ということだ。その仕組みが、理想的な仕方で機能している場合に、その仕組みによって負わされる責任を**理想上の責任**と呼ぼう。その仕組みが、ある人を何かしらのことをしなければならない状態に実際に置いた場合、そうして負わされる責任を**事実上の責任**と呼ぼう。

理想上の責任と事実上の責任はときに乖離する。とりわけ実際の仕組みが理想的に機能していないなら、それらが一致する保証はない。たとえば、法廷で服役刑が宣告されたならば、被告は服役しなければならない状態に置かれる。被告には事実上、服役する責任がある。そうした事実上の責任の存在は、法や国家が、その責任を放棄することに対してペナルティを科すという事実に端的に表れている。そしてこうしたペナルティの存在は、たとえそれが冤罪であったとしても、冤罪が冤罪として認められない限り、変わらない。冤罪は被告に事実上の責任を負わせる。もちろん被告には理想上の責任はない。冤罪は法治システムのあってはならない機能不全の悲惨な帰結である。法治システムが理想的に機能していたとすれば、被告が罪に問われることはなく、服役の責任が被告に生じることはなかった。しかし、このことは、被告には服役する事実上の責任があるということと両立する。悲しいかな、現実は必ずしも理想的なものとは限らない。理想的な責任ではないにもかかわらず、事実上の責任として負わされる責任は、不当に負わされる責任だ。逆に、本来有罪になって然るべき罪を犯した権力者が、司法システムに介入し有罪判決を逃れるならば、権力者には理想上の責任はあるものの事実上の責任は逃れることになる。それは不当な責任逃れだ。

言質の有無は必ずしも正当に決まるわけではない。つまり、本書が表の意味と呼ぶものには、理想上の責任ではなく、事実上の責任に関わるものがある。もちろん、意味をめぐる帰責の実態は、なんでもありではない。しかし、それは理想的なあり方から逸脱することがある。そうした逸脱が生じた場合、その実態は、理想上の責任はないにもかかわらず、事実上の責任を人に負わせる。

2　帰責の正当性と否認可能性の多様性

以上の整理を踏まえた上で、本節で確認したいのは、特定の種類の否認可能性の有無が、帰責の実態が正当かどうか、つまり、帰責の実態が理想的かどうかとぴったり対応しているわけではない、ということだ。いや、そんなことはない、と思われるかもしれない。特に、認識的な否認可能性の重要性に鑑みれば、それこそが言行一致の責任が正当に課されたことの根拠となる、というのは自然な発想だ。にもかかわらず、こうした認識的な否認可能性の絶対視を疑うべき理由がある。

認識的な否認可能性、つまり誤解の余地としての否認可能性の有無が帰責の正当性とぴったり一致するというのは、認識的に否認不可能なら表の意味、認識的に否認可能なら裏の意味、という帰責がどんな場合でも正当だ、ということだ。すなわち、次の二つが成り立つということだ。

（1）ある意味が認識的に否認可能ならば、その意味に関して言行一致の責任を課すのは不当である（そして課さないのは正当である）。
（2）ある意味が認識的に否認可能でないならば、その意味に関して言行一致の責任を課すのは正当である（そして課さないのは不当である）。

（1）は、意味したということがわかっていないのに、それに責任を課すのは不当だ、ということだ。これは正しそうに見える。というのも、これは疑わしきは罰せずの原則――ある人がある行為をしたことの責任を課す場合、その人がその行為をしたことがちゃんとわかっていなければならない――の一例だからだ。この点で、表の意味は認識的に否認不可能であるということは、一つの社会規範でもある。法廷はこうした規範が厳格に適用される場面――少なくともそう期待される場面――であるだろう。それゆえ、法廷においてある発言の意味の責任が問われるならば、それは認識的に否認不可能なものでなければならない。[3]疑わしきは責任追及せずということが帰責に関する一般的な社会的規範として認められる範囲で、（1）は成り立つだろう。認識的に否認可能であるにもかかわらず、それを否認不可能にする別の規範を採用し、それによって表の意味の責任を追及するということは、この社会規範に対する違反という点で不当なものとなりうる。

だが、疑わしきは責任追及せずの社会的規範は、いかなる場面でも他のあらゆる規範に対して絶対的に優先されるべき規範だろうか。状況次第では、他の規範がこの規範に違反することに正当性を与えるかもしれない。つまり、場合によっては、帰責に関するこの規範に反して、意味したということがわかっていないにもかかわらず責任を課すことが正当になりうるかもしれない。たとえば、第八章三節で見た、待遇の不満をほのめかす庭師の事例を思い出そう。それは、ある社会的に特殊な状況では、誤解されうるような発言をすること自体が不適切だとみなされ、その結果、認識的な否認の余地をもつ意味が社会的には否認できなくなる、という事例であった。こうした事例は、そうした社会的に特殊な状況を維持することの正当性に応じて、総合的観点からすると、正当なものになりうるのではないか。

加えて、疑わしきは責任追及せずの規範は、その裏である（2）、つまり、認識的に否認不可能であれば責任を課すことが正当である、ということまでは保証しない。実際、ブロンストン対合衆国裁判の事例で確認したように、法廷での発言に関しては、認識的な否認不可能性が法廷の特殊事情のゆえに帰責にとって十分ではない（第八章三節）。つまり、認識的に否認不可能な言外の意味の責任がそこで課されたならば、それは不当な帰責になる。あるいは、日々の暮らしの中で人間関係を円滑円満なものにするために、対人関係に関する規範を認識的なそれに優先させ、認識的には否認できないけれど、対人関係の規範の観点から否認可能性を認めるということは、いついかなる場合でも不当なことだろうか。むしろ、それはどんな場合でも不当だという考えこそが、私たちのコミュニケーションを過度に潔癖に捉えるものであり、私たちの日々の暮らしを不当に息苦しいものにしてしまうのではないだろうか。言葉には表と裏があり、それをうまい具合に組み合わせつつ、ときに曖昧なままにしておきながら、物事は進んでいく。こうしたコミュニケーションの機微を一概に不当なものとしないというのは社会のよいあり方ではないのか。

これらが示唆するのは、意味したことに疑いはないが、言行一致の責任が課されないということも、場合によっては正当なことでありうる、ということだ。こうした考察が正しければ、認識的な規範といえども他の規範と比べて責任を課すことの正当性に関して絶対的なものでないことになる。

それだけではない。他の規範との比較とは関係なく、認識的な否認可能性そのものが不当な仕方で歪められることがある。その結果、それに対応した帰責も不当なものになる。そうした事例を生み出す一因に、ミランダ・フリッカーの言う**証言的不正義**（Fricker 2007）がある。

証言的不正義とは、コミュニケーションに関する社会的不正義の一つである。ある人の発言が聞き手にとってどれくらいの信憑《しんぴょう》性をもつかは、発言内容の信憑性だけでなく、聞き手がその人をそもそもどの程度信用しているかに依存する。同じ内容であっても誰が発言したかによって信憑性は変わる。ある話題について、その専門家の話とまったくの素人の話、どちらの話をより信憑性のあるものとして聞くべきかといえば、専門家の話であろう。[4] 少なくとも一般論として、ある特定の分野に関する専門的な物理学の本の学問的意義についての話であれば、素人の書いたアマゾンのレビューではなく、その分野を専攻する物理学者の書評をより信用すべきだし、トラフグの安全な食べ方の話であれば、釣り好きの素人よりもふぐ調理師免許をもつ料理人をより信用すべきだろう。結局餅は餅屋なのだ。

このように話し手ごとに信憑性に差をつけること自体は必ずしも悪いことではない。しかしそうした信憑性に対する差が、話し手のアイデンティティ、特にその人が属する社会集団に対する偏見に左右されるとしたら話は別だ。ある社会集団に対する社会的偏見ゆえに、その集団に属する人の信用度が不当に低く評価されるとしたら、それは一種の社会的不正義である。証言的不正義とは、まさにこの社会的不正義に他ならない。女性の発言を話し手が女性だからという理由で軽んじたり――「女性はいくらでも嘘をつける」という、かの国会議員の発言はこうしたスタンスを如実に表している――、黒人の発言に対して話し手が黒人だからという理由で（白人には求めないような仕方で）過剰に証拠を求めたりといったように、証言的不正義は珍しいものではない。[5]

証言的不正義はときに認識的な否認可能性を不当なものにする。話し手が、「いやだ」とはっきり声に出して断っているにもかかわらず、聞き手が証言的不正義の影響によってそれが断りだということを疑う、という状況を考えよう。その結果、話し手は断っていないという解釈の余地が聞き手の手持ちの証拠のもとで残るならば、その拒絶は、話し手の意図に反して、認識的に否認可能なものになってしまう。この認識的な否認可能性は証言的不正義によって歪められた不当なものである。歪められた認識的な否認可能性のゆえに、話し手は、本来は発言によってコミットすることができたはずの責任を負うことができなくなっているのだ。[6]

このように、認識的に否認不可能なら表の意味、認識的に否認可能なら裏の意味、という帰責がどんな場合でも正当性をもつわけではない。意味の理想的な帰責は、認識的な規範を一つの重要な指針としつつも、さまざまな事情によってそこから逸脱しうる。

意味の表と裏の区別が正当なものであるかどうかに関して、どんな状況にも当てはまる何か一般的な法則はないのか。たとえば、どの否認可能性が責任の有無、意味の裏表と対応するのかについて、話者間の合意があるかどうかに注目してみよう。そうした合意が存在するということは、帰責が正当であるということのよい手がかりになるだろう。これに加えて、話者間の合意が話者間の力関係の差によって一方が他方に無理強いしたものではないということもそうした条件に含めてよいだろう（こうした事例では本当は合意はないのだ、と考えてもよい）。しかし合意すらも絶対的な基準ではない。合意があっても不当なケースや、合意がなくても正当なケースはある。たとえば、犬笛が内輪に対してもつ認識的でない否認可能性は、仲間同士での合意に基づくものであったとしても、それが社会に害を与えるものであるならば、まさにそれゆえに不当なものとなろう。あるいは、自分の力を盾に認識的でない否認可能性の採用をゴリ押しする権力者に毅然と立ち向かい、認識的な否認可能性に基づいた帰責を試みることは、話者間の合意がないにもかかわらず、正当なものであるはずだ。

意味の表と裏の区別の正当性についての一般則はあるだろうか。もしかすると次はその一つの候補となるかもしれない。実践的合理性に基づく否認可能性だけによる意味の帰責は常に不当だ。実践的合理性に基づく否認可能性の例として挙げた、ならず者の脅迫や差別的なほのめかしは、いずれも不当に言質を回避している例のように見える。同様に、そこで実践的合理性に基づく否認不可能性の例として見た、(大統領の個人的な感情ゆえに否認が認められなかった)庭師のほのめかしは、言行一致の責任が不当に課されている例のように見える。こうした事例が示唆するのは、個人の実践的な関心を最優先とし、実践的な否認可能性によって言質の有無を決めることが、それ単独で正当化されるような事情はない、ということだ。ここではこれを、責任を課すことの正当性の一般則の候補——あくまで候補であって、これを覆すような特殊な事情はあるかもしれない——として挙げるにとどめておきたい。

結局のところ、言行一致の責任を課すことの正当性は、他のさまざまな行為の帰責の正当性と同様、さまざまな要因によって決定される。意味することに対する帰責だけが他の行為に対する帰責と違って、その正当性に関する単純明快な基準をもつと考えるべき理由はない。意味することに対する帰責が正当かどうかは、関連するさまざまな要因を勘案しながらケースバイケースで判断されるものである。

ここから学べる一つの教訓は、雑な一般化は、帰責の正当性の問題に解決を与えないだけでなく、不当な帰責の原因にすらなりうる、ということだ。たとえば、認識的に否認不可能な意味には責任が伴う、という一般論を用いて、裁判での発言が伝えるはっきりそれとわかる言外の意味をもとに有罪判決を下すということは、少なくとも合衆国の法システムを踏まえる限り、裁判という発言の文脈および評価の状況の特殊性と、それが意味の表裏の区別に与える影響を無視した不当な帰責になる。[7] 実践的合理性に基づく否認可能性に関わる一般化も、本当にそれを覆すような特殊な事情がないかどうか、それを適用する前に、状況をよく見る必要がある。

四　否認可能性から解けない誤解の問題へ

第六章から本章までの意味の否認可能性をめぐる議論が明らかにしたのは、意味の表裏が区別される仕組みの複雑さ、そして、その区別が正当かどうかが決まる仕組みの複雑さであった。いずれも、それを評価する状況に応じて、答えは揺らぎうる。

次章で注目したいのは、話し手があることを意味したということが本当に誤解であるにもかかわらず、誤解を解こうとする話し手の釈明が通用しない、という状況だ。そうした状況では、解けない誤解が誤解でなくなる、という幾分奇妙なことが起こる。このことを、**聞き手にとっての含み**と**聞き手の意味**という新たな意味概念によって捉えるのが次章の目標である。

❖これだけは押さえておきたい本章のポイント

・多様な否認可能性のうち、どんな場面でも使える唯一絶対の否認可能性のようなものはない。私たちは状況に応じて異なる否認可能性を使い分けている。そうした使い分けに応じて意味の表と裏も変わりうる。

・他方で、どんな場面でどんな否認可能性を使うのかは、話し手や聞き手が自由勝手に選択してよいものではない。その選択が正当性をもたない場合――たとえば個人の私利私欲だけに鑑みて選択される場合など――があり、そうした場面では不当に言行一致の責任が課されるということが生じる。

第十一章

誤解だけど誤解じゃない——聞き手の意味

一　解けない誤解と意味の問題

会話に誤解はつきものだ。当たり障りのないことを喋っていたつもりなのに、相手の雰囲気が急に変わる。どう見ても不機嫌だ。なんならちょっと怒っている。何かまずいことを言ってしまったかもしれない。自分の発言を振り返る。一つひっかかる発言を見つける。自分としてはそんなつもりで言ったのではない。だけど相手はそう受け取ったかも、そういう発言に思い当たる。こんな経験をした人は少なくないだろう。

そんなつもりはなかったのに、相手がそうだと誤解する。会話の含みのように意図したかどうかが意味したかどうかを左右する場合、この誤解は意味したかどうかについての誤解でもある。第五章で確認したように、「そんなつもりはなかった」は、こうした誤解を解くために用意された一種のセーフティネットであり、コミュニケーションをうまく軌道修正するためのインフラだ。

だがこのインフラは完璧ではない。誤解には解けないものもある。本章で考えるのは、解けない誤解がときに新たな意味を生み出す、という可能性だ。そのつもりがあったというのは聞き手の誤解なのだが、「そんなつもりはなかった」が通用せず誤解が解けない。そうした状況には、単に聞き手側の誤解として片付けられないものがある。誤解が解けない状況では、話し手が自分の意図とは独立に何かを意味してしまい、その結果、もはや誤解が誤解でなくなる、ということがときに起こる。

他方でこれは、聞き手が好き勝手に読み込んだことがなんでも話し手が意味したことになるということではない。誤解が誤解でなくなるのは特別な事情がある場合に限られる。特別な事情がない限り、あくまで誤解は誤解だ。誤解が誤解でなくなることの特別さと対比することで、聞き手が自分の都合のいいように行間を読み、意味してもいないことで相手を非難するというコミュニケーションのディストピアを牽制する。これが本章のもう一つの目標である。

二　誤解を甘んじて受け入れる

第一章で見た事例（ⅳ）のやり取りを振り返ろう。打ち合わせのスケジューリングをしようと思ったあなたは同僚に

「明日のお昼、時間あいている？」

とたずねる。ランチに誘われたと思った同僚は

「もちろん！　何食べに行こう？」

と返す。相手はあなたの発言を誤解したのだ。

こうした誤解を受けてあなたはどう返事できるだろうか。第一章で見たのは、誤解を解こうとする、という応答だった。たとえば次のように言えば、そうした誤解は大抵解けるだろう。

「あ、そういうつもりじゃなくて。仕事の打ち合わせがしたいんだけど。誤解させてごめん」

しかし、誤解を解く以外の応答もありうる。あなたは、相手が誤解したことをわかりつつ、まあいいかと思って、あえて相手に話を合わせるかもしれない。たとえば、あなたは「そんなつもりはなかった」と言って誤解を解くかわりに

「駅前に良さそうな蕎麦屋ができたよ」

などと返事するかもしれない。打ち合わせは後回しにして、明日は同僚と食事を楽しもう、というわけだ。

さて、こうしてあなたは誤解を甘受し相手に話を合わせたとしよう。このとき、あなたは、言外に同僚をランチに誘ったのだろうか。

一方で、誘っていないと考える理由がある。ここまで言外の意味として考えてきた会話の含みは、意味したかどうかが意味しようと意図したかどうかに依存するような意味であった。目下の事例では、「明日のお昼、時間あいている?」という発言の時点で、あなたには同僚をランチに誘うつもりは微塵《みじん》もなかった。ということは、ランチに行こうという誘いは会話の含みではない。

他方で、誘ったと考える理由もある。話を合わせた以上、あなたは、同僚をランチに誘ったということに関して言行一致の責任を負っているように見えるからだ。たとえば、あなたと同僚のあいだでランチは誘った方の奢り、というルールがあるなら、明日のランチの支払いはあなたがもって然るべきであろう。つまり誘ったということに合致した行動をとる責任があなたにはあるだろう。支払いの段になって、「え、誘ってないけど」はかなり苦しい言い訳だ(もちろん、同僚はあなたとの人間関係を大事に思って対人的な規範の観点から否認を認め、あなたが言質を逃れるという可能性はある)。

カラッサとコロンベッティは、話し手一人で意味することと、話し手と聞き手が二人で作り上げる意味とを区別する(Carassa and Colombetti 2009)。話し手一人で何かを意味するというのは、話し手が聞き手にある効果をもたらそう——たとえばあることを信じさせよう——と意図し、その意図を聞き手が認識することを意図し、さらに、その意図を聞き手が認識することが理由となってそうした効果が聞き手に生じることを意図する、ということだ。これはグライスが**話し手の意味**と呼んだものである。話し手の意味はいわば話し手の意図に閉じた意味であり、会話の含みはその一種だ。これに対して、話し手と聞き手が二人で作り上げる**共同意味**（joint meaning）はそうではない。あることがある話し手と聞き手の共同意味であるというのは、話し手が一人でそれを意味したということに、話し手と聞き手が一緒にコミットするということである。

カラッサとコロンベッティが強調するように、話し手の意味と共同意味は、ずれることがある。特に、共同意味は話し手の意味である必要はない。必要なのは、それが話し手の意味であるということに対する二人のコミットメント、つまり、二人ともそれが話し手の意味だということと整合的な仕方で行動するという、二人の間で交わされた相互の約束である。それが話し手の意味だという体裁に二人が一緒に縛られている、ということが成り立つために、実際にそれが話し手の意味である必要はない。かくして、話し手の意味ではないことが共同意味になることがある。あなたが同僚の誤解を受け入れて話に乗ったという今の状況は、まさにそうした状況だ。話し手個人としては誘っていないのだけれど、二人の間ではあなたは誘ったことになっている、というわけだ。

三　誤解されてもしょうがない——聞き手の意味と聞き手にとっての含み

こうした二人の間での合意は、聞き手の誤解を受け入れた上での話し手の振る舞い——今の例で言えば、蕎麦屋を提案するという振る舞い——があって初めて成り立つものだろう。次に考えたいのは、話し手は誤解を解こうとするのだが、聞き手がその釈明を聞き入れてくれない、という状況だ。

たとえば、同僚との会話であなたが「あ、そういうつもりじゃなくて、打ち合わせがしたかったんだけど」と言って誤解を解こうとしたとする。にもかかわらず、同僚は

「そういうふりはいいから。昼ごはんでしょ。安心しなよ、今回は特別に私が奢るから」

などと返事して、誤解だというあなたの釈明を聞いてくれないかもしれない。

この返事は理不尽に響く。第一章では、まさにこの種の返事の理不尽さに訴えて、誤解を解こうとする話し手の試みは通用するだろうと論じた。そんなつもりで言ったんじゃないし、そうとらえるのは相手の曲解だ。聞き手は話し手の釈明を受け入れて然るべきに思える——少なくともそれを覆すような特別な事情がない限り。

そう、それを覆すような特別な事情がない限り。そして、そうした特別な事情が常にないとは限らない。たとえば、発言の文脈に、次のような設定を足してみるとどうなるだろう。

文脈の詳細

・あなたが「明日のお昼、時間あいている？」と言い出す前、二人は週末にやっていた情報番組のランチ特集の話をしていた。ランチの話が続いていると考える理由が同僚にある。

・二人の間でこれまでランチに誘う・誘わないのやり取りではっきりと、「ランチに行こう」という言葉が交わされたことはなかった。二人はこれまでずっと、「今日弁当持ってこなかったんだ

よね」といったちょっと回りくどいやり取りを好んで使ってきた。同僚にはあなたが言外にランチに誘うと考える理由がある。

- 今まであなたと同僚が昼休みに一緒にしたことがあることといえば、昼ごはんを食べに出かけることだけだ。昼休みの予定を聞かれればそれは昼ごはんのことだと考える理由が同僚にある。
- 今まで昼休みに仕事したことはないし、最近社内研修で、休憩時間に仕事するのは就業規則に違反するのでやめましょう、という話を一緒に聞いたばかりだった。昼休みに打ち合わせするわけがないと考える理由が同僚にある。

こうした特殊事情にもかかわらず、あなたはこれらの事情をまったく気にかけず、純粋に打ち合わせのスケジューリングのために唐突に「明日のお昼、時間あいている？」と質問した。

この文脈では、あなたの釈明を同僚が認めなかったとしても理不尽ではなかろう。そんなつもりで言ったんじゃないけど、こうした事情を踏まえれば、そうとられてもしょうがない。だとしたら、同僚はあなたの釈明を受け入れて然るべき、とはもはや断言できまい。一言で誤解と言ってもそれにはいろいろあって、なかには、誤解した聞き手の側に理のあるものがある、というわけだ。

ここで生じているのは次のようなことだ。意味するつもりはなかったし、それゆえ実際、会話の含みとして意味してはいない。しかし、そのつもりがあったと受け取られても、それゆえ、意味していないという振る舞いが聞き手に認められなくてもやむを得ない。結果、意味していないにもかかわらず誤解だという釈明が通用しない。

	否認可能ではない	否認可能
意味している	表の意味	裏の意味
意味していない	解けない誤解	解かれた誤解

さて、この種の釈明は、意味していなかったという話し手の振る舞いの一種だ。ということは、釈明が通用するとかしないとかという問題は、前章までで論じてきた否認可能性の問題なのではないか。

話はそう単純ではない。意味の否認可能性は、実際に意味したにもかかわらず意味していないふりが通用するということだった。これに対して、今問題になっているのは、そもそも意味していない状況で、意味していないという振る舞いが通用するかどうかだ。

この事情を踏まえて、話し手があることを意味しているケースだけでなく、そもそも意味していないというケースもカバーできるように、否認可能性の概念を次のように拡張してみよう。

意味の否認可能性（拡張版）：話し手がある発言をしたとき、それがある意味に関して否認可能なのは次の場合である。その発言によってそれを意味してはいないという振る舞いを話し手がした場合、評価者がその振る舞いを容認することが、ある規範に適っている。

拡張版の意味の否認可能性を使うと、議論の現状は上の表のように整理できる。第十章までで議論してきたのは「意味している」の行だ。今問題になっているのは、

「意味していない」と「否認可能ではない」の両方が当てはまる左下の象限だ。

厄介なのは、こうした違いにもかかわらず、聞き手の側からすれば、左列の二つの区別がつかない、特に、解けない誤解は表の意味と区別がつかない、ということだ——聞き手は話し手があることを意味していると誤解していて、その誤解が解けない、という状況なのだから。区別がつくというのは、誤解が解けるというのと同じことだ。

この区別のつかなさの一つの帰結は、意味していないはずのことに対して責任が問われる、ということだ。たとえば先の事例において、あなたの「そんなつもりはなかった」という釈明が通用しない場合、あなたは、実際に同僚をランチに誘っており、かつそれが否認可能でない場合と同様の責任を問われることになる。つまり、そうみなされてしょうがないということでもって、同僚をランチに誘ったことに伴う事実上の責任が生じる。あなたはそれを会話の含みとして意味していなかったにもかかわらず、である。

では、こうした帰責は不当なものだろうか。言質の対象となるようなことをそもそも意味していないのならば、この帰責は不当なものであろう。やってもいないことに対する責任の追及が不当でないとすれば、一体何が不当だというのか。ランチに誘っていないのに、誘ったからという理由でランチ代を払うように迫られたら——誘った方がランチを奢るのが二人の間でのルールになっているのだとしよう——たまったものではない。

では、目下考察中の特殊な文脈で、あなたは同僚をランチに誘っていないのか。設定上、そう誘う意図はあなたにはなく、それゆえそれはあなたが会話の含みとして意味したことではない。だとすれば、あなたはそもそも同僚をランチに誘っていないはずだ。するとやはり、問題の帰責は不当なのではないか。

この考えには暗黙の前提が一つある。それは、この場面で、同僚をランチに誘うということが、あなたが会話の含みとして意味したことでないならば、あなたはそれを言外にであれ意味していない、という前提だ。

ここで話を逆に考えてみよう。この場面での帰責が不当ではないということを出発点に、この前提を疑うことはできないだろうか。聞き手の側からすればこの場面での話し手の釈明は受け入れ難いものであり、その拒否には真っ当な根拠がある。こうしたことゆえに、この場面での帰責は不当ではない、と考えてみよう。帰責が不当でないならば、それは実際に行われたことに対するものなのだから、あなたは、同僚をランチに誘っていた、ということになる。もちろんそれはあなたが意図したことではなく、それゆえそれはあなたが会話の含みとして意味したことではない。すると、その意味は、会話の含みとは別の種類の意味だということになる。この場面であなたは会話の含みとは違う何かを言外に意味している——そしてその意味は必ずしも話し手の意図に依存しないものになるはずだ。

帰責の正当性に対応した、意図と独立の新たな意味概念、これが今考えようとしているものだ。あることを意味したと誤解されてもやむを得ないということは、そうした帰責を正当なものにしうる。そして、帰責が正当な状況では、そのつもりはなくとも意味したことになる。ここで、そうした新たな種類の意味として、**聞き手の意味**、そしてその一種である**聞き手にとっての含み**という意味を導入しよう。

否認可能性の多様性と帰責の正当性についての前章の議論、それから前節で見た否認可能性概念の拡張を踏まえると、ある発言に基づいて意味に伴う言行一致の責任が正当に課されるというのは

・その発言によってそれを意味したということが、ある規範Nのもとで否認可能ではない
・その規範に基づく否認可能性によって言行一致の責任の有無を決めることが正当である

の二つが成り立つということだ。聞き手の意味とは、この二つが成り立つことをその条件とするような意味である。

聞き手の意味：話し手がある発言をしたとき、あることが聞き手の意味であるのは、次の状況においてである。（ⅰ）その発言によってそれを意味したということが、ある規範Nのもとで否認可能ではない、かつ、（ⅱ）その状況ではその規範に基づいて言行一致の責任を課すことが正当である。

こうした聞き手の意味の一種として、聞き手にとっての含みという意味を考えてみよう。

聞き手にとっての含み：話し手がある発言によってあることを聞き手にとっての含みとして意味するのは、次の状況においてである。（ⅰ）その発言によってそのことを会話の含みとして意味したということがある規範Cのもとで否認可能ではない、かつ、（ⅱ）その状況ではその規範に基づい

て言行一致の責任を課すことが正当である。

どんな規範が聞き手にとっての含みを生むだろうか。誤解のしょうがなさ・やむを得なさが聞き手にとっての含みを生む、というのが目下のアイデアだ。するとその背後にあるのは、誤解してもやむを得ない事情の有無で、否認の振る舞いが容認されるかが決まる、という規範だろう。つまり、誤解してもやむを得ない事情があるなら、否認は容認されず、誤解してもやむを得ない事情がないなら、否認は容認される、という基準だ。[12]

では言行一致の責任を課すことを正当なものにするような誤解のしょうがなさ・やむを得なさとはどんなものだろうか。ここまでで見てきたのは、この意味で誤解されてもやむを得ないケースは、会話の含みが誤解の余地としての否認可能性をもたないケースと区別がつかない、ということだ。これを踏まえて、あることを会話の含みとして意味したと誤解されてもやむを得ないというのは、仮に話し手がそれを会話の含みとして意味していたなら、それは誤解の余地としての否認可能性をもたなかっただろう——誤解ではないということが聞き手にはわかったはずだと言えるほどに十分な状況証拠を聞き手はもっている——ということだ、と考えよう。本節冒頭の特殊な事情が成り立つ文脈で、あなたが「明日のお昼、時間あいている？」と同僚に問いかけたとする。しかし今度は、あなたは、同僚をランチに誘うつもりでそう発言したとする。つまり、同僚をランチに誘うというのはあなたが会話の含みとして意味したことである。この会話の含みが否認の余地としての否認可能性をもたないなら、同じ特殊な事情が成り立つ文脈での「明日のお昼、時間あいている？」という問いかけは、たと

	「そんなつもりはなかった」が通用しない	「そんなつもりはなかった」が通用する
そのつもりがあった	(A) 例：(i)、(iii)	(C) ほのめかされる裏の意味 例：(vi)、(vii)
そんなつもりはなかった	(B) 意図しない表の意味 例：悪気のない蔑称の使用、意図しない聞き手の意味	(D) 例：(iv)

えあなたにそのつもりがなかったとしても、ランチの誘いだと誤解されてもやむを得まい。

本節冒頭で見た類の特別な事情は、あなたがランチに誘ったという同僚の誤解をやむを得ないものにしうる。もしそうなら、それはあなたが聞き手にとっての含みとして意味したことである。もはや、意図についての誤解は、話し手があることを意味したかどうかに関する誤解ではない。あることを会話の含みとして意味したという聞き手の誤解がやむを得ないものであるなら、話し手が実際に意図していようといまいと、それは話し手が聞き手にとっての含みとして意味したことなのだ。「そのつもりがなくとも、それはあなたが意味したことなのだ」というのが当てはまるのは第三章で見た表の（B）の象限だ（上表参照）。意図しない聞き手の意味はここに追加される新たな意味である。

四 「そう発言したからには、こういう意味に決まっている」

「そう発言したからには、こういう意味に決まっている」。だから、「『そんなつもりはなかった』なんて言い訳は通用しない」。私たちは第三章で、意図に依存しない意味があるということを見た。その種の意味についてこうした言葉でもって応答するのは正当なことだ。他方で、第六章で見たように、会話の含みのような意図に依存した意味については、こうした応答が正当になる場面には限りがある。「そんなつもりはなかった」が無敵の言い訳ではない一方で、「そう発言したからには、こういう意味に決まっている」も、万能の応答ではない。

にもかかわらず、否認可能性に基づく帰責の実態には、「そう発言したからには、こういう意味に決まっている」などと言って話し手の妥当な言い分に聞き手が耳を貸さない、という場面が含まれる（第八章五節で見た、個人の都合で庭師の言い分を認めない大統領の事例を思い出そう）。聞き手のこうした態度は、「そんなつもりはなかった」による不当な責任逃れとは逆の方向で、会話のあり方を不当に歪める。否認可能性に基づく帰責は、不当なものであっても、事実上の責任を話し手に課す。「そんなつもりはなかった」と言って話し手が自分の都合を押し通すことで生じるのは、不当な事実上の裏の意味である。これに対して、「そう発言したからには、こういう意味に決まっている」と言って聞き手が自分の都合を押し通すことで生じるのは、不当な事実上の表の意味である。それは、裏の意味に対する不当な不寛容さだ。

「そう発言したからには、こういう意味に決まっている」。こうした言葉が、言外の意味やさらに広範囲の発言に対して過剰な力をもつ社会は、自分がある言葉を発することによって何を意味したことになるのか、どんなことに責任を負うことになるのかが自分の意思によるコントロールの及ばないものになっていく、その決定権が他者に委ねられていく社会だ。私にはそれは恐ろしいことに思われる。意味と責任が自分から剝奪され、聞き手の側にコントロールされるようになる恐怖である。こうした社会がやがて訪れるのかもしれない。自分の好き勝手に行間を読み、それに基づいて相手を非難するようなＳＮＳでのやり取りは、そうした社会の到来を予感させる。「そんなつもりはなかった」が陳腐な言い訳に聞こえる程度に、『そんなつもりはなかった』などという言い訳は通用しない」や「そう発言したからには、こういう意味に決まっている」という言葉は今や一種の決まり文句のように響かないだろうか。

ここで次のような懸念が思い浮かぶかもしれない。聞き手にとっての含みは、話し手があることを会話の含みとして意味するつもりがないにもかかわらず、「そんなつもりはなかった」という否認が場合によっては通用しなくなる、ということに基礎をもつ。それは、「そう発言したからには、こういう意味に決まっている」という聞き手の側の言い分に過剰な力を与え、話し手を無力化するのではないか。もしそうだとすれば、それは、何かあることを言外に意味したかどうかが、話し手自身の意図を離れ、他者の手に委ねられる、いわば好き勝手に行間を読まれることを避けられない社会を正当化してしまうのではないか。

まず確認すべきは、聞き手にとっての含み、そしてより一般に聞き手の意味という概念そのものは聞き手の側に過剰な力を与えるわけではない、ということだ。聞き手の意味は、否認可能性に基づいた正当な帰責に対応した意味だ、ということに注意しよう。否認可能ではないという聞き手の判断が正当でないならば、そこに聞き手の意味はない。不当な判断によって話し手に担わされる事実上の責任は、依然として意味していないのに課された不当なものである。

たとえば、前章の最後で、実践的合理性のもとでの否認可能性だけに基づいて課された責任は不当なものである、ということを示唆した。こうした一般化が正しいのだとすれば、実践的合理性のもとでの否認可能性だけに基づいて課された事実上の責任に対応する聞き手の意味というものは存在しない。

再び、「明日のお昼、時間あいている?」というあなたの発言を考えよう。あなたは同僚をランチに誘うつもりはなく、それはあなたが会話の含みとして意味したことではない。文脈に特殊な事情がない限り、あなたの発言は、同僚をランチに誘うということに関して誤解の余地としての否認可能性をもつだろう。にもかかわらず、同僚が、ランチに誘うつもりはなかったというあなたの釈明を拒否したとしよう。同僚のこうした振る舞いによってランチに誘うことに伴う事実上の責任があなたに課されたとしても——あなたは同僚に何か弱みを握られていてこうした不当な帰責に文句が言えないのかもしれない——、同僚をランチに誘うというのは、依然として聞き手にとっての含みではない。

認識的な否認可能性に基づいた帰責の仕組みがうまく機能しないことで、不当な事実上の責任が生じることもある。証言的不正義がときにそうした機能不全の原因となることは第十章で見た。状況と適切に無視される可能性のあるべき対応を話し手が正しく把握していないということも、こうした機能不全を引き起こしうる。第七章で見たように、どんな状況でどんな可能性が適切に無視されるのかの対応関係は、個々の聞き手が恣意的に決定できるものではない。リスクと慎重さの対応は客観的なものだ。聞き手は、その対応関係を誤認するかもしれない。つまり、大したリスクもないのに過剰に慎重になったり、あるいはそれなりのリスクがあるのに軽率な判断を下したりするかもしれない。ことの重大さ、リスクの大きさに、聞き手の慎重さが見合っていないとき、言行一致の責任が不当に回避されたり、それが不当に課されたりということが起こる。日常生活において裁判と同様の慎重な態度で言質の有無を判断することは、慎重すぎるのであり、結果、言質の不当な回避（理想上の責任はあるのに事実上の責任がない）ということが生じうる。逆に、裁判で日常生活におけるようなそこそこの慎重さで判断するなら、それは伴うべき慎重さを欠いた判断であり、結果、責任が不当に課される（理想上の責任はないのに事実上の責任がある）ということが生じうる。

否認可能性に基づく帰責の実態は、このようにして、さまざまな仕方で不当なものになりうる。そして、こうした不当な帰責からは、聞き手の意味は出てこない。つまり、聞き手の意味という概念を導入したところで、聞き手の都合によって、話し手が実際に意味したかどうかを好き勝手に決められるようになるわけではないのである。

それだけではない。聞き手の意味は、「そう発言したからには、こういう意味に決まっている」の乱用に対する警告を与えすらする。

そもそも、第六章で見たように、会話の含みが誤解の余地としての否認可能性をもつハードルは低い。それゆえ誤解の余地としての否認可能性による帰責に注目するならば、会話の含みが表の意味になるハードルはそれなりに高い。このハードルの高さは、話し手があることを聞き手にとっての含みとして意味したかどうかのハードルの高さの下限でもある。話し手があることを言外に意味したと聞き手が思ったというだけで、それが聞き手にとっての含みになるわけではない。それを言外に意味したと思ったけれど、それは早とちりでそうじゃない可能性があるという場面では、それは聞き手にとっての含みではない。これが示唆するのは、会話の含みではないのに聞き手にとっての含みとして意味してしまうということは頻繁に起こることではないということ、つまり、意図しない聞き手にとっての含みは多くない、ということである。

意図しない聞き手にとっての含みは多くない。このことは、聞き手に対する一種の警句となる。聞き手にとっての含みは、それがまれであるがゆえに、ある事実上の責任に意味が伴っていないという可能性を際立たせる。それは、「そう発言したからには、こういう意味に決まっている」と断定する前に、本当にそれが正当な判断かどうかを考える——ときに話し手に促されて、ときに自発的に——きっかけを聞き手に与え、その結果こうした応答の乱用にブレーキをかけることができるかもしれない。これが示唆するのは、聞き手にとっての含みや聞き手の意味という概念が、「そう発言したからには、こういう意味に決まっている」が乱用されるディストピアに対する一つの対抗手段にすらなりうる、ということだ。

もちろん、聞き手の意味による抵抗にも限界がある。聞き手の意味は、裏の意味に対する行き過ぎた不寛容さが不当である限り、その過剰さに対応するような新たな表の意味を生み出すわけではない。しかし、裏の意味に対してどの程度寛容であるべきかの線引きが変更されれば、話は別だ。特に、裏の意味に不寛容である方向にそれが変更されれば、その変更に応じて、それまで何も意味していなかった発言が、その表の意味として、聞き手の意味をもつことになってしまう。

こうした変化はどのように生じるだろうか。誤解に対するセーフティネットとしての「そんなつもりはなかった」と言質回避のための「そんなつもりはなかった」のバランスゲームを思い出そう。第五章で確認したように、誤解への寛容さと、責任逃れへの寛容さは比例する。誤解の可能性を認めることに寛容であろうとすればするほど、責任回避の余地が生まれる。責任回避に不寛容であろうとすれば、誤解が誤解として認められがたくなる。これはつまり、「そんなつもりはなかった」と「そう発言したからには、こういう意味に決まっている」の間のバランスゲームに他ならない。

第七章で見たのは、「そんなつもりはなかった」といった言い訳による責任逃れが横行することで、それをいわば取り締まる方向に社会が変化しうる、ということであった。これは、誤解の可能性への不寛容さを甘受しても、責任回避への不寛容さをとることに一種の社会的な正当性を与えうる。つまり、「そんなつもりはなかった」の悪用が、対抗手段としての「そう発言したからには、こういう意味に決まっている」により強い力を与え、不当であった帰責を正当なものにするかもしれない。これが生み出すのは、言い逃れを取り締まりやすくするのと引き換えに、誤解の修正が利きにくくなる社会だ。そして、帰責の正当性のあり方がこのように変更されるなら、意図しない聞き手の意味はそれに応じて増えてゆく。意図した裏の意味を表に引き摺り出すための副作用として、意図しない表の意味が増えてゆく、意図しなかったことに責任を負う場面が増えてゆく――これは「そんなつもりはなかった」の乱用がもたらしうる一つの社会の変化である。

五　揺らぐ言葉の意味と発語内の力

ここまでで見たのは意味の否認可能性が多様性をもつということ、そしてそうした多様性の中で、否認可能性に基づく意味の表と裏の境界も揺れ動くということであった。残る三つの章では、意味の表と裏の境界を不確かにする、否認可能性とはまた別の要因に目を向ける。それは言葉の意味の揺らぎ、それから発語内の力の揺らぎである。

❖これだけは押さえておきたい本章のポイント

・意味していないのに意味したと聞き手が誤解する。そうした誤解には、曲解もあれば、やむを得ないものもある。本章で探究したのは、やむを得ない誤解の結果、話し手が意図しないことを意味してしまう——誤解が誤解でなくなる——という可能性だ。本章では、そうした意味として、聞き手の意味と聞き手にとっての含みという新たな意味概念を提案した。

・「そんなつもりはなかった」の乱用は、「そう発言したからには、こういう意味に決まっている」という応答に、単なる聞き手の都合の押し付けを超えた正当性を与え得る。そうした応答が正当になる場面が増えれば増えるほど、意図しない聞き手の意味は増えていく。それは意味が話し手のコントロールを次第に離れていくということだ。

第十二章　言葉の意味を捻じ曲げる

一　言葉の選択と言質

言葉は言質を左右する。どんな言葉を使うかは、どんな責任を負うことになるのかを決める重要な手がかりである。たとえば政治にとって、文書に残すというのは、その内容に言質を与える究極的な手段であるようだ。だからこそ、法律や、国家間あるいは政党間の合意文書の文言の選択には細心の注意が払われる。一つ例を挙げよう。

一九九三年に誕生した細川政権は連立政権であり、政権を構成する政党間でしばしば政策の調整が必要となった。次はそうした調整の結果まとめられた合意文書の一節である。

「連立政権は、わが国憲法の理念及び精神を尊重し、外交及び防衛等国の基本施策について、これまでの政策を継承しつつ、世界の平和と軍縮のために責任及び役割を担い、国際社会に信頼される国づくりを行う」

この合意文書の「これまでの政策を継承しつつ」の部分について、自民党の流れを汲む新生党と社会党との間で意見が対立した。新生党は「維持」を、社会党は「尊重」を主張し、最終的に「継承」に至るまで、四日間が費やされたという（都築 2004, 88-90）。確かに「継承」は「維持」と「尊重」の間を行くうまい表現に見える。「継承」という言葉によって生じる縛りは、「尊重」ほど緩いわけでも、「維持」ほど強いものでもない。政治的な文書の作成には、ときにこうした細かな文言の調整に時間と労力が費やされる。

他方で、言葉の選択に対するこうした努力を嘲笑うかのように、言葉を軽く扱う政治家もいる。二〇一九年、安倍晋三内閣総理大臣（当時）主催の「桜を見る会」に反社会的勢力の関係者が参加していたという指摘がなされた。その指摘に対し、菅義偉官房長官（当時）は

「出席は把握していなかったが、結果的には入ったのだろう」

と出席を認めた[1]。この発言に伴う責任は、反社会的勢力関係者が出席していたということと整合的に振る舞う責任だ。反社会的勢力関係者の出席を踏まえて内閣官房長官としてとるべき行動には、本来次のようなことが含まれるだろう。どんな経緯でそうした人物が「桜を見る会」に招待され参加するに至ったのかを明らかにすること、その上で、再発防止策を講じること、そのプロセスにおいて然るべき責任を担っていた人が相応の処分を受けるようにすること、などなど。

にもかかわらず、菅や政府がとった行動は、こうしたあるべき行動とは真逆のものであった。その上で、言行不一致の誹《そし》りを免れるべく驚くべき手を打つ。意味を捻じ曲げることで、発言に伴う責任のあり方を変えようと試みたのだ。発言を踏まえたさらなる追及に対して菅はこう反論した。

「反社会的勢力の定義は一義的に定まっているわけではない」

「『出席していた』とは申し上げていない」

菅が言わんとしているのは、およそ次のようなことだろう。「反社会的勢力」という言葉はあいまいで、責任を追及する人たちが「反社会的勢力」と呼ぶ人が出席していたかもしれないが、それが実際に反社会的勢力かどうかは定まらないし調べようもない。入ってはいたが、それは必ずしも出席したということを意味するわけではない。

この言い訳によって菅は言行一致の責任のすり替えを試みた。「反社会的勢力」や「入っていた」という言葉の使われ方を自分の都合のいいように歪めることで、「「反社会的勢力の」出席は把握していなかったが、結果的には入ったのだろう」という発言と整合的な行動が何かを変えようとしたのである。もう少し具体的に言えば、元の発言に伴う責任を、おおよそ「反社会的勢力と質問者が呼ぶけれどどんな基準でそう呼ばれているのかが必ずしも明確でない何者かが、『桜を見る会』に入っていた、ただし入っているからといって出席していたとは限らない」という発言と整合的に振る舞う——たとえば、反社会的勢力関係者が出席するに至った経緯を明らかにすることはそうした振る舞いに含

まれないだろう――責任へとすり替えようとしたのである。こうした菅の試みに続き、政府は、反社会的勢力は

「形態が多様で、時々の社会情勢に応じて変化し得るもので、あらかじめ限定的かつ統一的に定義することは困難である」

という閣議決定を行い、菅の言い分を正当化しようとした。

もう一つ例をあげよう。二〇二三年七月、兵庫県三田市の市長選のことである。[2] 田村克也候補は、市が進めていた三田市民病院と済生会兵庫県病院（神戸市）の統合・移転計画の白紙撤回を公約に掲げ、当選した。しかし市長就任後、田村は計画を取りやめるかどうかを明言しない。代わりに田村が行ったのは、計画について意見を聞き、納得を得るための市民との意見交換会の開催である。どう見ても白紙撤回ではない市長の振る舞いは市議会でも追及される。「辞書などを見ても、白紙撤回とは一度決まった事柄を何もなかった元の状態に戻すことの意味とありますが、田村市長の言う白紙撤回はこの意味で使っておられるのでしょうか」と質問されると、田村は、自分の理解する白紙撤回は辞書の意味とは大きく異なる、と答弁した。ここで田村がやっているのは、自分の言う「白紙撤回」は辞書的な意味での白紙撤回ではなかったということを理由に、「統合・移転計画を白紙撤回する」という言葉による約束は、計画を取りやめるという約束ではなかったと言い張る、ということだ。田村の理解がどうであれ、「白紙撤回」という言葉を使った約束によって生じる責任は変わらない。

もし統合・移転計画を取り消さないのであれば、それは言行一致の責任に反する行いであり、責められて然るべきである。批判を受けた田村は、白紙撤回は最終目標ではない、地域医療の充実化が公約で白紙撤回はそのプロセス、などと言い訳し（もちろんなんの言い訳にもなっていない。統合・移転計画の白紙撤回という手段を通じて地域医療を充実化するのが公約なら、白紙撤回は公約の一部である）、言行不一致を咎める一市民に対して、「白紙撤回の撤回をしたということをおっしゃっているんですか？私が？　ちょっと理解できないんですけど」と言い返す。約束を破ってはいないと言い張ったところで約束を破っていることに変わりない。約束を反故にし、かつ約束を反故にしたことの非を、言葉の意味を弄ぶことで逃れようとする。田村のやろうとしているのはこれだ。

意味のすり替えによる責任回避の試みは、しばしば『鏡の国のアリス』に登場するハンプティ・ダンプティを引き合いに出して批判される。ハンプティ・ダンプティは、自分が言葉を使うときその言葉は自分の思い通りの意味をもつようになる、と言い張る。たとえばハンプティ・ダンプティは、「impenetrability（見通せなさ、不可入性）」という言葉を、「もうその話題については十分話したし、次はどうするつもりかの話をしてもらった方がましだ。君だって死ぬまでずっとこの話を続けるつもりはないんだろうから」ということを意味するつもりで使ったと言い張る（Carroll 1872, 191）。ハンプティ・ダンプティの言い分が正しければ、今や「impenetrability」という言葉がまさにこのことを意味することになる。もちろん、そんな自分勝手は通らない。ある言葉の意味が話し手の好きなように変えられるのなら、言行一致の責任のあり方もまた話し手の好きなように変えられることになってしまう。これは私たちの言葉のやり取りを正しく捉えていない。

確かにハンプティ・ダンプティは意味を変えられない。菅や田村といった個人に言葉の意味を変える力はない。だが、意味を変えることは誰にとっても不可能なのだろうか。そんなことはない。ある一部の集団の決定によって言葉の意味が変わる、ということがときに生じる――すぐ後で見るようにこれは「惑星」という言葉に最近起こったことだ。ではどうしたらそんなことが可能なのだろうか。この問いに答えるには、そもそも言葉の意味はどう決まっているのか、という問題を考える必要があろう。

本章は、言葉の意味の決定が一部の権威に委ねられる、ということに着目する。そうした意味決定の委託の仕組みの複雑さをたどりながら、意味を変えることは難しいけれど不可能ではないということ、さらに権威による意味決定がいかに不当なものになりうるのかを考察したい。

「反社会的勢力」という言葉をめぐる問題は、個人では意味を変えられないという点にだけではなく――菅個人で意味は変えられない――、言葉の意味を変える力をもった人たちが、不当な仕方で意味に介入したという点にあるのではないか。これが本章と次章の見立てである。

二　言葉の意味の整備と、意味を変えることの難しさ

言葉の意味は大事だ。それは私たちのコミュニケーションを可能にする基礎の一つであり、コミュニケーションが社会の基礎である限り、言葉の意味は私たちの社会のインフラの一つだ。「明日は雨

だよ」という妻の発言を聞いて、娘がランドセルにレインカバーをかける。こうしたやり取りが可能になるのは、「雨」という言葉が雨天を意味するからであり、そのことが妻と娘との間で共有されているからだ。言葉の意味というのは、コミュニケーションを成立させるために社会で共有されたインフラの一つなのだ。

さて、社会のインフラはときに壊れる。インフラが壊れたら修理が必要だ。水道管が破裂したら早急に直さなければならない。あるいは社会の変化に応じてインフラを整備し直す必要が生じることや、逆に新たなインフラの整備が社会の変化を促すこともあるだろう。今あるバリアフリーのあり方にこうした相互作用を見て取ることは難しくない。また、インフラを脅かすような行為は反社会的な行為として厳しく取り締まられるべきだ。たとえば道路法がさまざまな形態の通行妨害を禁じるように。

同じことは言葉の意味というインフラについても成り立つ。インフラとしての言葉の意味に何か不具合が生じたら、修理したり改良したりする必要があるだろう。新たな言葉の意味の導入によっていまあるコミュニケーションにポジティブな変化を引き起こすことも可能かもしれない。もし誰かがインフラを壊すような行為に及んでいたら、そうした行為はまさにそのことゆえに非難されるべきだし、もしそれでインフラが壊れてしまったなら修理が必要だ。

ある言葉を今の意味で使っていると何か問題が生じる。その問題に対応するためにその意味を改良する。改良で間に合わないならば、新たな言葉や概念を作る。こうした営みは、**概念工学**と呼ばれる。概念工学は言葉の意味という社会インフラ整備の企てである。

「惑星」という言葉を例に取ろう。二〇〇六年に開催された国際天文学連合総会で、「惑星」の次の定義が採択された。[3]

太陽系の惑星とは、（a）太陽の周りを回り、（b）十分大きな質量を持つので、自己重力が固体に働く他の種々の力を上回って重力平衡形状（ほとんど球状の形）を有し、（c）自分の軌道の周囲から他の天体をきれいになくしてしまった天体である。

この定義によれば、それまで太陽系惑星とされてきた冥王星はもはや惑星ではない。この変更の背景には、それに先立って、冥王星と似た軌道・サイズの天体が次々と発見されたということがあった。これらの天体を冥王星と同様に太陽系の惑星としてしまうと、惑星の数が増え過ぎてしまう。「惑星」の新たな定義は、新たに発見された天体を惑星から排除することでこの問題に対処した。それと同時に、いわばその副作用として、冥王星が惑星でなくなる、ということが生じたのである。

概念工学の対象は、「惑星」のような理論的な言葉に限られない。たとえば「結婚」という言葉の意味を広辞苑第七版（2018）で調べると「男女が夫婦となること」とある。同性間の結婚が「結婚」の意味からしてあり得ないのだとすれば、インクルーシブな社会を目指すために私たちがすべきことの一つは、言葉の意味を変えることである（もちろん婚姻の社会制度を整備することの重要性は論を俟《ま》たない）。このように、言葉の意味を変えることによって、社会によりよい変化をもたらそうとする試みも概念工学の一種である。

概念工学のこうした営みの大前提は、言葉の意味は変えられる、ということだ。確かに、言葉の意味は一定不変ではない。時間の経過に伴って言葉の意味が少しずつ変わっていく、というのはよくある話だ。あるいは「惑星」のように、ある時点で人為的に言葉の意味が変更される、ということさえときに起こる。こうした意味の変化を考えるにあたって重要な一つの哲学的な問題がある。そもそも言葉の意味はどう決まるのか。これは**メタ意味論**と呼ばれる分野で研究されている問題だ。

メタ意味論における一つの有力な立場は、言葉の意味は、それを用いる個々人の意図や思惑を超えた、環境的・社会的要因によって決定されている、という立場である。こうした立場は**外在主義**と呼ばれる。

たとえば日本語の「水」という言葉は液体のH_2Oを表す言葉だが、環境が違えば、その言葉はH_2O以外のものを表す言葉になっていたかもしれない。私たちの地球とそっくりなのだけれど、一つ大きな違いがあって、身の回りにあり、無色透明で、ときに空から降ってきて、また飲料として利用可能な液体が、H_2Oではない別の化合物であるような惑星＝双子地球を考えてみよう。そこでは「水」はH_2Oではなく、その別の化合物を表す言葉として使われているだろう。地球でも、双子地球でも、まだ科学が水の組成を解明する以前から、それゆえ地球人と双子地球人が水とは何かについて同じ考えしかもっていない時代でも、こうした意味の違いはあったはずだ。ヒラリー・パトナムはこうした思考実験に基づき、言葉の意味は環境に依存していると考えた（Putnam 1975）。

あるいは「橅《ぶな》」と「楡《にれ》」はそれぞれブナ科とニレ科のいくつかの植物の総称だが、その二つを前にして区別できる人は多くないであろう。それを区別できるのはある種の専門家であり、「橅」と「楡」という言葉の意味の違いは、そうした専門家の区別に委ねられている。素人は、自分で橅と楡を区別はできないけれど、それでも専門家のおかげで、「橅」はブナ科の植物、「楡」はニレ科の植物を意味する表現として使うことができる。一部の専門家に言葉が何を意味するかが委ねられているこうした状況を、パトナムは言語的分業と呼ぶ（Putnam 1975）。あるいはソール・クリプキが言うように、言葉がどんな仕方で使われ始め、どんな仕方で人々に広まっていったのか、つまり言葉の発生と伝播という社会的・歴史的な要因も、言葉の意味を左右する（Kripke 1980）。「ソクラテス」という名前が今でも古代ギリシャの哲学者ソクラテスの名前であるのは、誰かがその人物を「ソクラテス」と名付け、それが現代まで使われ続けてきたからだ。

メタ意味論における外在主義は、概念工学に次のような問題を突きつける。それは、人は自分が用いる言葉の意味の変化をそもそもコントロールできるのか、という問題だ。言葉の意味は、概念工学者個人の思惑だけで変わるわけではない（それはハンプティ・ダンプティの言語観である）。さらに、環境や社会への意味の依存がどんなメカニズムで生じているのかについて私たちは精確な理解をまだもっていない。環境への依存であれ、社会的要因への依存であれ、そのメカニズムがよくわかっていない現状では、意味を変えようと思っても、どうすればよいのかよくわからないではないか。また、仮に意味の変化のメカニズムがわかったとしても、それが人に簡単にコントロールできるものだとは限らない。言葉の意味がその言葉が受け継がれてきた社会の歴史によって決まるのなら、意味を変えるには新たな歴史を作る必要があり、それはおいそれとできるようなことではない。さらに、環境要因が意味のあり方を左右するのなら、環境要因そのものをコントロールしたり、あるいは環境要因が意味を決定する仕方をコントロールしたりする必要があるが、仮にそれができるのであれば、ある種の概念工学はそもそも無用であろう。たとえば「結婚」の意味を同性間の婚姻を含むように変えるために、それに先立って同性婚が社会に認められ、広まる必要があるとすれば、言葉の意味を変えることで社会を変えようという試みとしての概念工学は無用であるし、そもそも成り立たない。新しい言葉が社会に広まるかどうかはさまざまな要因に左右される。そうした要因のすべてを理解しコントロールできるような状況に私たちはない（そのような発明があれば、政府や広告代理店は喉から手が出るほど欲しいだろう）。意味を変えるという企てだって、同様なのではないか。概念工学の基礎にあるメタ意味論上の問題に関するこうした状況をハーマン・カペレンは次のようにまとめている（Capellen 2018, 72）。

・認識的な論点：意味決定のメカニズムの詳細は大抵の場合、非常に複雑でごちゃごちゃしていて、体系的でなく、とらえどころのないもので、私たちが完全に理解できるようなものではない。
・形而上学的な論点：意味決定のプロセスは、私たちのコントロールの及ばないような要因に左右される。仮に認識的な限界を克服できたとしても（意味を決める要因が何かわかったとしても）、意味変化をコントロールできるとは限らない。

では概念工学は端から無理な企てなのだろうか。カペレンの議論の面白いところは、概念工学の必要性が揺るがない以上、こうした難問にもかかわらず、私たちはそれをやるしかない、と考えるところだ。それは子育てに似ている。どんな要因がどんな仕方でどんなふうに子供に影響を与えるのかを完全に見通すことなんかできないし、それを完全にコントロールすることなんてできない。どんな家庭にも当てはまる万能の子育てメソッドなんてない。だからといって、子育てを放棄する理由にはならない。ともかくやるしかない。概念工学や、多くの社会的な問題への対応もそれに似ている。わかりやすい方法論、ましてや完璧な方法論などないけれど、改善すべき状況がそこにあるのだから、ともかくやってみるしかない。

さて、カペレンの指摘する難問にはどれくらい真実味があるだろうか。これを確かめるために、意味の人為的変化の成功例を取り上げ、そこで何が起こったのか、そしてそのメカニズムがどれくらいごちゃごちゃしていて、一般化し難いものなのかを考えてみよう。取り上げるのは本節冒頭で見た「惑星」の意味の変化である。

「惑星」の意味の変化はどのように生じたのだろうか。その変化の一つの重要な契機は、専門家たちが合議によってある定義を採用したということである。ここでは少なくとも次の二つが重要であろう。

- 惑星とは何か、という問いに対して権威ある専門家集団が存在する。
- 専門家たちの間での合意形成のプロセスが存在する。

こうした特徴は、パトナムが念頭に置くような言語の社会分業体制にとっての不可欠の要因だ。言語の社会分業体制は、社会全体がある表現の意味の決定をある一部の集団に委ねているということによって成り立っている。確かに私たちは、惑星とは何なのかの最終的な判断をしかるべき専門家に委ねていよう。そして、そうした集団内での言葉の意味についての合意なしに、委任された意味の決定も当然ないだろう。そこで、この二点について詳しく見ていこう。

そもそもある集団に意味決定が委託されている、つまり、ある集団が意味決定における権威として社会に認められているかは、どう判断されるのか。ここでは次の手がかりを提案したい。

ある集団がある言葉の意味決定の権威であるのは、その言葉の適用に関して、その集団に属する人とそうでない人の判断が食い違った場合、前者の判断が正しく、後者の判断が誤っている、ということが社会で広く認められているということだ。

この手がかりによれば、専門家集団に意味決定が委任されているかを見るには、素人の意見が専門家集団のそれと一致しない場合、専門家集団の意見が正しいものとみなされるかどうかを見ればよい。たとえば、ある天体が惑星かどうかについて、専門家集団と素人の意見が一致しないとしよう。このとき、専門家集団の意見が正しく素人の意見は間違っている、ということが社会の中で広く受け入れられた立場ならば、私たちの社会は「惑星」の意味決定を専門家集団に委任している、というわけだ。おそらく「惑星」はこのテストをパスする。

現代社会における科学の位置付けを考えれば、自然界に存在するさまざまなものの名前――自然種名と呼ばれたりする――について、社会が科学者集団に意味の決定を委ねている、という考えにはそれなりのもっともらしさがある。しかしそうした名前には、私たちの生活に深く組み込まれており、こうした科学者への一元的な委任に馴染まないものもある。たとえば、英語の「fruit（フルーツ、果実）」を見てみよう。この言葉の意味の分業体制は多元的である（Engelhardt 2019）。エンゲルハートは、植物学的な自然種としてのそれ、農作物の輸出入や税制に関する法制度におけるそれ、そして英語話者たちの日常的な食習慣に属するものとしてのそれとでは、誰が意味決定を託された権威であるかが異なると指摘する。最初のものは植物学者、二つ目のものは裁判官たち、そして最後のものはフルーツの食習慣に馴染みのある人が、意味決定を託された権威の役割を担う。そしてそのそれぞれの権威が、「fruit」という言葉に異なる意味を結びつける。たとえばトマトは、植物学的には fruit（つまり、果実）だが、日常的な食習慣では fruit（つまり、フルーツ）ではない。日常的な食習慣の一部を構成するものの名前としての「fruit」の意味決定は限られた専門家たちに委託されていない、というエンゲルハートの論点は、先の委託のテストによっても支持される。植物学的にはトマトは fruit だという事実は、「トマトは fruit ではない」という私たちの判断の正しさを脅かしはしない。

エンゲルハートの指摘は、私たちが言葉で語るものは、自然科学の探究の対象となるものだけではない、という当たり前の事実に私たちの目を向けさせる。家具や服のように身の回りにあるさまざまな人工物や、社会を成り立たせるさまざまな制度や仕組みにも名前がある。たとえば「椅子」という言葉を取り上げよう。言語的分業の理論が「椅子」にも当てはまるのだとすれば、それが何を意味するのかは、ある種の権威に委ねられている。ただしここでの権威というのは、「惑星」にとってそれが学者集団であったのとはちょっと違う。「椅子」のような普段使いの言葉の意味を決める集団は、椅子を普段使いしている人たちだ。私たちの多くがそうした権威であり、何が椅子なのかという問いに対する多くの市民の意見の一致するところにその意味はある。こうした状況で「椅子」という言葉の意味を変えるにはどうすればよいだろうか。

　さまざまな分野から専門家たちを集めて、椅子学なるものを立ち上げ、そこでそうした専門家集団が椅子とは何かを定義したとしよう。これが普段使いの言葉としての「椅子」の意味を変えるためには、越えるべき大きなハードルがある。それには、社会がその集団に「椅子」の意味決定を委ねるということがなければならない。つまり、椅子学者たちが、単に椅子学における「椅子」の意味を決める権威としてではなく、「椅子」とは何かについての一般的な答えを出す集団として社会に認めてもらう必要がある。こうした委託なしでは、椅子学の決定は、「椅子」に新たな意味――椅子学における椅子――を付け加えるに過ぎない。結果出来上がるのは、普段使いの言葉としての「椅子」の意味は、椅子学のそれとは別に、椅子を普段使いする人々を権威とする意味決定の体制によって定まる、という多元的な意味決定システムである――普段使いの「fruit」の意味と、植物学的な意味での「fruit」の意味が異なる権威によって定められるように。必要なのは、専門用語の意味の決定を託された集団が、普段使いの言葉の意味の決定を託された集団としても認められる、ということだ。

　このハードルは、概念工学者が普段使いの言葉の意味を改良しようとするときに何をすべきなのかについての示唆を与える。たとえば、（サリー・ハスランガーが試みるように）概念工学者が「女性」という言葉の意味を変えようとするならば、「女性」の新しい定義を提出するだけでは不十分である。そうした概念工学者たちが、意味の決定を託されるある権威とみなされてもまだ足りない。どんな人を女性とみなすのかの、専門的な場面ではなく、日常的な場面での判断の正しさに対する社会の委託なしには、普段使いの「女性」の意味を変えることにはならない。しかし、どうすればそうした委託が得られるのか、そのメカニズムはまったく明らかではない。[4]

今度は、意味の決定を委ねられた集団内での合意形成に目を向けよう。そうした集団内での合意形成のメカニズムは、集団内での意思決定メカニズム一般がそうであるように、解明されているとは言い難いし、個々人の意図的なコントロールを超えたものだろう。そもそも科学者間の合意形成ですら、ことは単純ではない。「惑星」の場合、その最終的な合意形成は、二〇〇六年の国際天文学連合総会においてなされた。では意味について会議による合議が行われる場合、最終的な決定方法は満場一致なのか、それとも多数決なのか。あるいはまた別の方法なのか。そのうちのどれがよいのか。こうした点について唯一の正解は存在しない（Cuypers and De Block 2024）。さらに言えば、そもそも会議で明確な決定がなされるというのは例外的で、ジャーナル上での討論や研究室間でのやり取りなどを通じて緩やかに学界の合意が形成されていく、というのが多くの科学的概念についての実情であろう（「惑星」についてだって、国際天文学連合総会の前段階でこうした合意形成プロセスがあったはずだ）。こうした緩やかな合意形成に、明示的に規則化されたプロトコルは存在しない。科学者コミュニティのように限られた集団においてそうなのだから、市井の人々における合意——いわゆる民意と呼ばれるよくわからない何かはその一種なのかもしれない——についてはなおさらだ。一部の概念工学者が集団内での合意形成を自在にコントロールするなど到底できない。集団内での合意形成が集団への委任による意味決定に必要なのだとすれば、概念工学者にとって普段使いの言葉の意味を変えるという試みは、かなり途方もない企てに見えてくる。

　このように、カペレンの悲観論にはかなりの真実味がある。言葉の意味を変えるのはかなり大変な作業だ。ある個人が言葉の意味を変えようとしたところで、その試みがすぐさま成功することはほぼない。それどころか、専門家集団が言葉のある意味を決めたところで、それによって普段使いの言葉の意味が変わるとは限らない。

　にもかかわらず、意味を変えるということは不可能ではない。とりわけ、ある集団が社会が意味決定を委託する権威としての地位を獲得したならば、そうした集団は意味を変えうる。以下で考えたいのは、そうした権威による意味決定が、いかにして不当なものになりうるのか、である。[5]

三　権威による意味決定はいかに不当になりうるか

　権威が言葉の意味を変える、このことはいかにして不当なものになりうるか。ここでは、権威が意味を変えることの不当さを次の二つに区別してみよう。[6]

・意味を決定する権威の獲得に関する不当さ
・意味を決定する権威の行使に関する不当さ

意味を決定する権威の獲得に関する不当さ：ある集団は意味決定の権威としての立場を不当な仕方で獲得するかもしれない。前節では、ある集団が意味決定における権威として社会に認められているかどうかの手がかりとして、次を挙げた。

ある集団がある言葉の意味決定の権威であるのは、その言葉の適用に関して、その集団に属する人とそうでない人の判断が食い違った場合、前者の判断が正しく、後者の判断が誤っている、ということが社会で広く認められているということだ。

たとえば、圧政がしかれ、政府の言うことに反対すれば処刑される、というような国家においては、さまざまな言葉について政府が意味決定の権威の地位を獲得しているかもしれない。政府の判断を正しいと認めなければ酷い目に遭うのだから。この状況では政府に意味決定が委託されているが、その委託のプロセスは強要されたものであり、その点で不当だ。このことは、そうした集団が下す意味に関する決定をもまた不当なものにするだろう。ジョージ・オーウェルが『1984』で描くオセアニアとニュースピークはこうした不当さをよく表している。

あるいは、社会の構造が、特定の社会的アイデンティティをもつ人たちを、意味決定の権威集団から不当に疎外するということもある。たとえば、ジャーナリズムや政治家集団やアカデミアが、ある言葉の意味決定の権威なのだとしよう。残念ながら、私たちの社会では、ある社会的アイデンティティをもつことで、そうした集団に加わることが構造的に困難になる――たとえば女性の政治家の少なさを考えよ。これが意味しているのは、そうしたアイデンティティをもつ人たちが意味決定の場から不当に排除されているということだ。これはフリッカーが解釈的周縁化と呼ぶ状況の一種である(Fricker 2007)。ある社会的アイデンティティをもつ人たちを不当に周縁化した集団による意味決定もまた不当なものであろう。

意味を決定する権威の行使に関する不当さ：意味決定の権威には、言葉の意味決定を社会から委託されているがゆえの社会的責任がある。言葉の意味は社会インフラであり、意味決定を委任されているというのは、社会インフラを整備する役割を任されているということだ。それに伴う社会的責任の中には、当然、設計者自身の私利私欲を優先させ公共的な利益を損なうようなインフラ設計は避ける、ということが含まれるだろう。つまり、意味決定を委任されているものは、単に自分の都合のいいように意味を変えることを慎む責任がある。[7] あるいは意味というインフラの変化が社会にどんな結果をもたらすのかについて慎重に考察するということもそうした責任の一つだ。言葉は人々の行動を変える。「三密」という言葉がなければ、二〇二〇年から数年にかけての私たちの行動は、実際のものとはかなり違ったものになっただろう。「Make America Great Again」というキャッチコピーは、トランプに対する熱狂の一因であったかもしれない。新しい言葉を作るということだけでなく、言葉の意味を変えるということもまた、人々にさまざまな帰結をもたらしうる。

意味決定の権威はこうした社会の変化の責任を部分的にであれ引き受けなければならない。社会の公共財としての意味の管理を任されているということに伴う責任は他にもいろいろあるだろう。言葉の意味というインフラの整備の担い手としての社会的責任に反するような仕方で言葉の意味を変化させる試みは、不当な意味の捻じ曲げである。

意味決定の権威を行使する社会的責任という観点から、「反社会的勢力」の意味に関する本章冒頭の政府の対応を考察してみよう。

まず、「反社会的勢力」の意味決定の権威について考えよう。菅個人がこうした権威ではない、ということは明らかだ。他方で、行政は、「反社会的勢力」の意味決定に関する権威である。「反社会的勢力」というのは行政が導入した一種の専門用語である。私たちがその言葉を使うとき、最終的な判断は、行政に委ねられている。菅も言うように、ある団体が反社会的勢力かどうか判断に迷うなら、自分で勝手に判断せず「警察、関係省庁に相談[8]」するのがよいだろう。

では、「反社会的勢力の定義は困難」という政府の決定は、意味決定の権威の不当な行使であり、それゆえ不当な意味の捻じ曲げだろうか。少なくとも、定義は困難ということが強調された理由が、答弁が言質となるのを回避するという政権の都合によるものだった、という点で、その決定は不当なものであったと思われる。さらに、定義の困難さを強調することは社会インフラとしての「反社会的勢力」に悪影響を与えたかもしれない。「反社会的勢力」という言葉が何を意味するのかについて、企業は行政にその意味を委任しつつ、自分たちで判断しながら社会生活の中で実際に適用する必要がある。「反社会的勢力は定義困難」という政府の決定は、そうした現場の適用に混乱をもたらしたかもしれない。たとえば、二〇一九年一二月一六日の官房長官会見において、ある記者は次のように指摘した。[9]

「道内の自動車販売会社の現場から『反社と判断して取引停止した場合、相手に定義を示せと言われ、訴訟や慰謝料を求められかねない』との不安が聞かれました」

先立つ別の記者会見で菅は、現場に混乱は生じないと断言したが[10]、実態は調査しなければわからないだろう。

四　意味の遊びへ

「反社会的勢力」をめぐる政府の対応に対するこの評価には、一つ大きな問題が残っている。それは、そもそも政府は「反社会的勢力」の意味を変えたのか、という問題だ。政府の対応について指摘されてきたのは、政府が二〇〇七年の時点で

「暴力、威力と詐欺的手法を駆使して経済的利益を追求する集団又は個人[11]」

という「定義」を示していたにもかかわらず、反社会的勢力の定義は困難だと言って、方針を変更したのではないか、ということであった[12]。

こうした指摘に対して政府は、方針に変更はない、と応じてきた[13]。この政府の応答には少なくとも部分的に真実が含まれている。実は、「反社会的勢力は定義できない」というスタンスは、その表現を行政が導入した当初から、明示的に表明されていたことなのだ。右に挙げた「反社会的勢力」の説明を与えた文書に付随する補足的な文書は、次のように述べている。

「反社会的勢力はその形態が多様であり、社会情勢等に応じて変化し得ることから、あらかじめ限定的に定義することは性質上そぐわないと考えます。本項の『反社会的勢力のとらえ方』を参考に、各金融機関で実態を踏まえて判断する必要があると考えます[14]」

こうした事実を前に、次のように考える人がいるかもしれない。政府はそもそも意味を変えていない。なのでもちろん政府は不当な仕方で意味を変えようとしてはいない。前節の診断こそ、不当な濡れ衣だ。

だが、本当に政府は意味を変えようとしていないのだろうか。政府の対応によって意味に何かしら変化が生じているのではないか。次章では、**意味の遊び**という概念を使いながら、この可能性を検討する。

❖これだけは押さえておきたい本章のポイント

・言葉の意味を個人が好き勝手に変えることはできない。他方で、社会の中で然るべき権威とみなされた集団が言葉の意味を変える、ということはありうる。しかし権威がどうやって言葉の意味を変えるのか、そのメカニズムの詳細は複雑で十分に解明されていない。

・言葉の意味を権威が変えるということはいかに不当なものになりうるか。二つのあり方を検討した。第一に、ある集団が、不当な仕方で意味決定の権威としての立場を獲得するということがある。そうした権威による意味決定は、まさにその点で不当だ。第二に、意味決定の権威は社会インフラの整備を社会から委託される立場にあり、そのことゆえに生じる社会的な責任がある。そうした責任に背くような仕方で権威を行使するならば、そうした意味決定は不当だ。

第十三章　意味の遊びと意味の交渉

一　意味をめぐる争いと辞書の限界

二〇二二年一〇月三日、西村博之が、沖縄県辺野古にある「新基地断念まで座り込み抗議　不屈3011日」と書かれた看板の写真と共に

「座り込み抗議が誰も居なかったので、0日にした方がよくない？」

とTwitter（現X）に投稿した。この投稿は、辺野古新基地建設に対する抗議活動を揶揄するものとして物議を醸した。後日AbemaTV（現ABEMA）で、投稿翌日の西村と、現地で抗議活動を行っていた沖縄平和運動センター前議長の山城博治らとのやり取りが放送された。[1] そのやり取りは次のようなものだった。

西村「座り込みっておかしくないですか？　抗議行動三〇一一日目だったらなんの問題もない」
山城「座り込みの抗議行動をしている。トラックが来たら座り込みをしている」
西村「座り込みの意味が多分理解されていないと思うんですけど。辞書の意味だと座り続けること、動かないこと」
山城「二四時間座れってこと？」
西村「いや、別に半日でもいいですよ、一日でもいいですよ、太陽が出てる間は……」
A「座り込みの意味知ってんの？」
西村「知ってるから見に来たんですよ。見に来たらいなかったんで」
山城「ダンプカー止めるために座り込みしてんのよ」
西村「だからそれは座り込みじゃなくて抗議行動です」
A「自分で勝手に定義をしないでもらいたい」
西村「僕の定義じゃなくて辞書の定義なんです」
A「二四時間してないと座り込みと言わないという定義がどこにあるんですか」
西村「辞書に書いてあります」
B「書いてないよ！」「辞書に？　どこの会社の辞書に？」「二四時間座り込まないと座り込みという言葉は成立しないのか？」
西村「座り込みは座り込んで動かないこと。目的が……」
B「それは二四時間じゃないといけないんですか？」

この対立の争点はなんだろうか。それは、抗議行動の事実関係がどうなっているかではない。西村が訪れたときに看板に隣接する小屋に誰もいなかったということや、土砂搬入の時間に合わせて一日三回の抗議行動が続けられていたといった事実についてはここでは争われていない。ここで争点となっているのは、「座り込み」という言葉の意味はなんなのかであり、こうした行動を「座り込み」と呼ぶことの是非である。つまりここにあるのは、意味をめぐる意見の対立だ。

さて、西村と山城らのやり取りがそうであるように、言葉の意味をめぐる意見の対立では、ときに辞書がもち出される。人が辞書を引くのは事実がどうなっているかを知りたいときではなく、言葉の意味を知りたいときだ。その意味で、意味をめぐる対立において辞書に訴えるのは自然に思われる。だが、意味をめぐる論争は、辞書でけりがつくのだろうか。

国語辞典編纂者の飯間浩明は、「座り込み」をめぐるこのやり取りを取り上げつつ、意味をめぐる論争の決着を辞書でつけようとすることの問題を次のように指摘する。[2] 辞書の記述は、言葉の絶対的な定義ではない。むしろそれは、言葉の実際の用法を後追いした説明の一つにすぎない。辞書は、言葉が使われる典型的な例を取り上げはするが、そうした説明から外れた用例の存在を否定するわけではない。さらに辞書の記述はあらゆる細部を詰めるわけではない。たとえば、途中でトイレに行っても、あるいは一旦家に帰っても座り込みと言えるのか。こうした細部をどう詰めるかは、言葉を実際に使う場面の判断に委ねられている。「辞書は言葉を使う上での相談相手」であって、私たちの判断を全面的に委ねる相手ではない。

では、なぜ辞書にはこうした限界があるのだろうか。飯間が言うように、辞書は、絶対的な定義を与えない。なぜそうしないのか。その理由は、辞書のせいというよりは、意味そのものがもつある特徴に由来する。それは意味には遊びがある、という特徴だ。

二　意味の遊び

意味には遊びがある。つまり、ピーター・ラドロウが言うように、意味には不確定な部分があり、その不確定な部分をどうするかは、会話の場面場面での調整に委ねられている（Ludlow 2014）。辞書はそうした遊びの部分を特定しないか、したとしても遊びを調整する一つの仕方を提示するに過ぎない。飯間の指摘する辞書の限界は、意味そのものがもつこの特徴に由来する。

意味の遊びを二つの方向から考えてみよう。一つは、ある言葉がどんなものに当てはまるのかの不確定性、もう一つは、ある言葉を使うことでどんな責任が生じるのかの不確定性である。順を追って見ていこう。

適用の不確定性：ある言葉がどんなものに当てはまるのかは、その意味による。今私の目の前にあるノートパソコンにはもちろん「ノートパソコン」という言葉は当てはまるが、「マグカップ」という言葉は当てはまらない。このように、言葉には、それが当てはまることがはっきりしているもの、それが当てはまらないことがはっきりしているものがある。それを決めるのはそれぞれの言葉の意味だ（もちろん私の目の前にあるものがノートパソコンであってマグカップではない、という事実を踏まえれば、である）。

他方で、言葉の意味は、その言葉がどんなものに当てはまるのかを完璧に決定するわけではない。多くの場合、言葉には、それが当てはまるかどうかが意味だけからは確定しないさまざまな個別事例がある。「バナナはおやつに入りますか？」という遠足にまつわる定番の問いを考えよう。この問いが問いであり続けるのは、それに絶対的な答えがないからだ。場面場面に応じて、おやつとは何かは変わりうる。遠足の弁当の後に食べるおやつの話をしているのか、朝食を抜いたあと小腹が空いて昼食前に食べるおやつの話をしているのか、マラソン中の栄養補給に食べるおやつの話をしているのか、そうした会話の場面場面に応じて、何に「おやつ」という言葉が当てはまるかは揺れ動きうる。辞書はこうした調整のすべてを語るわけではなく、そうした不確定な部分をどう調整するかについて絶対的な答えを教えてくれはしない。だからこそ、バナナがおやつかどうかは、辞書で「おやつ」を引いても決着しない。絶対的で一切の例外をもたないおやつの定義など、そもそも存在しないのだ。

こうした不確かさをもつ言葉は例外ではない。「椅子」という言葉を考えよう。「目に見えない椅子」として販売されているこの器具（次頁図）は椅子だろうか（https://www.amazon.co.jp/dp/B0BVRB8VC6?th=1）。場合によって椅子とみなされることもあれば、そうみなされないこともあろう。一方で、腰をかけられるのだから、まあ椅子と言ってもいいかもしれない。他方で、会議があるので椅子を五脚用意しておいて、と部下に頼んだところ、部下が用意したのがこれだったら、これは椅子じゃない、と上司は文句の一つでも言いたくなるかもしれない。

適用の不確定性は、前章で見た「反社会的勢力」の顕著な特徴だ。この言葉が導入された背景には、暴力団が企業活動や政治活動を装い、また資金獲得の手口を巧妙化させることで、かつてのように暴力団とその活動がはっきりそれだとわかるという状況ではなくなってきた、ということがあった。多様化する暴力団的な組織・活動を表すための言葉が「反社会的勢力」だ。行政文書における「反社会的勢力」という言葉の最初の説明を見てみよう。

> 暴力、威力と詐欺的手法を駆使して経済的利益を追求する集団又は個人である「反社会的勢力」をとらえるに際しては、暴力団、暴力団関係企業、総会屋、社会運動標ぼうゴロ、政治活動標ぼうゴロ、特殊知能暴力集団等といった属性要件に着目するとともに、暴力的な要求行為、法的な責任を超えた不当な要求といった行為要件にも着目することが重要である。[3]

この説明のポイントは、反社会的勢力とは何かについての基本的な指針として「暴力、威力と詐欺的手法を駆使して経済的利益を追求する集団又は個人」という条件を示すと同時に、実態に即した判断ができるよう、あえて遊びをもたせているという点にある。何が反社会的勢力なのかをあらかじめ限定しすぎると、そこから巧妙に逃れるような新たな暴力団的組織・活動の形態が登場し、イタチごっこになってしまう。それを避けるために、ある程度幅をもたせ、実態に即した判断をすることが必要になる。こうした考えがこの説明の背景にはある。[4] 東京新聞は、「反社会的勢力」に対する「暴力、威力と詐欺的手法を駆使して経済的利益を追求する集団又は個人」という政府の説明と、「形態が多様で、時々の社会情勢に応じて変化し得るもので、あらかじめ限定的かつ統一的に定義することは困難である」という政府答弁は矛盾する、と批判する。[5] しかし、意味の遊びの存在を踏まえれば、ここに矛盾はない。

ある言葉の適用事例をすべてあらかじめ確定するような定義を出すことはそもそもできない。言葉が当てはまる典型的な事例はあるかもしれないが——たとえば、午後三時に食べるチョコレートクッキーはおやつの、暴力団は反社会的勢力の典型例だ——、それと同時に、それが当てはまるのかどうかがはっきりしない事例もある。そうした事例については、場面場面でその言葉が適用されるかどうかを決めていくしかない。

言質の不確定性：ある言葉を使うことでどんな振る舞いに言質を与えたことになるのかは、その言葉の意味による。もちろん、言外の意味が表の意味になる限り、言葉ですべてが決まるわけではない。同様に、言葉の選択によって発語内の力が完全に決まるわけでもない。「そこに穴が空いている」という発言は、文脈によって、警告にも報告にもなるだろう。だが、これらの要素が決まったとしたら、残る部分は言葉の選択が多くを左右する。たとえば、「明日お昼ごはんを一緒に食べに行こう」と提案した人が空けておくべき時間は昼食時であって、夕食時ではない。あるいは、昼食時に蕎麦屋を予約することは言行一致した振る舞いだが、美容院の予約はそうではない。このように、言行一致の振る舞いに含まれることがはっきりしているもの、そうでないことがはっきりしているものがある。こうしたことは「お昼ごはん」や「食べに行く」といった言葉の意味によって決まることだろう。

他方で、言葉は何が言行一致の振る舞いなのかを完璧に確定するわけではない。たとえば、正確に言って何時から何時までを空けておくべきなのか。あるいは、フルーツパーラーやかき氷屋を予約しておくのは、言行一致の振る舞いなのだろうか。こうした問いに対する答えは場面場面で変わりうる。言葉の意味がそれを確定するわけではない。

もう一つ、例として「白紙撤回」について考えよう。たとえば、いつまでに計画を取りやめれば、白紙撤回の約束を守ったことになるのか。あるいは、万が一の可能性として計画の白紙撤回の撤回もありうるが、基本的には白紙撤回について市民に説明し納得してもらうということを目的とした意見交換会を行う、というのは白紙撤回の約束と不整合ではないかもしれない（もちろん最終的に白紙撤回を撤回したなら、それは約束破りだが）。他方で、粛々と計画を進めるか、あるいは計画を進めるということを念頭に、そのことを説得するために（説得し、納得してもらうための手続きをしたという既成事実を作るために）行う意見交換会は、白紙撤回の約束と不整合である。

意味には不確定な部分がある。そうした部分をどう扱うかは、個々の会話ごとに調整の余地がある。意味のこうした不確定な部分こそが意味の遊びである。

辞書と意味の遊びの関わり方は二つに区別できる。一つは、辞書は意味の遊びを特定しない、というものだ。たとえば「リゾート」という言葉を大辞泉で引くと、「避暑・避寒・行楽などのための土地」とある。「など」の部分は意味の遊びだ。避暑とも避寒とも行楽とも異なる目的をもった場所を「リゾート」と呼ぶ余地がその意味にはある。たとえば、ビジネスのためのリゾート施設というのは、そうした遊びを調整する一つの仕方であろう。もう一つは、辞書は遊びの部分を調整する一つの仕方――ある程度の汎用性はあるものの、絶対的なものではなく、他の調整の仕方を排除しない――を提示している、というものだ。広辞苑第七版（2018）では「おやつ」は「午後の間食」とある。[6]もちろん午前に食べるおやつもある。午後の間食というのは「おやつ」の意味の遊びを調整する一つの仕方に過ぎない。あるいは、ときに一つの言葉について辞書によって記述がまちまちであるのは、そうした遊びの調整の仕方の多様性の現れである。

ラドロウは、こうした意味の不確定性が、意味の一般的な特徴だと考える。言葉や概念はあらかじめ、この世のありとあらゆるものについて、それが当てはまるかどうかを確定させているわけではない。むしろ、当てはまるかどうかが微妙で、意見の不一致が生じうるような境界的な事例が存在するというのが、意味や概念の本来の姿である。[7]そうした境界的な事例に関しては、場面場面で適用に関する調整が話者間で行われる。

このように意味には遊びがあり、会話の場面場面で細部をつめる仕方は異なりうる。ではそうした意味の調整はどう行われるのだろうか。

ラドロウは、場面場面でなされる話者間の意味調整メカニズムをいくつか挙げている。その一つは、相手に対する無自覚の同調だ。相手がある仕方で意味を調整したなら、とりあえず相手に合わせるということがデフォルトで、そうしない特段の理由がない限り、相手の調整した意味がその会話では採用される。あるいは前例の踏襲もそうした調整メカニズムの一つである。前回二人の間で採用され、特に問題のなかった調整の仕方を今回も使うというのは、無駄のない便利な調整方法の一つだ。信頼できる相手が目下の話題に自分より詳しいということがわかっているなら、相手に調整を任せてしまう、ということもあるだろう。

しかしこうした同調や前例の踏襲、詳しい人への委託といった戦略は万能ではない。意味の遊びをどう調整するのかで、話者間の意見が食い違い、その違いが何かしらの看過できない問題を生み出す、という場面もある。こうした場面ではときに、話者が互いに意味を調整する別の仕方を提案し、どう調整するのかを交渉する、ということが起こる。交渉の行く末がどうなるのかはやってみないとわからない。交渉の結果、自分の提案が通ることもあれば、相手の提案を受け入れることも、どちらとも異なる何かしらの妥協案が採用されることもあるだろう。あるいは、交渉が決裂することもあろう。

さてこうした交渉は、意味の遊びの調整だけでなく、意味そのものを変えようとする試みにも現れる。言葉の意味の交渉に関するデイヴィッド・プランケットとティム・サンデルの最近の研究をもとに、このことを確認しよう。

三　意味をめぐる交渉

プランケットとサンデルは意味をめぐる対立について二つのことを指摘した（Plunkett 2015,

Plunkett and Sundell 2013)。

第一に、言葉の意味をめぐる対立には、言葉の意味が問題になっているということがはっきりと述べられないものがある。言葉そのものに対する明示的な言及はなく、また「意味」という言葉が用いられていないにもかかわらず、実は意味について意見が対立している、という類の会話があるのだ。たとえば、AもBも、冥王星の軌道や大きさ、他の惑星との位置関係などについては正しい知識をもっており、二人の間に意見の相違はないとしよう。つまり、冥王星の事実関係について二人の間に対立はない。しかし、Aは二〇〇六年以前の古い意味で「惑星」を理解しており、その理解に従って、冥王星は惑星だと考える。これに対して、Bは改定後の新しい意味で「惑星」を理解しており、それに従って、冥王星は惑星ではないと考える。この状況で、AとBの二人が次のように言って意見を対立させるということがありうる。

A：「冥王星は惑星だ」

B：「冥王星は惑星ではない」

この対立は、AとBの間での「惑星」という言葉の意味の理解の相違のゆえに生じている。二人の意見の対立は、冥王星に関する事実ではなく、「惑星」という言葉の意味をめぐるものだ。このように、辞書や定義や意味といった言葉が出てこなくても、意味をめぐって意見を対立させることがある。

プランケットとサンデルの二つ目の指摘は、言葉の意味をめぐる対立には記述的なものと規範的なものがある、というものだ。次の二つの場合を比較しよう。一つは、AとBのやり取りが、Aが「惑星」の新しい意味をまだ知らないのに対して、Bはそれを知っている、という状況下でなされた場合。もう一つは、AとBのやり取りが、「惑星」の新しい意味を定める会合での協議中に、冥王星を惑星に残したいAと、冥王星を惑星から除外したいBとの間でなされた場合。

前者の類の対立は、私たちの社会において実際に「惑星」という言葉がどんな意味で用いられているのかの事実によって、どちらか一方が正しく、もう一方が間違っている、という仕方で決着がつく。プランケットが記述的と呼ぶのはこの種の対立である。

これに対して後者の類の対立は、実際に「惑星」という言葉がどんな意味をもつのかに関する対立ではない。そうではなくて、「惑星」という言葉がどんな意味をもつのがよいのかについての対立だ。この対立は、実際に「惑星」がどんな意味をもつのかによって決着がつくようなものではない。それどころか、その対立に決着がついたとき、つまり、どちらの意味をもつのがいいのかについて二人の間で合意が見られたとき、その合意の内容は「惑星」の実際の意味とは食い違う、ということが生じうる。そしてこれは国際天文学連合総会での「惑星」の新しい定義の採用にいたるプロセスにおいて実際に生じたことだ。こうした規範的な対立は、意味についての事実に関する主張のぶつかり合いではなく、当該の言葉を今後どんな意味で使っていくかについて異なる提案がぶつかり合う、一種の交渉である。プランケットらはこれを**メタ言語的交渉**と呼ぶ。

意味には交渉の余地がある。人はときに、言葉をどんな意味で使うのがよいかをめぐって意見を対立させる。この点でも、意味をめぐる争いに辞書で決着をつけようとするのには無理がある。言葉が実際どんな意味で使われているのかと、それをどんな意味で使うのがよいかは、必ずしも一致しない（だからこそ、前章で見た概念工学が必要になる）。他方で、辞書が教えてくれるのは、言葉が実際どう使われているのか、つまり、意味についての事実（しかもその一部）にすぎない。「惑星」の意味をどうするか議論する天文学者たちに、辞書を見ればいいのでは、とアドバイスするのはまったくの見当違いであろう。

かくして意味の交渉は、言葉の意味に関する事実を超えた、ある種の規範的な性格を帯びる。こうした交渉は、ある表現を実際どんな意味で使っているのかを超えて、どんな意味で使うのがよいのかに関して、互いの意見をぶつけ合うという作業である。

四　意味の遊びと意味の変化

さて、ここまでの議論を踏まえると、意味の交渉には二種類あることに気づく。[8] 一つは、意味の遊びを場面場面でどう調整するのかに関する交渉だ。これは、個々の会話に適した仕方で意味を調整するというローカルな目的をもった交渉である。もう一つは、そうした調整の土台となる意味そのものに関する交渉だ。これは、ある種のインフラとして社会が共有する言葉の意味を変えるというグローバルな目的をもった交渉である。[9]

たとえば、本章冒頭の「座り込み」の意味をめぐる争いは、意味の遊びをどう調整するかの交渉だと考えられる。西村は、「座り込み」という言葉を当てはめるには、二四時間座りっぱなしである必要はないが、ある程度長い時間は座っている必要があり、当該の活動はその長さに満たないという調整を提案する。山城らはそれに反対し、彼らの活動が「座り込み」と呼ぶに値するという調整を提案する。どちらの調整も、「座り込み」の意味の遊びの調整としてはありうるものだろう。「マンション建設反対の意思表示として、毎朝八時から建設予定地で一〇分間座り込みをします」という発言に矛盾はない。他方で、一ヵ月にわたって二四時間食事とトイレ以外は移動もせずに一ヵ所に座り続けている人が、その発言を聞いて、「そんなのは座り込みとは言わない、本当の座り込みというのは、私がやっているような大変な苦痛を伴うものなのだ」と言ったとしても不思議はない。

これに対して、「惑星」の意味をどう定めるかに関する国際会議での交渉は意味そのものをどう変化させるかの交渉だ。そこでのやり取りは、個々の会話、あるいは当該の国際会議という場面で限定的に採用される言葉の意味の微調整を最終目的になされているのではない。その交渉の最終目的は「惑星」という言葉そのものをどうするかの合意形成であり、その交渉の結果は最終的に「惑星」という言葉の意味を左右した。

意味の遊びを微調整するということと、意味そのものを変えるということの間には大きな隔たりがある。にもかかわらず、そのどちらもが交渉の対象になる。では、この二つの交渉はどう関係するのか。場面場面での意味の調整は、前章で見た、社会インフラとしての言葉の意味を変えるという、規模も影響もより大きな企てとどう関係するのか。

ある場面での交渉の結果、ある特定の仕方での意味の調整法が採用されたとしよう。前章で見た権威への意味決定の委託の仕組みを踏まえれば、このこと自体で言葉の意味が変わることはほぼない。同様に、意味そのものを変えることを最終的な目標とした交渉も、一つひとつの会話としては、意味を変えることはない。にもかかわらず、個々の交渉は、意味の変化というグローバルな事態と無関係ではない。意味決定を任された権威集団内での合意形成は、こうした個別的な交渉の積み重ねによってなされるはずだ。そうした交渉が、意味決定の権威たちの合意形成プロセスの一部として積み上げられることで、最終的に意味の変化が生じることがある。

ここで指摘したいのは、この種のグローバルな意味変化のプロセスの一部としての交渉には、遊びをどう調整するかを超えて、何が言葉の遊びに属するのかを変えようとする交渉が含まれる、ということだ。

意味にどの程度遊びがあるのかは、言葉による。数学の言葉には遊びはほとんどないかもしれない。私たちが普段使う言葉にはかなりの遊びをもつものも少なくない。いずれにせよ、言葉がどれくらい遊びをもつのかは、言葉の意味の特徴の一つである。だからこそ、意味の遊びの大きさを変えることは、言葉の意味を変えることでもある。言葉の意味の遊びが広がる（不確定な領域が広がる）のも、言葉の意味の遊びが狭まる（不確定な領域が狭まる）のも、あるいは意味の遊びがずれる（不確定な領域がずれる）のも、意味の変化の一種だ。「惑星」の意味の変化は、意味の遊びをある仕方で狭めている。その変化以前、今は準惑星と呼ばれている冥王星に似た天体たちは、「惑星」の意味の遊びに属していた。NASAは、そのうちの一つである2003 UB313（現在は「エリス」と呼ばれている）の発見を太陽系第十惑星の発見として喧伝したが、少なくない天文学者たちがそれに異議を唱えた。

この時点で、どちらの仕方で意味を調整するのかは、「惑星」の意味によって決まることではなかった。他方で「惑星」の新たな定義が二〇〇六年に採用されることで、エリスは「惑星」の意味の遊びから明確に排除されることになった。これは言葉の意味の遊びを狭める（不確定な領域を狭める）という意味の変化である。さらに、この意味の変化の過程で生じたのは、かつては惑星の遊びの中にはなかった冥王星が、それと似たいくつかの天体の存在――それらは「惑星」の意味の遊びの中にあった――に引き摺られる形で、意味の遊びに取り込まれる、ということだ。ここで生じているのは境界的な事例の存在によって、意味の遊びが揺らぐ、ということだ。

　意味の遊びの調整なのか、それとも遊びのあり方に関する交渉なのか、その間に明確な境界線はおそらくない。どこからどこまでが意味の遊びなのか自体も、明確には定まっていないからだ。にもかかわらず、このことは、遊びの微調整だとはっきりわかるケース、遊びの範囲を変えようとする試みだとはっきりわかるケースが存在する、ということを妨げない。午前のおやつは「おやつ」の意味の微調整だ。他方で、火星を惑星から除外するような交渉、あるいは計画を説明し納得してもらうことを計画の白紙撤回だとするような交渉は、遊びの調整ではない。遊びの調整か、遊びそのものの変更か、その一線を超えたかどうかを判断するのに、どこに線が引かれているのかを明確に判断できる必要はない（新幹線で東京から名古屋に向かうとき、右手に大きく富士山が見えたら、もう神奈川と静岡の県境を越えていることがわかるだろう。そう判断するのに、どこが県境だったのかがわかっている必要はない）。

　この論点を、第九章で論じたイチジクの葉と関係づけつつ、確認してみよう。[11] 差別的なイチジクの葉は、差別的な内容を、それを聞かれてはまずい人からは隠そうとする、つまり裏の意味にとどめておこうとする試みであった。しかし、イチジクの葉はこうしたものに尽きない。たとえば次の発言を考えてみよう。

「性的マイノリティを差別するつもりはまったくないが、性自認に基づいた男女別の公衆トイレの利用は、制限されるべきだ」

この種のイチジクの葉は、それが付された発言によって意味されたことを裏の意味にとどめておく、という働きをしてはいない。話し手にもそのつもりはないだろう。実際、性自認に基づいた男女別の公衆トイレの利用は制限されるべき、という主張に伴う責任を話し手は負う。ここで試みられているのは、言質を与えると同時に、「差別」という言葉の意味が現時点でもつ遊びをある特定の仕方で調整するということである。

ソールは、差別的なイチジクの葉が機能する背景として、差別は許されないという社会規範が存在すると同時に、具体的にどんなことが差別にあたるのかがあやふやである、ということを挙げる(Saul 2018)。たとえば、性的マイノリティ差別は許容されない、というのは現代日本社会の規範であろう。しかしながら、具体的にどんなことが性的マイノリティ差別で、何がそうでないのかについては、意見が分かれるケースが多々ある。性自認に基づいた男女別の公衆トイレの利用を一般に制限することが差別にあたるかどうかについて、日本では社会的に合意された意見のようなものはおそらくまだない。こうした状況において、差別か差別でないか、その境界の遊びに位置する内容の発言に、それが差別であるということを否定するイチジクの葉をつければ、それは、発言内容を差別ではない側に位置づけるという提案になる。

イチジクの葉を用いた意味の交渉は、言葉の遊びの範囲を超えることもある。たとえば、

「性的マイノリティを差別するつもりはまったくないが、性的マイノリティのライフスタイルは正当化されるべきではない」

という発言を考えてみよう。この発言においても話し手は、イチジクの葉が付された発言によって意味したことを裏の意味に留めておこうとしているのではなく、意味したことが差別的であるということを否認している。この種の発言は、何が差別にあたるのかに関する交渉としての側面をもつ。性的マイノリティのライフスタイルは正当化されないというのは差別であって、それは「差別」という言葉の意味の遊びには含まれない。にもかかわらず、「性的マイノリティを差別するつもりはまったくないが」というイチジクの葉と、「性的マイノリティのライフスタイルは正当化されるべきではない」ということを並べることで、性的マイノリティのライフスタイルは正当化されるべきではないという主張が差別かどうかが不確かであるかのように、「差別」という言葉の遊びのあり方そのものを変えることを話し手は提案しているというわけだ（そしてその交渉は、大局的には失敗したように思われる）[12]。

ここまでの議論を踏まえると、前章で見た、「反社会的勢力を定義することは困難」という政府の

反応について何が言えるだろうか。二つの可能性を指摘しておきたい。

一つは、それが「反社会的勢力」という言葉の意味の遊びのローカルな調整に関わっていたという可能性だ。「桜を見る会」への参加が問題視された人たちは、「反社会的勢力」という言葉の意味の遊びに属していた。そして政府や菅は「反社会的勢力を定義することは困難」と主張することで、出席が問題視された人たちが「反社会的勢力」に当てはまるかどうかを確定するというローカルな調整作業をそもそも拒否した、ということかもしれない。

もう一つの、少し踏み込んだ可能性は、それが「反社会的勢力」という言葉の意味の遊びのあり方を変える試みであった、という可能性である。「桜を見る会」への参加が問題視された人たちは「反社会的勢力」という言葉の意味の遊びに属してはいなかった。にもかかわらず、政府は、「反社会的勢力を定義することは困難」ということを強調することで、問題の人たちが「反社会的勢力」という言葉の意味の遊びに属する、という仕方で意味の遊びの範囲を変える交渉を行った、というのがこの可能性である。

どちらが実際に起こったことなのかをはっきりさせることは簡単なことではない（あるいはこれらとは別のことが起こったという可能性もなくはない）。だが、もし後者が実際に起こったことであり、そうした交渉によって、政府が「反社会的勢力」という言葉の意味の遊びのあり方を変えたのだとすれば、それは、前章の最後で示唆した不当な意味の捻じ曲げである。

本章の締めくくりとして、次節では、意味の交渉が不当になる仕方について考えていこう。

五　意味をめぐる交渉はいかに不当になるのか

意味の交渉はいかに不当になりうるか。否認可能性の不当さの問題と同様、ここでも、不当かどうかを決める単一の絶対的な基準は存在しない。ここでの目標は、不当な意味の交渉の網羅的なリストの作成ではなく、不当な意味の交渉の多様なあり方を例示することである。一つの観点から見れば不当な意味の交渉が、別の観点からは正当なものになる、ということは十分ありうる。ある交渉の最終的な評価は、多様な基準に鑑みて総合的に行われる必要がある、ということがここで確認したいことだ。

第一に、交渉による意味の調整や変化の目的や結果がさまざまな仕方で悪いものであるならば、その点でその交渉は悪いものである。[13] この観点から意味の良し悪しを評価する基準も多様だ。戸田山和久は言葉の良し悪しを評価する次の観点をあげている（戸田山 2020, 167）。

（1）人々を連帯させるための言葉か、人々を分断させるための言葉か
（2）細かな違いに気づかせるための言葉か、何でもかんでもいっしょくたにするための言葉か
（3）反省を促すための言葉か、反省をジャマするための言葉か
（4）ドッキリさせるための言葉か、ウットリさせるための言葉か
（5）弱い者が異議申し立てをするためにつくった言葉か、強者や権力者が人々をつごう良くコントロールするためにつくった言葉か

（6）真理を明らかにするのに役立つ言葉か、真理を隠すのに役立つ言葉か

戸田山のこの評価は言葉が作られた目的に着目したものだが、これらを言葉がもつ帰結を評価する観点に読み替えることもできよう。ある言葉が人々を連帯させたなら、その点においてその言葉は良い言葉だ。ある言葉が人々を分断させたならば、その点においてその言葉は悪い言葉だ。ある言葉が弱いものが異議申し立てをすることを可能にするなら、その点においてそれは良い言葉だ。ある言葉が権力者が人々を都合よくコントロールすることを可能にするなら、それはその点において悪い言葉だ。一種の蔑称として用いられていた「クィア」という言葉をあえて自分たちの呼称として用い、それをポジティブな意味に変えていったLGBTQ＋コミュニティの活動は、弱い立場のものたちの異議申し立ての言葉を作るプロセスであり、良い交渉であった（こうした意味の変化は、言葉を「自分のものにすること」（appropriation）と呼ばれる）。これに対して、差別的な犬笛を導入しようとする試みは、人を傷つけ分断をあおるプロセスであり、悪い交渉である。

これらの基準に基づいた正当さ、不当さの評価は一致するとは限らない。ある基準で正当なものが別の基準で不当になることもあるだろう。言葉の良し悪しの最終的な評価は総合的なものであるべきだ。たとえば、「Black lives matter」をアメリカ社会の分断を加速したとして非難するのは一面的なものの見方である。

意味の調整や変化の結果、ある人が言いたいことが言えなくなる、あるいは、言いたいことではないことを言ってしまうことがある、ということにも注意が必要だ。[14]「いやです」という言葉の意味が

捻じ曲げられた結果、それがある文脈では「いやではないです」ということを意味するようになったとしよう。こうした意味の捻じ曲げは、断る手段を奪う（言いたいことを言えなくする）と同時に、意図に反して同意してしまう（言いたいことではないことを言ってしまう）ということを引き起こしうる。

意味の交渉の正当さ・不当さは、その交渉のプロセスに着目して評価することもできる。ラドロウが指摘する同調戦略を取らない理由があるにもかかわらず、別の理由で同調せざるを得ないということがあるかもしれない。否認可能性を論じた際にも問題となった、権力を笠に着た意味のゴリ押しはその一例だ。会話の参加者の一方が、相手の都合は顧みず（あるいは軽視し）、自分の都合のいい意味で言葉を使い、その意味を会話の相手に押し付けたとしたら、この点でその交渉は不当なものと言えるだろう。[15] こうした交渉を敵対的調整と呼ぼう。

敵対的調整には、意味をゴリ押しするのが話し手なのか聞き手なのかに応じて、二通りある。一つは、話し手が自分の都合のいいように調整した意味を相手に押し付けるという話し手の側のゴリ押しだ。「広く募ってはいたが募集はしていない」と言うことで、広く募るということと募集しないということが両立するような仕方で「募集」という言葉の意味を調整することを提案し、相手の異議にもかかわらず自分の有利な立場を利用してその提案を押し通したとすれば、この交渉はこの種の敵対的調整だ。もう一つは、聞き手が自分の都合のいいように調整した意味を相手に押し付けるという聞き手の側のゴリ押しである。これは、聞き手が相手の発言の意味を捻じ曲げるという事例である。相手の「いいえ」を肯定的な返事として理解するということを、自分の有利な立場を利用して押し通す、というのはその一例である。

しかし、こうした敵対的調整は、社会問題に対する抵抗手段にもなりうる。レイチェル・スターケンが指摘するのは、言語的介入と、それによる意味の変化だ（Sterken 2020）。相手に通じがたい仕方で言葉を使うことによって、あえてミスコミュニケーションを引き起こし、聞き手にその言葉の従来の用法についての反省を促す——その言葉の使い方に関する聞き手の「常識」を揺さぶる——というのが言語的介入の狙いだ。たとえば、夫婦間での性暴力に「レイプ」という表現が用いられなかった時代に、あえて夫婦間での性暴力を「レイプ」と呼ぶことは、「何言ってんの、あの二人は結婚しているんだから、レイプじゃないでしょ」というリアクションを生むと同時に、夫婦間の性暴力を「レイプ」と呼ばないというその使い方を揺さぶる一つの方法であっただろう。

何か一つの基準を使ってある交渉を不当なものだと断ずることは容易《たやす》い。他方で、こうした多様な観点の存在が意味するのは、交渉の正当性、不当性の評価は、さまざまな観点からの判断を総合したより慎重なものであるべきだ、ということである。

六　言葉の意味の揺らぎから発語内の力の揺らぎへ

第十二、十三章で見てきたのは、言葉の意味の変化、それから言葉の意味の場面場面での調整や交渉であった。こうした意味の変化や調整、交渉は、当然発言に伴う責任を変化させる。つまり、これら言葉の意味の揺らぎは、意味の表と裏の境界の揺らぎでもある。続く最終章で見るのは、意味の表と裏の境界を不確かにするさらなる要因である、発語内の力（第二章二節を参照）の揺らぎだ。その考察の最初の手がかりは、「誤解を招いたとしたら申し訳ない」という謝罪——あるいは謝罪めいた何か——だ。

❖これだけは押さえておきたい本章のポイント

・意味には遊びがある。つまり、言葉の意味だけでは、その言葉が何に当てはまるのか、その言葉を使うことでどんな責任を負うことになるのかは、完全には確定しない。言葉がどんなものに当てはまるのか、言葉を使うことでどんな言行一致の責任が生じるのかは、場面場面での遊びの調整や交渉なしには定まらない。
・意味変化プロセスには、言葉の遊びの調整を超えて、何が言葉の遊びであるのかについての交渉がときに含まれる。
・意味をめぐる交渉はさまざまな仕方で不当なものになりうる。交渉の目的や結果の評価、交渉のプロセスの評価などの観点は複数あり、それぞれによって正当なのか不当なのかの評価は食い違いうる。意味をめぐる交渉の正当性・不当性の最終的な評価は、そうしたさまざまな観点を総合的に見た慎重なものであるべきだ。

第十四章 「誤解を招いたとしたら申し訳ない」[1]

一 「誤解を招いたとしたら申し訳ない」と謝罪もどき

「誤解を招いたとしたら申し訳ない」

謝罪めいたこの言い訳は政治家の常套句だ。一つ例を挙げよう。二〇一六年二月七日、長野県で行われた講演会でのことである。東京電力福島第一原発事故を受けて国が定めた年間被ばく線量の長期目標について、丸川珠代環境大臣（当時）が、次のように発言した。

「『反放射能派』というと変ですが、どれだけ下げても心配だという人は世の中にいる。そういう人たちが騒いだ中で、何の科学的根拠もなく時の環境大臣が決めた」[2]

国の定めた目標を軽視するこの発言を非難された丸川は、次のように発言した。

「私の発言に、言葉が足りておりませんでしたゆえに、追加被ばく線量年間1ミリシーベルトという長期目標を軽視しているかのような誤解を招いたとすれば、特に福島を始めとする被災者の皆様に対して、誠に申し訳なく、心からお詫び申し上げたいと思います[3]」

丸川の発言は典型的な「誤解を招いたとしたら申し訳ない」というタイプの言い訳だ[4]。これを聞いて、まともな謝罪だと思う人はほとんどいまい。多くの人が、丸川の発言は謝っているようでちゃんと謝ってはいないと思うだろう。ではなぜそう思われるのか。

アーロン・ラザールは、謝っているようでちゃんと謝っていない発言、謝罪のような見掛けをしているだけで本当はまともな謝罪になっていない発言を**謝罪もどき**（pseudo-apology）と呼ぶ（Lazare 2004）。謝罪もどきは、謝罪に関わる事実認定を避けることで謝罪に伴う責任を回避しようとする発言だ。ラザールによれば、そうした謝罪もどきには少なくとも八つのパターンがある（Lazare 2004, 85-106）。適当に例を足しながら、それらを見てみよう。

（1）謝罪の対象をぼかす。つまり何に対する謝罪なのかをぼかし、具体的に特定しない。たとえば、「何かよくわかりませんが、ともかくごめんなさい」といった発言がこれにあたる。

（2）自分が関与したことをぼかす。たとえば、「このような結果になってしまったこと、誠に申し訳なく思います」といった発言を考えるとよいだろう。

（3）やったことは明らかなのに「もし～だとしたら、謝ります」のような条件つきの形にする。特にそうすることで、謝罪の対象がそもそも事実でないという可能性を示唆する。「もし私のせいで傷ついたのだとしたら、お詫びします」と言うことで、傷ついた原因が私ではないという可能性をちらつかせる、というのがこの種の謝罪もどきだ。

（4）相手の被害を問題視し、相手のせいにする。「もし気分を害されたとしたら、お詫びします」という発言はときに、誰しもが私のやったことで気分を害するわけじゃない、むしろ些細なことで気分を害したあなたが悪い、といったことをほのめかしうる。

（5）やったことを小さく見せる。迷惑どころの騒ぎではない重大な過失に際して、「ご迷惑おかけしてしまい、申し訳ありません」と言うのは、やったことを小さく見せる謝罪もどきだ。

（6）はっきりとした謝罪の言葉ではないけれど、謝っている風の言い回しを使う。「残念に思います」や、「大変心苦しく思っています」といった言い回しがそうだ。

（7）謝る相手をずらす。つまり、本来謝るべき相手とは違う相手に謝る。被害者に謝ることなく、「心配をかけた家族に謝りたい」とだけ言う人が使うのがこの手法だ。

（8）謝る対象をずらす。つまり、本来謝るべき対象とは違う対象について謝る。誤解なんかない場合に使われる「誤解を招くようなことを言ってしまい申し訳ありません」はこの種の謝罪もどきの典型例だ。

こうした謝罪もどきのいろいろなパターンを見ていると、謝罪もどきにも二種類あることがわかる。

一つは、謝罪すべきことがあり、謝罪すべき相手がいるにもかかわらず、そのことをその相手に謝らず、別のことや別の相手に対して謝るというタイプの謝罪もどきだ。やったことを小さく見せる、謝る相手をずらす、謝る対象をずらす、などはこの種の謝罪もどきである。

もう一つは、謝罪めいた言葉を発しているものの、そもそもそれが謝罪になっていない、というタイプの謝罪もどきだ。「残念に思います」という発言は、気持ちの表明であって、謝罪とはちょっと違う。悪いのは自分じゃなくて相手だというほのめかしも、使われた言葉こそ謝罪の言葉であれ、そもそも謝罪になっていない。

冒頭の丸川の発言に代表される政治家の「誤解を招いたとしたら申し訳ない」は、これらの混合型のようなものだ。政治家がこの言い訳を使う多くの場面で、本来謝るべきは誤解を招いたことではない。丸川の事例で言えば、彼女の発言は国の定めた目標やその決定に至るプロセスを軽視したものであり、謝るべきはそこであって誤解を招いたことではない——というか、そもそも誤解なんか生じていない。この言い訳は、謝罪の対象をずらし、小さく見せる試みだ。

これだけではない。丸川の「誤解を招いたとしたら申し訳ない」という謝罪の言葉は、そもそも謝罪になっているかどうかが怪しい。「誤解を招いたとしたら申し訳ない」のように、謝罪の言葉の前に「〜としたら」といった条件のついたものを**条件つき謝罪**（Millar 2014）と呼ぼう。ここで特に問題になるのは、条件つき謝罪の謝罪としての怪しさである。

条件つき謝罪の怪しさはどこにあるのだろうか。イアン・レズリーは条件つき謝罪について次のように言う。

謝罪をする際、極力避けるべき言葉のひとつが、「〜だとしたら、申し訳ない」である。この「〜だとしたら」があるとミスを認めていないことになり、謝罪が表面的なものになってしまう。自分がミスをしたかどうかわからない場合、確信が持てるまでは謝らないのが賢明だ。（Leslie 2021, 邦訳二三一頁）

「〜としたら」のように仮定の形で言い訳する人は、自分がやったことをちゃんと認めていない。そして、何をやったのかを認めることなしには、たとえ謝罪のための言葉を使っていようとも、そもそもちゃんと謝罪したことにはならない、というわけだ。

レズリーの考えには確かに一理ある。他方で、これが、条件つき謝罪を一概にまともな謝罪ではないと断じる一般論であるとすれば、それは性急すぎる。というのも、条件つき謝罪にもまともな使い所があるからだ。忙しいのか暇なのかよくわからない相手に何かお願いするとき、「忙しかったら申し訳ないんだけど、ちょっといいかな」と言って話を始めるのは悪いことではない。むしろここでは、条件つき謝罪は相手に気遣いを見せる一つの良い方法ですらある。条件つきで謝罪の言葉を述べるのが適当な場面もあるのだ。

条件つき謝罪を一概に不適切とするのではなく、その怪しさをもっと細やかに捉えることはできないか。ここで必要なのは、条件つき謝罪はまともな謝罪ではないという考えを、条件つき謝罪が場合によっては適切なものでありうるということと両立する仕方で解きほぐすことだ。

そのための一つの手がかりとして、条件つき謝罪はまともな謝罪ではないという考えを、条件つき謝罪は謝罪の典型からずれているということだと理解してみよう。誰がどう見ても謝罪だと言えるような典型例が謝罪にはある。条件つきの謝罪は、そうした典型例と似ているけれどちょっと違っている。謝罪の典型は「だとしたら」のような条件つきのものでもない。だけれどもそれとまったく共通点がないかといえば、そんなことはない。「まともな謝罪ではない」ということをこのように理解したとき、重要になるのは、謝罪の典型を取り出すこと、そして謝罪の典型と条件つき謝罪の違いを明確にすること、その上で条件つき謝罪が適切になる条件を明らかにすることだ。

まさにこの作業に取り組んでいるのがピーター・バウマンの条件つき謝罪論だ（Baumann 2021）。次節ではバウマンの議論を紹介したい。

二　条件つき謝罪とは何か

「〜としたら」のような条件のついていない謝罪を、無条件の謝罪と呼ぼう。バウマンは、条件つき謝罪と無条件の謝罪との違いを言質の観点から比較した上で、条件つき謝罪が適切になる条件について論じている。彼の議論を追っていこう。

まず無条件の謝罪から。バウマンによれば、無条件の謝罪は次の四つからなる複合的な発語内行為

（発語内行為とは何かについては第二章二節を参照）だ。

第一に、無条件の謝罪はある種の事実認定である。特に、ある行いが相手に害をなす悪い行いであったこと、そしてそれをやったのは自分だということを事実として認めることが謝罪には含まれる。

第二に、無条件の謝罪は感情の表明だ。特にそれは、自分がやったことに対する自責や後悔の念の表明だ。

第三に、無条件の謝罪は改善の約束だ。やってしまったこと自体をなかったことにすることはできない。けれど、今後はそういうことが起こらないように、自分の行動を改善することを約束する。無条件の謝罪はこうした約束でもある。

第四に、無条件の謝罪とは、それに相応しい立場を受け入れる、特に謝罪によって自分の立場がある意味低くなるということを受け入れるということだ。謝罪の言葉を口にした途端、好き勝手に振る舞い、それを咎められると「はいはい、謝ったんだから、もういいでしょう、しつこいな」などと返すのは、謝罪後のしかるべき態度ではない。謝ったなら謝ったなりの相応しい振る舞いがある。

この四つが合わさったものを謝罪の典型だと考えよう。バウマンは、条件つき謝罪は、これら四つの発語内行為のどれでもないと考える。「〜だとしたら申し訳ない」と発言したところで、そもそも「〜」の部分を事実と認めることにはならない。そう発言する人は、それを認めていないからこそ、「仮にそれが事実だとすれば」という条件つきの形にしているのだ。そしてこうした事実認識を欠いているのだから、それに対する自責や後悔の念を表明することも、改善を約束することも、立場の変化を受け入れることもない。[5]

では条件つきで謝罪する人は何をやっているのか。バウマンによれば、条件つき謝罪とは、自分がある種の道義を通す人だということに対する言質だ。具体的には、条件つき謝罪とは、謝罪に値するような事柄を放っておくような無責任な人ではなく、もし実際そうしたことがあったなら道義的に適切な仕方でそれに対応する人物であるということにコミットするということだ。そうした道義的に適切な対応は無条件の謝罪とパラレルだ。たとえば自分の過失が判明したらその事実を認める。行動の改善が必要ならそうするし、自分の立場の変化にも同意する。条件つき謝罪とは、自分は事実が判明したらこのように振る舞う人物であるということに対する言質を相手に与えることである。かくして、謝罪を条件つきにすることで、何をしたら言行一致の責任を果たしたことになるのかが変化する。

では、そもそもなぜ条件つき謝罪が必要になるのか。バウマンは次のように考える。自分が何か相手にとって悪いことをした可能性がある。しかし本当にやったかどうかまでは自分にはわからない。こうした状況では、そのことについて無条件の謝罪をするのもまずいし、かといって何もしないのもよくない。条件つき謝罪は、自分がやったかどうかわからない状況下で、無条件の謝罪をするか、何もしないかの二者択一の状況を変える第三の選択肢を私たちに与える。もう少し詳しく見てみよう。

まず、やったかどうかわからない状況での無条件の謝罪は、不誠実かつリスキーである。あることに対する無条件の謝罪は、それを自分がしたのを認めることであり、それに対する後悔の念を表明することでもあるが、実際にそうかどうかわからない状況でそうすることは、不誠実である（どちらの発語内行為もそうだと信じている場合にのみ誠実になされる発語内行為だ）。さらには、無条件の謝罪をすれば、自分の立場を低くすることになるが、もし謝罪の対象となることが事実でなければ、そうするのはやり損だ。

かといって、自分がやったかどうかわからない状況でも、やった可能性があるなら、何もせずに放っておくのもまずい。実際にやっていたなら、謝罪すべき場面で何もしない傍若無人な人になってしまう。そうした道義に反する人物とみなされてしまうのは対人関係における一種のリスクである。だとすれば、少なくとも自分がそうした人物ではないということを示すことで、そのリスクを軽減しておくのは有益だろう。条件つき謝罪はまさにこうしたリスク軽減の手段である。

こうした考察から浮かび上がるのは、条件つき謝罪を使うのがどんな場合に適切になるかの基準である。条件つき謝罪が適切かどうかは、自分が謝罪の対象となるような悪いことをしたことがわかっているかどうかにかかっている。やっていないのがわかっているなら無条件であれ条件つきであれ謝罪しないのが適切だし、やったことがわかっているなら、無条件の謝罪が相応しい。条件つき謝罪が適切なのは、自分がやった可能性はあるのだが、かといって本当にやったかどうかまでは自分にはわからない場合に限られる。

「誤解を招いたとしたら申し訳ない」という条件つき謝罪に話を戻そう。この条件つき謝罪が適切なのは、誤解を招いた可能性はあるけれど本当に誤解を招いたかどうかまではわからないという場合に限られる。この観点からすると、丸川の発言を含め、政治家の発する「誤解を招いたとしたら申し訳ない」という言い訳は、多くの場合不適切に思われる。というのも、そうした言い訳がなされる多くの場面で、誤解はそもそも生じておらず、そのことは言い訳する当人にとっても百も承知だろうからだ。繰り返しになるが、「『反放射能派』というと変ですが、どれだけ下げても心配だという人は世の中にいる。そういう人たちが騒いだ中で、何の科学的根拠もなく時の環境大臣が決めた」という発言が国の定めた目標（そしてその目標の決定に至るまでのプロセス）の軽視でないわけがないし、丸川にとってもそのことは百も承知だろう。にもかかわらず、「誤解を招いたとしたら申し訳ない」と言い訳する丸川の振る舞いは、条件つき謝罪が適切であるための条件を満たしておらず、不適切だ。

バウマンの指摘するように、条件つきの謝罪に対する悪評――そんなのはちゃんとした謝罪じゃなく、謝罪もどきにすぎない、というのはその最たるものだ――はおそらく、この種の不適切さに起因する。非難に値するのは、自分が悪いことをしたとわかっていてする不適切な条件つき謝罪であり、条件つき謝罪一般ではない。

さて、バウマンによると、条件つき謝罪は、無条件の謝罪をするか、何もしないかという二択だと都合が悪い状況に対処するための、第三の選択である。このことを次のように捉えてみよう。無条件の謝罪というすでにある発語内行為だけではうまく対処できない状況に直面する。そのとき、そうした状況に対処すべく、無条件の謝罪に手を加えて、それとまったく同じではないけれど似たような何か――いわばその「変種」――を作り出す。そうして出来上がったのが条件つき謝罪である。

本章後半では、条件つき謝罪についてのこうした見立てを敷衍《ふえん》してみたい。追究するのは、発語内の力をリデザインする、という考えだ。

三　発語内の力をリデザインする

バウマンの条件つき謝罪論が示唆するのは、条件つき謝罪は、無条件の謝罪ではうまく対応できないような状況に対処する工夫の一つだ、ということだ。私たちは、状況に合わせて無条件の謝罪を改造あるいはリデザインし、新たな謝罪の変種としての条件つき謝罪を生み出したのだ。

では、条件化によって、謝罪という発語内行為の何がリデザインされたのだろうか。第二章二節で確認したように、発語内行為には内容と力の二つの要素がある。条件化によって変わったのは、謝罪の内容だろうか、力だろうか（あるいはその両方だろうか）。

ここでは、謝罪の条件化を、発語内の力を変えることによる発語内行為のリデザインとして整理したい。どういうことか、次の二つの比較で説明しよう。

「邪魔して申し訳ない」
「邪魔したとしたら申し訳ない」

この二つはどちらも、話し手が相手の邪魔をしたということをその内容（の一部）とする。しかしこの二つでは、どんな振る舞いがその内容に合致したものなのかが異なる。無条件の謝罪は、事実認定なのだから、実際に話し手が相手の邪魔をしたということを踏まえて行動するというコミットメントを生み出す事実認定型の発語内行為である（第二章三節を参照。同時に約束でもあるので、拘束型の発語内行為でもある)。これに対して、条件つきの謝罪でこのコミットメントが生じることはない。[6]

実は、問題解決のための発語内の力のリデザインという営みは謝罪の条件化に尽きない。このことを次の二つの点で確認しよう。第一に、条件化だけが、謝罪をリデザインする方法ではない。第二に、条件化によってリデザインできる発語内行為は謝罪だけではない。

まず、謝罪をリデザインするさらなる方法について。条件つき謝罪は、自分がやった可能性はあるけれどやったかどうかまではわからないという状況に対処すべく生み出された第三の選択肢だった。さて、無条件の謝罪か何もしないかの二択では都合が悪い状況というのは、そうした状況だけではない。そうした他の状況に対しても、それに対処すべく謝罪をリデザインし、新たな選択肢を生み出す方法がある。

たとえば、「〜に代わってお詫びいたします」という発言を考えよう。こう発言する人は、誰かの代わりに謝罪している。これを代理謝罪と呼ぼう。これは、悪いことをやった当人とは別人がその行いについてする謝罪めいた何かだ。だがなぜこんなものがあるのだろうか。

ある人が相手に害をなす行いをする。にもかかわらず、それをやった当人が謝罪できない、あるいは謝罪の言葉を発したところで無条件の謝罪に伴う責任を十分に果たすことができない場合がある。たとえば当人が亡くなっていたり、あるいは子供だったりといったケースだ。こうしたケースには、やった当人とは別人であるにもかかわらず、何もしないのが不都合なものがある。たとえば、加害者が死んでしまった事件を考えよう。加害者と近しい関係にある人の中には、我関せずと被害者に何も言わないのは好ましくないと考える人がいるかもしれない。かといって、ある悪事について、それをやった当人以外の人が無条件の謝罪をするのは不適切だ。やってもいないことを自分の行いだと認めるのは不誠実だし、自分がやってないのに、自分がやったと後悔したり、自分の行動の改善を約束したりするのも変だ。代理謝罪はこうしたケースにおける第三の選択肢になる。少なくともそれは、無条件の謝罪の構成要素の一つである、立場の変化の受け入れによって、相手に対してある種の誠意を見せる手段として機能する。[7]

もう一つ例を考えよう。まだやっていないことをあらかじめ謝ることがある。「これから流す映像を不快に思われる方がおられるかもしれません。あらかじめお詫び申し上げます」や「これから注射します。痛いと思うけど、ごめんね」といった発言がその例だ。こうした発言は見込み謝罪（cf. Millar 2014）と呼ばれる。

見込み謝罪は、まだやっていないけれど、将来やるに違いない、あるいは、やるかもしれない自分の過失に対する謝罪だ。なぜこんなものが存在するのかといえば、それをやれば相手に害をなすことがあらかじめ予想されるが、しかしそうせざるを得ないことをやる、という状況における第三の選択肢としてだ。注射のように、痛みを織り込んでもやる理由がある場合や、苦手なＰＫの順番が回ってきたサッカー選手が「絶対失敗すると思うから、先に謝っとくわ、ごめん」と言う場合のように、そもそも自分にはうまくコントロールできないのにやらないといけないこともある。こうした場面に無条件の謝罪は相応しくない。まだやっていないことを事実として認めるのも、変えようのないことの改善を約束するのも不誠実だ。まだやっていないことを後悔する、あるいは、それを理由に自分の立場の変化を受け入れるのも変だ。他方で、避け難いとはいえ相手に害をなすことをするのだから、何もせずに放っておくのも都合が悪い。見込み謝罪はそうしたケースでの第三の選択肢になる。少なくともそれは、自分がこれから起こることを残念に思うような人物であるということに対する言質を相手に与えることで、相手に対してある種の誠意を見せる手段として機能する。

次に、条件化によってリデザインできる発語内行為は謝罪だけではないということを見ていこう。あることが成り立っているかどうかわからない場合に不適切になる言語行為は、謝罪だけではない。以下の発語内行為はどれも、あることが成り立っていると信じていない（信じていないのだからわかってはいない）場合、不適切になる。

- 提案：相手にとって良いことだと思っていないことを提案するのは不適切だ。
- 依頼：相手にできると思っていないことを依頼するのは不適切だ。
- 感謝：相手がやってくれたと信じていないことに感謝するのは不適切だ。
- 賞賛：相手がやったと信じていないことで相手を賞賛するのは不適切だ。
- 非難：相手がやったと信じていないことで相手を非難するのは不適切だ。
- 挨拶：使うタイミングが決まっている挨拶を、そのタイミングだと信じていない場合にするのは不適切だ（朝に「こんばんは」）。

こうした条件を発語内行為の適切性条件と呼ぼう（cf. Austin 1962）。

適切性条件は、発語内行為によって何にコミットすることになるのかを部分的に特定する。[8] たとえば、あることの依頼は、依頼相手によるその実現に相反しないように行動する――それを邪魔しないなど――ことへのコミットメントであると同時に（第二章を参照）、それが相手にできると思っているということへのコミットメントでもある。同様に、何かに感謝すれば、それをしてもらったということにコミットすることになり、何かを提案すれば、それが相手にとって良いことだということにコミットすることになる。賞賛等々についても同様だ。

発語内行為の条件化は、その適切性条件を棚上げにして、それが満たされているかわからない状況でも利用可能な変種を作るかなり一般的な方法だ。つまり、発語内行為を条件化することで、適切性条件が特定するコミットメントを生じさせないようなその変種を作ることができる。右のリストにある発語内行為を条件化して、このことを検討しよう。

おそらく一番自然なのは、条件つき提案だ。「もしよかったらどうぞ」というのはその典型例だ。甘いものが好きかどうかわからない相手にチョコを勧めたい。この場合「お好きでしたらどうぞ」という条件つきの形で提案するのがとても自然だ。「お好きでしたら」という条件なしで「チョコどうぞ」とだけ言うとしたら、相手はチョコ好きだということにコミットすることになる（だからこそ、条件なしの「チョコどうぞ」には、チョコ好きなんでしょ、という圧がちょっとある）。相手がチョコ好きかどうかわからない場面ではこうしたコミットメントは避けるのが得策だ。そして、こうしたコミットメントを避けつつ、しかも、それでも何かを勧めたいときに使えるのが条件つき提案だ。

条件つき依頼もよく耳にする。「もしできるならお願いします」というやつだ。たとえば、高いところにある本を取ってもらおうとするとき、相手がそこに手が届くかどうかわからなかったら、「もし手が届くならあの本取ってくれますか」とお願いするのではないだろうか。ここでも条件なしで依頼すると、相手は本を取ることができるということにコミットすることになる。相手が取れるかどうか確信のない場面ではこうしたコミットメントはすべきでない。条件つき依頼はまさにこうしたコミットメントを避けつつ相手にお願いをする方法である。「お手隙でしたらお願いします」、「余裕があればで結構です」、「気に入ったなら買ってください」などなど、条件つき依頼の例はいくらでも思いつくだろう。

感謝、賞賛、非難、挨拶も条件化できる。「片付けといてくれたのならありがとう」や「書いたのが小学生ならすごい」、「やったのがお前なら、ふざけるな」のような条件化は適切性条件が成り立ってない場合に使える変種だ。挨拶はどうだろうか。最近あるニュース番組の終わりにキャスターが「お休みになる方は、おやすみなさい」と挨拶するのを耳にしたが、これは挨拶の条件化かもしれない――これが言わんとしているのは「もしあなたがお休みになるようでしたら、おやすみなさい」ということだろう。あるいは、世界中を旅していてどこにいるのかよくわからない相手に対して「もし朝なら、おはよう。もし夜なら、こんばんは」と言ったり、時差がどれくらいあるかわからない相手に対して「もう年明けてたら、あけましておめでとう」と挨拶したりするというのはない話ではない。

このように条件化は、さまざまな発語内行為に適用できるある程度の汎用性をもったリデザインの手法だ。こうした汎用性は条件化だけがもつ特徴ではない。たとえば、代理謝罪や見込み謝罪を作るのと同じ仕方で感謝の変種を作ることができる。「本人に代わってお礼申し上げます」という代理感謝はなじみのものだろう。英語では「Thank you in advance!」（「あらかじめ感謝しておきます」）という見込み感謝が定型化している。「トイレをきれいにお使いいただき、ありがとうございます」も見込み感謝の一種だろう。

ここまでの考察で明らかになったのは、発語内の力は決して不変ではなく、変化させうる、ということだ。つまり発語内の力も揺らぎうるのだ。こうした揺らぎは、否認可能性の多様性（第六〜十章）や言葉の意味の揺らぎ（第十二、十三章）とは別の要因として、何が発言に伴う責任なのかを不確かにし、意味の表と裏の区別を揺るがせる。

以下では本書の締めくくりとして、こうした発語内の力の変化を、第十二、十三章での意味の変化に関する議論と関連づけてみたい。ここで提案するのは言葉の意味の改良プロジェクトである概念工学に並ぶ、発語内の力の改良プロジェクトとしての言語行為工学である。

四　言語行為工学

1　インフラ整備としての言語行為工学

発語内の力は問題解決のためにリデザインできる。たとえば条件化は、既存の発語内行為では対応できない問題に対処すべく、既存の発語内の力に修正を加えてその変種を作る、という作業である。

こうした作業は、第十二章で論じた概念工学とよく似ている。概念工学は、概念や言葉の意味の問題点を明らかにし、その修正を試みる営みだった。謝罪の条件化は、同じことを発語内の力について試みている。こうした営みを**言語行為工学**と呼ぼう。言語行為工学とは、既存の言語行為に関して問題がある場合に、その問題を解決するように既存の言語行為を修正、あるいは新しい言語行為を作る試みである。[9]

最初はちょっとした逸話から。第四章で取り上げたグライスは冗談めかして次のように言う。

私の友人で少々いたずら好きなリチャード・グランディは、私が別の機会に行った講演に触れて、こんなふうに言ったことがある。私の発言を表示するには新しい形式の言語行為、あるいはquessertionという名の新しい演算子を導入する必要があるだろう、と。これは「……と主張する人がいるかもしれないということもことによればありうる」と読まれ［る］。私はこの提案が気に入っている。（Grice 1989, 297: 邦訳二八一―二八二頁）

この小話を真に受けてみよう。グライスにとって、単純な主張は哲学するのに不都合だ――おそらくそれは必要とされる慎重さに欠ける。彼に必要なのは、単純な主張によって生じるようなコミットメントが生じないような、間接的で（「と主張する人がいる」）、より婉曲な（「かもしれないということもことによればありうる」）仕方でその内容にコミットするための主張の変種 quessertion である。

ここでの問題とその解決は、グライスの個人的な、あるいは哲学という限定的な場面でのものだ。

言語行為工学の可能性はこうした限定的なものに尽きない。言葉の意味と同様、多種多様な発語内の力は、私たちのコミュニケーションを支える社会のインフラだ。言語行為工学は、さまざまなニーズに合わせて発語内の力に手を加えることで、そうした社会インフラとしての言語行為のレパートリーを整備する社会的な事業である。

そこで次に、より社会的な場面での問題と言語行為工学によるその解決の試みを見てみよう。一つ目は、内部告発をめぐる法改正の議論だ。

内部告発に対して企業はときに人事で報復する。もちろんこうした報復人事は違法だ——公益通報者保護法は通報に対する企業の報復を禁じている。そこで公益通報者保護法の施行以来、人事が報復人事かどうかがいくつもの裁判で争われてきた。このとき、その立証責任は、基本的に不利益を受けたとする労働者側にあるとされる。その理由の一つは、立証責任は有利な法的効果が得られる側にあるという民事訴訟の原則にある。しかし、人事に関する情報は基本的に企業側が握っており、労働者側がアクセスするのは難しい。そのため、企業側が、当該人事は内部告発への報復ではなく別の理由によるものだと反論すると、告発者側による立証はかなり難しくなる。実際、裁判所が報復人事を認めるに至ったが、そのために告発者側が立証のために大きな負担を強いられたという事例がいくつも出てきた。こうした事例の積み重ねを踏まえ、公益通報者保護専門調査会で、特に解雇という重い人事に関して、告発者側の立証責任の緩和が議論された[10]。特にそこで論点となったのは、立証責任を事業者側に転換する、という点であった。解雇は報復人事だと告発者が主張した場合には、例外的に、事業者側がそうではないということを立証する責任があるとするのはどうか、ということが議論されたのである。

最終的にこの例外規定は法改正に反映されなかったものの、ここに言語行為工学の一つの試みを見ることができる。つまり、立証責任の転換は、民事裁判における主張に関する言語行為工学だ。民事訴訟の原則によれば、ある主張の立証責任は、その主張から有利な結果を引き出す側にある。つまり、主張によって有利になる側に立証責任があるというのは、民事裁判における主張という発語内行為の基本的な特徴である。しかしこうした原則をそのまま当てはめると問題が生じることがある。解雇は報復人事だという主張を立証する情報へのアクセスに訴える側と訴えられる側とで著しい不均衡があり、訴える側が立証することが極めて困難になるというのは、そうした問題の一つだ。この問題解決のために原則に例外を設け、訴えられた側に立証責任を認めるという委員会の案は、民事裁判における主張のリデザインによる問題解決の試みである。

私たちの日々の暮らしにより関わりの深い問題での言語行為工学の可能性もある。二つの問題を考えてみたい。一つは、コミュニケーション環境の変化をめぐる問題、もう一つは認識的不正義に関する問題だ。

近年、私たちのコミュニケーション環境はさまざまな仕方で変化している。ソーシャルメディアやVR空間、ビデオ会議システムといった新たなコミュニケーションのプラットフォームが普及し、アバター（VR空間でのデジタルな分身や、感覚の共有が可能な遠隔操作ロボット）や自律型ロボット、ChatGPTに代表されるチャットAIのような新たな対話相手とコミュニケーションする機会も増えつつある。こうしたコミュニケーション環境の変化にもかかわらず、私たちは従来のコミュニケーション環境で使ってきた言語行為でなんとかやりくりしようとする。だが、環境が変わったことで従来の言語行為ではうまく立ち行かない状況が生じることもあろう。あるいは環境の変化によって、従来環境における発語内行為の問題が明るみに出ることもあろう。たとえば、Xであるポストをリポストする（Twitter であるツイートをリツイートする）というのはいかなる発語内行為なのだろうか。一つの考え方は、今ある発語内行為のどれかを当てはめる、あるいはそれらの組み合わせとみなす、というものだろう。だがそれには限界があるかもしれない。それは主張のようで主張でない。内容への賛成や反対かといえばそうとも限らない。しかし単なる引用というよりはその内容に対する何かしらの評価を含んでいるようでもある。こうした状況に言語行為工学的に対応するとすれば、リポストでできる新たな発語内行為を設計する、ということになろう。[11] あるいはロボットの謝罪について考えてみよう。岡田優花らは、配膳ロボットに扮した Pepper がアイスをこぼしそれを客に謝罪するという状況を作り、それが謝罪の効果をもつかどうかを実験的に考察している（Okada et al. 2023）。だがそもそもロボットが謝罪するというのはいかなることなのか。少なくとも Pepper は無条件の謝罪ができるエージェントではない。そもそも Pepper に心はない（と思う）から自責の念をもつことはできないし、ロボットが何か約束できるかどうかもよくわからない。とはいえ、ロボットによる謝罪的な振舞いには何かしらの意味がある。ロボットによる謝罪的な振る舞いに社会的ニーズがあるならば、[12] 従来の意味での謝罪になっているかどうかの二択で考えるのではなく、ロボットのあり方に合わせて謝罪をリデザインすることで、その変種を作る、という観点で考察してみるのはどうか。言語行為工学が示唆するのはこうした考え方である。[13]

次に二つ目の問題として、**解釈的不正義**（hermeneutical injustice, Fricker 2007）という認識的不正義について考えよう。

言葉や概念は社会のインフラだ（第十二章を参照）。それを使って人はものを考え、そして自分の考えを相手に伝える。もちろんそうした社会のリソースには限りがある。自分の考えをうまく言い表す言葉がない、という経験をしたことがある人も多いだろう。ありとあらゆる言葉を知ったところで、そもそも自分にぴったりの言葉がインフラとして整備されていない、ということはある。こうした言葉の欠落のせいで、自分の状況を自分でうまく理解できなかったり、自分の状況を相手にうまく伝えられなかったり――まともに取り合ってもらえなかったり、聞き流されたりしてしまう――ということがときに生じる。

フリッカーが指摘したのは、こうしたインフラの欠如が、個人の不便さに尽きない、特定の社会集団にとっての構造的な不正義となる場合がある、ということだ。解釈的不正義とは、言葉・概念の欠如がある特定の社会集団に害をなしており、さらにその欠如が不公正な社会構造によって生じている、という社会的な不正義である。

解釈的不正義の印象的な例としてよく取り上げられるのが、「セクシャル・ハラスメント」という言葉に関する事例だ（Fricker 2007, 149-152：邦訳一九三―一九七頁）。この言葉ができた――現在のその言葉の用法の基本的な形が与えられた――のは一九六〇年代のアメリカだ。もちろんそれ以前にも、そしてアメリカ以外の場所でもセクハラはあった。しかしそれを的確に言い表す言葉がまだなかった。この欠落は、女性がセクハラ被害を訴えることを困難にし、多くの女性にとって、自身の身に起きている不当な状況を、個人に偶発的に生じた不幸な出来事に尽きない問題として理解することをも困難にしていた。つまり、「セクシャル・ハラスメント」という言葉がないことが、女性に大きな不利益をもたらしていたのである。フリッカーはさらに、この言葉の欠如の一因が、言葉という社会インフラの整備に男性と女性が対等な立場で携わっていないということにあると指摘する。第十二章で見た解釈的周縁化がそれだ。共有された語彙という社会のリソースに新しい何かをうまく追加できるのは、社会的に力をもった人たち——たとえば、ジャーナリズムや政治やアカデミアなどなどに属する人たち——だ。女性がそうした一種の権力から疎外されているということは、女性の経験を語り理解する言葉を社会全体の公共的なリソースとすることを妨げる。言葉という社会インフラの整備の役割から疎外されることで、自身に必要な言葉を追加することを構造的に妨害されている、という状況がここにはある。語彙の欠如はときに、社会の不公平な構造によって生じるのだ。

こうした問題はセクシャル・ハラスメントだけの問題ではない。解釈的不正義は——厄介なことに私たちに気づかない仕方で——現に存在するだろう。ではこの不正義にどう対抗できるだろうか。

解釈的不正義に対する重要な対策は、もちろん、害をなす欠落を見定めて必要となる概念を作り出しそれに言葉を与えることだ。これは概念工学の仕事である。あるいは、より抜本的な対策として、フリッカーも指摘するように、そもそも解釈的周縁化が生じないよう言葉や概念が作り出される仕組みをよりインクルーシブで公正なものにするということも重要だ。他方で、こうした対策がいつも現状の問題に追いつくとは限らない——それどころか多くの問題が取りこぼされてしまうというのが実情であろう。だとすれば、言葉の欠落を埋める、あるいはそれを生じさせないための仕組みを作るのと同時に、欠落があるという現実を踏まえた対策も必要になる。

　フリッカーはそうした対策を聞き手の個人的な資質に求める。相手が言わんとしていることをうまく言えていないのは解釈的不正義のせいかもしれないという可能性に敏感であるようにしよう。そして、解釈的不正義の可能性を察知したら、その話を訳のわからない不合理な話として聞き流すのではなく、その話の信頼性の程度の判断を、解釈的不正義の影響の程度に応じて補正しよう。フリッカーはこうした状況を、解釈のためのよりインクルーシブな場の空気（more inclusive hermeneutical micro-climate）と呼ぶ。この種の場の空気に、話し手だけでなく聞き手の側が一緒になって話し手の言わんとしていることをうまく取り出すように努める、ということを含めてもよいだろう。フリッカーは解釈のためのよりインクルーシブな場の空気を必要に応じて作り出す能力を個々人の徳だと考え、私たち一人一人がこの徳を身につけることで解釈的不正義に抵抗しようと提案する。[14]

　社会的不正義に対して個人の徳で対抗するというのは一つのやり方だ。他方でそれに制度で抵抗するというのも重要なはずだ。[15]では、フリッカーが個人が徳として身につけるよう提案するこうした場の空気の醸成を、制度化できないだろうか。特に、解釈のためのよりインクルーシブな場の空気を作り出すことを、解釈的不正義に抵抗するために課される聞き手側の社会的責任として捉え直すことはできないだろうか。これは一種の社会制度に関する提案である。そして、その制度設計の一つのやり方として、言語行為工学が使える。たとえば、解釈のためのよりインクルーシブな場の空気の醸成を、話し手の発語内行為によって聞き手側に生じるコミットメントだと考えてみよう。こうした考えを実装する発語内行為はどんなものだろうか。聞き手をあることにコミットさせるのは命令だということを踏まえれば、素朴な考えは、解釈的不正義の影響下にある話し手は、主張や約束や依頼といったさまざまな発語内行為を行うと同時に、そうした場の空気を作ることに聞き手をコミットさせる一種の命令もしている、というものであろう。つまり、解釈的不正義の影響下にある話し手の発語内行為は、いずれもこの種の命令を伴う複合的な発語内行為だと考えるわけだ。この提案は、話し手がこの命令をする権力をもつということを社会が認めることも含めて、解釈的不正義の影響下にある話し手に対する一種のエンパワーメントの提案である。また、解釈的不正義がしばしば気づかれないものだということに鑑みれば、この発語内行為は、話し手が意図していたかどうかにかかわらず、話し手が置かれた状況が一定の条件を満たすことによって遂行したことになる類のものとなるだろう。

これは粗いスケッチに過ぎず、具体的な提案にいたるには細部を詰める必要がある。とはいえ、この方針の提案が実現されたなら、解釈的不正義に晒されている話し手の発言を、要領を得ないものとして聞き流すのではなく、一緒になって言わんとしていることを探るということは、個々人がそうした姿勢を徳として身につけるよう努力すべきことというより（もちろんそれを身につけるに越したことはないが）、発言によって課される責任として私たちがやらなければならないことになる。発語内の力をコミュニケーションのための社会インフラと考えるならば、この対抗策は、解釈的不正義のゆえに話が伝わらないという問題に対処するための社会インフラの整備による制度的な対抗である。

2　言語行為工学の実装と発語内の力の変化の諸課題

今見たのは、コミュニケーションの社会インフラの一つとして私たちのレパートリーに加えてもよいような発語内行為の素描だ。つまり、話はまだ発語内行為の設計の段階――しかもそのスケッチの段階――にとどまっている。そして、設計された発語内行為を社会にどう実装するのかというのは、設計とはまた別の問題だ。概念工学と同様、言語行為工学にとっての一つの基本問題がここにある。

第十二章では、意味決定のメカニズムは複雑で、私たちがそれを完全に理解しているわけでも、意のままにコントロールできるわけでもない、ということを見た。意味変化の実装のお手軽なレシピなどない。これは概念工学の基本問題の一つである。言語行為工学の実装に関する状況はもっと初期段階だ。社会インフラとしての発語内の力を変えるというのはどんなことなのか、そもそもそれはどう決定されているのか、その決定のメカニズムは意図的な介入による発語内行為の変化を可能にするようなものなのか、といった問題は、まだほとんど手付かずの問題だ。

とはいえ、まったくの無策かといえば、そんなことはない。これらの問題には、第十二、十三章で試みた意味の変化についての考察を応用したり、また発語内の力が実際に変化した事例を観察したりすることを通じて取り組むことができるだろう。

第十二章で見たように、個人が好き勝手に言葉の意味を変えることはできないが、他方で、ある種の権威が意味を変えるということはありうる。同様に、発語内の力も個人が好き勝手に変えることができるようなものではおそらくない――それは発語内の力版ハンプティ・ダンプティ主義だ。他方で、内部通報をめぐる立証責任の転換の議論が示唆するように、ある局面では、ある種の集団に発語内の力を変える権威が認められている。では、言葉の意味に関してときに見られる専門家集団への決定の委託は、発語内の力についても同様に見られるだろうか。そもそも発語内の力についての専門家とは誰だろうか。そうした専門家への委託があるとしたら、それはどんな仕組みでなのか。まずはこうした問いを手がかりに、発語内の力が変化する仕組みについて考えていくことができるだろう。

第十三章では、言葉の意味には遊びがあるということ、そして言葉の意味を変えようとする試みには、意味の遊びをどう調整するかを超えて、何が意味の遊びに含まれるのかを変えようとする交渉が含まれる、と論じた。

同じことが発語内の力についても言える。発語内の力にも、遊びがあり、その遊びは状況に応じて異なる仕方で調整されうる。たとえば、主張には、必要に応じてその内容を正当化するというある種の挙証責任が伴う（第二章を参照）。サンフォード・ゴールドバーグは、何をすれば主張内容を正当化したことになるのかは文脈に応じて変わりうる、と論じる（Goldberg 2015）。ゴールドバーグのこの見解が正しければ、主張内容を正当化するという主張に伴う責任の内実には、場面に応じて調整可能な遊びがある。

さらに、発語内の力をめぐる交渉にも、その遊びの調整を超えて、何が遊びに含まれるのかを変えようとする——ひいては発語内の力の基本的なあり方を変えようとする——試みもある。私たちは、合衆国大統領のそうした振る舞いを目の当たりにしてきた。ドナルド・トランプは、事実を報じているかどうかに構わず、自分に都合の悪い報道に「フェイクニュース」のレッテルを貼り、報道機関を罵倒し続けてきた。あるいは彼は、二〇二〇年の合衆国大統領選挙で自身の敗退の危機を察知するや、「選挙が盗まれた！」と繰り返し叫び、選挙に不正があったと主張し続けた。こうした彼の主張には往々にして根拠はなく、それに対しては当然、「ならば証拠を出せ」という批判が噴出するが、彼が自分の主張を正当化する十分な根拠を出すことはない――ないのだから出せるわけがない。[16] 異論に対するこうした態度は、もちろん主張によって生じる責任・コミットメントの遊びの範囲外だ。道端に捨てられた選挙用紙の束の写真は、法廷で争われるまでに至った大統領の主張を十分に支持する証拠ではない。そんなものを出したところで、それは主張に伴う責任を果たしたことにならない。では、彼は根拠のない主張を撤回するかといえば、そんなことは決してなく、むしろいまだに同じ主張を繰り返し続けている。

このようにトランプは、主張に伴う責任を大胆にも踏み倒し続けてきた。それだけではない。恐るべきことに、少なくない人が彼のそうした態度を認めつつある。CNNの調査によれば、選挙の不正があったと考える共和党支持者のうち、不正の確実な根拠があるわけではないと考える人の割合が増えている。[17] ここに、主張という発語内の力の変化を見てとることができるかもしれない。主張するならちゃんと根拠を出せるようでなければならない、というのが主張の基本的なあり方だった。それが、ときには証拠なんかなくても主張してもよい、というように変化しつつあるのではないか。根拠のない主張が繰り返されることに伴って、主張に伴う責任のあり方が歪められつつある、というわけだ。そしてたちの悪いことに、トランプの無根拠な主張は人々にそれに基づいた行動を取らせてしまう――たとえばその主張は、それに基づいて選挙が盗まれたと考える有権者の投票行動を左右する。できあがるのはまるで巧妙な贋札のような言葉だ。人は贋札を真札のように使ってしまうが、贋札には価値を保証する政府の裏付けがない。トランプの主張に従って行動したとしても、そこには本来あって然るべき根拠がない。

ときには根拠なんかなくても主張してよい——このように主張に伴う言行一致の責任は変化してしまうのか。この問題と、生成ＡＩの普及とは無関係ではないかもしれない。生成ＡＩの問題の一つにハルシネーションの問題がある。生成ＡＩは、もっともらしい誤情報の生成を避けられないという問題だ。しかし、生成ＡＩの問題は、誤情報を避けられないという事実問題だけではない。それには、誤情報を避ける責任を負っていないという規範的な問題がある。生成ＡＩは、反論されたら内容を正当化する責任を負うという、無根拠な主張を抑制する規範にそもそも縛られていない。[18] ChatGPT が文字列を生み出すたびに、正当化の責任にコミットしているとは考え難い。OpenAI がそうした責任を肩代わりしているわけでもない。つまり生成ＡＩの主張は無責任なのだ。もちろん、ChatGPT が文字列を生み出したところでそれはそもそも主張ではない、というのはもっともな意見だ。しかし、ChatGPT による文字列の生成を主張と見分けるのはそれほど簡単なことではない。今井むつみは、ChatGPT の答えを元に、間違った主張を堂々とする素人が増えていると報告する。[19] つまり、現に人々は、ChatGPT の言葉を受けて、主張が相手に許可する振る舞い（第二章四節を参照）をしてしまっているのだ。主張と区別のつかないなにかが蔓延し、人々はそれを主張のように受け取る。しかしそれは裏付けとなる根拠を出すという責任に縛られてはいない。こうした状況が、主張と挙証責任との結びつきを歪めうるのではないか、というのがここでの懸念である。

こうした考察から浮かび上がるのは、言葉の意味と同様、発語内行為についても、それを変えるということの正当さ・不当さが問われる、ということだ。ではそうした正当さ・不当さはどう決まるのか。これは、言語行為工学のもう一つの基本問題である、力の変化の倫理の問題だ。そしてこの問題に取り組む際にも、概念工学と意味の遊びの交渉に関するここまでの考察が役に立つ。発語内の力が社会のインフラである以上、インフラに手を加える言語行為工学には社会的な責任が伴う（第十二章を参照）。そして、発語内の力を変えるような交渉の正当さ、不当さは、その目的や結果、プロセスのそれぞれについていくつもの異なる観点からの評価を踏まえ総合的に判断されるべきだ（第十三章を参照）。

❖これだけは押さえておきたい本章のポイント

・「誤解を招いたとしたら申し訳ない」のような条件つきの謝罪は、本当の意味での謝罪ではない――謝罪もどきにすぎない――とときに非難される。ただし、こうした非難に値するのは、自分が悪いことをしたとわかっていてする条件つき謝罪であり、条件つき謝罪一般ではない。

・謝罪に条件をつける、というのは謝罪のリデザインだ。謝罪に限らず、発語内の力は、必要に応じて作り変えることができる。既存の発語内行為では十分対応できない問題に対処するために発語内の力を改良したり、新たな発語内の力を作ったりする営みを、言語行為工学と呼ぶ。

おわりに

意味の表と裏をめぐる本書の探究で何が明らかになったのか。それは意味の表と裏の区別がいかに揺らぎうるのか、言質がいかに不確かなものでありうるのかだ。

本書の基礎にあるのは、意味の表と裏、言質の有無を左右するのは否認可能性だ、という考えだ。何かを意味しつつも、それを否認する人がいる。そうした否認が通用しない、ということが言質を与えるということであり、言質を取られた人は、意味したことと行動を一致させる責任を負う。そうした否認が通用するなら、その人は言質を与えておらず、意味したにもかかわらず、言行一致の責任を負うことはない。

こうした考えのもと、表と裏の境界を揺るがし、言質の有無を不確かにする一つの要因として本書が注目したのは、否認可能性の多様性だ。否認が通用する仕方、つまり、意味しておきながらそんなことなどなかったかのような話し手の振る舞いが容認される仕方は一つではない。意味したということが誤解じゃないとわかっているかどうかという基準（認識的な規範）一つとってみても、その判断に伴うリスクといった実践的な要因を含むさまざまな要因によって、基準は微妙に変わりうる（第六章）。さらに、裁判という特殊な状況に鑑みて、あるいは穏便な人付き合いのために、といったさまざまな事情で、わかっているかどうかとは別の基準が使われることもあり、その結果、場合によっては、誤解じゃないとわかっていつつ、否認の振る舞いが容認される、ということも生じる（第八章）。このように否認の容認の基礎となる基準は複数あり、どれを用いるかに応じて、同じ否認の振る舞いであっても容認されたりされなかったりする。その結果、ある基準では表の意味だったものが、別の基準では裏の意味になる、ということが生じうる。

意味の表裏の境界を揺るがし、言質の有無を不確かにしうるさらなる要因は、言葉の意味の揺らぎ、それから発語内の力の揺らぎだ（第十二〜十四章）。何をすれば言行一致になるのかは、言葉の意味と発語内の力に左右される（第二章）。だが言葉の意味や発語内の力は場面場面で調整されたり、場面場面での調整を超えて大きく変化したりする。こうした調整や変化によって、同じ言葉を使った発言であっても、場面場面で、言行一致の責任のあり方が変わり、意味の表裏が揺らぐことがある。かくして発言に伴う責任は絶対不変ではなく、意味の表と裏の境界は揺らぎうる。

こうした意味の表裏の揺らぎは悪用されうる。そしてそれは、不当に言質を逃れようとするものにとっての付け入る隙だ。犬笛やイチジクの葉は、異なる否認可能性の間の揺れを巧みに利用することで、社会的に認められないことがらをやり取りしつつ非難を免れる手段となる（第九章）。言葉の意味や発語内の力が変わりうるということは、意味や力には、人がそれらを自分の都合のいいように捻じ曲げようと交渉する余地があるということでもある（第十二〜十四章）。

悪用の可能性をもつ意味の表裏の揺らぎに私たちはどう向き合っていけばよいだろうか。

悪用の可能性があるものなんかなくしてしまえばいい、そう思われるかもしれない。しかし、意味の表裏の揺らぎをなくすことはまず不可能だ。たとえば、誤解じゃないとわかっているかどうかの基準が場面場面で揺れる、それゆえ誤解の余地としての否認可能性が揺れる（第六章）というのは、知識というもののあり方からして避けがたいことであり、私たちにどうこうできることではない。あるいは、言葉の適用例やそれに伴う責任のあり方を隅から隅まであらかじめ確定しておくことはできない、というのはおそらく言葉の本質であり、だとすれば、意味から遊びを取り除くことなどそもそも不可能である（第十三章）。意味の表裏、言行一致の責任のあり方を左右するさまざまな要因の不確定性ゆえに、意味の表裏の揺らぎを完全になくすことはできない。

だとしても、責任逃れのための悪用の余地を減らすために、意味の表裏の揺らぎを極力少なくすべきではないのか。

本当にそうだろうか。私はこうした方針に抗いたい。忘れてはならないのは、意味の表裏の揺らぎ、言質の不確かさは、私たちのコミュニケーションを豊かなものにもする、ということだ。否認可能性のある一つの基準を杓子定規に当てはめて意味の表裏を決めるのではなく、状況に合わせて柔軟にその境界を決める余裕が私たちのコミュニケーションにはある（第八章）。言行一致の責任の中身を決める言葉の意味と発語内の力が不変でないということは、それがニーズや状況に応じて変化する柔軟性をもつということでもある。言葉の意味に遊びがあるからこそ、それを場面場面で調整することでその場にピッタリな言行一致の責任を作り上げることができる。発語内の力にもニーズに合わせたリデザインの余地があり、それに応じて言行一致の責任は変化しうる。言葉の意味そのものや、発語内の力の基本的なあり方を変えるよう交渉することさえときに可能であり、こうした交渉の可能性は、コミュニケーションを支える言葉の社会インフラを改良する余地でもある（第十二〜十四章）。

意味の表裏の揺らぎ・言質の不確かさを抑制するというのは、こうした豊かさを犠牲にすることでもある。あらかじめガチガチに決めておいた画一的な基準を杓子定規に当てはめるということによって生まれるのは、随分と余裕のない、融通の利かないコミュニケーションのシステムだ。たとえば、誤解じゃないということがわかっているかどうかを基準とした否認可能性、つまり認識的な否認可能性こそが意味の表裏を決める唯一の基準だと考えることで生まれるのは、人間関係の円滑さのために対人関係の規範を認識的なそれに優先させることを許さない、幾分ギスギスした不寛容なコミュニケーション像だろう。あるいは、法廷での発言についてはわかりきった言外の意味でも言質を免れるという仕組みは、法廷での特殊事情に鑑みた一つの制度設計だが、認識的な否認可能性を金科玉条としてあらゆる場面で適用するというのは、こうした柔軟な制度設計を不可能にする（第十章）。意味の遊びや交渉の余地という揺らぎを認めないということは、排他的な思想——たとえば、「結婚」という言葉が異性カップルにしか当てはまらないのはその言葉の意味からして揺るぎないのであり、同性カップルに「結婚」が適用される遊びや交渉の余地などない、という思想——に口実を与える（第十二章）。画一的な基準はときに排除の原理となるのだ。あるいは、発語内の力に変化の余地を認めなければ、民事裁判における立証責任の転換の余地もなくなろう（第十四章）。

意味の表と裏の揺らぎ・言質の不確かさは、それを悪用する人にコミュニケーションにおける責任逃れの余地を与える一方で、私たちのコミュニケーションを豊かなものにもする。こうした豊かさを維持しつつ責任逃れを野放しにしないような、意味の裏表の揺らぎ・言質の不確かさのよい匙《さじ》加減を見出すこと、これこそが一つの社会的課題ではないか。そして、その役に立つのは、豊かさの源でもある揺らぎを適度に残しつつも、その悪用を牽制する方法を見つけることだ。この点について二つの視点を示唆することで本書の締めくくりとしたい。

一つは、言行一致の責任帰属の正当さがいかに脅かされるのかを明るみに出すということだ。たとえば他のどんな基準にも反して個人の都合を押し通すことで言質の有無を決めることが正当化されることはないだろうし、あるいは認識的不正義という社会的不正義の影響が認識的な基準に基づく責任帰責を不当にすることもあるだろう（第十章）。言葉の意味や発語内の力を調整・変化させる試みもまたさまざまな仕方で不当になりうる（第十二〜十四章）。コミュニケーションに限らない一般的な規範——社会のインフラを扱うことに伴う社会的な責任であったり、相手のことを考えずに個人の都合を押し通すことの悪さであったり——に照らして言質の決定がいかにして不当なものになりうるのか、それを理解し、必要とあれば個々の場面でそれを指摘することは、言質の揺らぎの悪用を牽制する一つの手段である。

こうした不当さの指摘とは別のもう一つの視点は、責任逃れのための言質の揺らぎの悪用が今あるコミュニケーションの仕組みを脅かす構造を指摘する、というものだ。誤解を解くための正当な「そんなつもりはなかった」と責任逃れのための「そんなつもりはなかった」の間には、それぞれの有効性についてのトレードオフ関係がある（第五章）。責任逃れの余地をなくそうとして「そんなつもりはなかった」が通用する基準を厳しくすると、それに合わせて本当の誤解を解くための正当な「そんなつもりはなかった」が通用する基準も厳しくなる。責任逃れの余地を狭めるために、本当の誤解を解く手段の有効性を犠牲にするというこの方針は、責任逃れの横行によって正当化されるかもしれない。こうして定められた意味の表と裏の境界は総合的に正当なものでありうるが、その結果生じるのは、誤解の可能性に過度に不寛容な社会——誤解が誤解でなくなる社会——だ（第十一章）。あるいは、意味の遊びの悪用に対する対抗策は、遊びそのものに対する不寛容でありうる——「反社会的勢力」をめぐる政府と野党の「定義できない」、「いや、すでに定義されている」という応酬はまさにこうした動きに見える（第十二、十三章）。これが示唆するのは、言葉の意味や発語内の力を自分の都合のいいように捻じ曲げる行いの横行は、それを牽制すべく意味や力を変える余地そのものを制限する一種の圧力になりうるということだ。意味の表と裏の揺らぎを利用した言質逃れは、このようにして今あるコミュニケーションの仕組みをじわじわと蝕んでいきうる。この構造を指摘することは、言質の揺らぎを利用した責任逃れを牽制しコミュニケーションの豊かさを守るために本書から引き出しうるもう一つの手段となろう。

注

［はじめに］

1 言外に暗に謝罪する、ということは可能だろうか？

2 この言い訳が通用したかどうかはまた別の問題である。第一章を参照。

3 ここまで見てきた事例の選択には党派的な偏りがある。本書を通じて見られるこの偏りは、特定の政治的意図、たとえば、特定の党派を貶めるという意図があってのものではない。党派的な偏りがないように事例を収集しようとしたものの、論じるに値すると思われる事例を見つけるには至らず、結局目についたものを事例として取り上げることとした。にもかかわらず、この偏りは、私の政治的なスタンス——私は何か強い特定の政治信条をもっているわけではないが、基本的にはリベラルよりだと思う——とは無関係ではないかもしれない。つまりそのスタンスが、何が目につくかに暗に影響を与えている、という可能性がある。こうした可能性を考える手がかりとして、本書第八、九章の議論を参照してほしい。

［第一章］

1 この事例の記述は、https://www.nikkei.com/article/DGXNASFS01030_R00C13A8PP8000/（2022/9/1 閲覧）および衆議院第一八四回国会（臨時会）質問第六号「麻生副首相のいわゆる『ナチス発言』『一部撤回発言』に関する質問主意書」に基づく。

2 この事例の記述は、https://news.yahoo.co.jp/byline/matsuokasoshi/20220629-00303189（2022/7/6 閲覧）とhttps://news.yahoo.co.jp/articles/efe11d84271843868deae774f508919f6790f95d（2022/7/6 閲覧）に基づく。

3 この事例の記述は、https://newsdig.tbs.co.jp/articles/-/88937?display=1（2022/7/7 閲覧）とhttps://twitter.com/

4 ysakurada/status/1544845411223244800?cxt=HHwWgMDUje6tsvAqAAAA（2022/7/7 閲覧）に基づく。こうした行いがそれをする側にとって不合理でない状況がありうる。支払いを踏み倒すために通用しないおもちゃのお金を受け入れるようゴリ押しするというやくざな状況である。これは、通用しないものを通用するものとして押し通すことで既存の秩序を（少なくとも一時的に）無効化しようとする試みだ。実は「そんなつもりはなかった」、「誤解を招いたとしたら申し訳ない」という言い訳にもこうした側面がある。既存の秩序に反する仕方で言葉を用い、それを押し通すことで、既存の秩序を無効化したり変更しようとしたりする試みについては、本書後半で論じる。

5 これとはまた別の理由については第七章と第八章の議論を参照。

6 Swanson（2021）は、話し手が何を意味していたかは話し手が何を意図していたかによって決まるとする立場を属人主義（personalism）と呼び、それが差別的な言語使用に対する糾弾にとって障害となりうると論じている。

7 この事例の記述は、東京地判令和四年三月二五日（Westlaw Japan 文献番号 2022WLJPCA03258002）と東京高判令和四年一〇月二〇日（Westlaw Japan 文献番号 2022WLJPCA10206004）に基づく。

［第二章］

1 いくつか例をあげておこう。Brandom（1983）、Brandom（1994）、Walton and Krabbe（1995）、Carassa and Colombetti（2009）、Kukla and Lance（2009）、Gilbert and Priest（2013）、Geurts（2019）、三木（2019）。De Brabanter and Dendale（2008）はこの種の理論の概観を掴むのに有用だ。

2 質問する側が答えがわかっているのに質問するというタイプの質問がないわけではない。たとえばテストがそうだ。

3 この用語法では「意味する」は、Austin（1962）における発語行為を構成する意味行為とは別物だ、ということに注意されたい。

4　発語内行為には、挨拶のように特定の内容を伴わないものがある。本書の用語ではそうした発語内行為も意味することの一種だということになる。

5　これはその人が自分や洗濯物が濡れるのを避けようとしている限りでの話だ。そうでないなら、その主張と矛盾しない行動は別のものになりうる。

6　Green（2017）は事実確認型に属するいくつかの発語内行為について、その遂行に求められる細かな条件の違いをまとめている。

7　第十四章では、トランプのこうした振る舞いが主張のあり方を歪めてきた可能性について論じる。

8　白川晋太郎氏の指摘によれば、ブランダム自身、認識的、道徳的といった仕方で区別される正当化の種類を考えるのではなく、それらにいわば中立的な「正しさ」、「正当化」を問題にしている。

9　ガーツはあらゆる種類の発語内行為に言行一致の責任が伴うと考える。次章以降で詳しく見るように、本書は、ある種の意味はそうした責任を回避すると考えるので、ガーツのこの主張には賛成しない。こうしたスタンスに対する一つの疑問は、では、どうやってさまざまな発語内の力を区別するのか、というものであろう。さまざまな応答が可能であろうが、何をすれば言行を一致させたことになるのかということと、言行を一致させる責任があるということを区別した上で、発語内の力を特徴づける要因としては前者を採用する、というのは一つの方法だ。

10　Geurts（2019）はこれを承認原理と呼び、これとコミットメント共有原理（AがBに対してpへコミットするなら、他の事情が異ならない限り、BはAに対してpへコミットする）の二つを使って相互コミットメントが生じることを説明している。

［第三章］

1　本書で論じるような理論的な文脈で「否認可能性」（あるいは「もっともらしい否認可能性」（plausible deniability））という用語を用いたのはPinker et al.（2008）である。否認可能性によって意味を分類するという提案として、

Pinker et al.（2008）、Asher and Lascarides（2013）、Camp（2018）などがある。特に、Pinker et al.（2008）とCamp（2018）は否認可能性があるかどうかによって、公のコミットメントをもつ、つまり責任の伴う伝達内容とそうでない内容を区別しており、本書における表の意味と裏の意味の区別は、この区別におおよそ対応する。これに対して三木（2019）は、責任を伴うかどうかを、意味の分類の基準ではなく、そもそも話し手が何かを意味したかどうかの基準として用いている。三木（2019）のこの提案に対する批判として、藤川（2022）を参照。

2 前章で見たように、厳密には、話し手が何か意味するだけでは言質は生じない。話し手が意味するというのは、言質が生じるいわば前段階で、聞き手に受け取られてこそ言質は生じる。こうした段階性は、言質を生じさせるような発語内行為は、言行一致の責任を引き受けるということに対する話し手側のいわば前段階的な振る舞いだと考えることで捉えられる。そうした前段階的な振る舞いの分析として、Carassa and Colombetti（2009）の予備コミットメントや、同様の提案として三木（2019）の共同的コミットメントに参加する個人的な準備の表立った表明を用いたものがある。言質を生じさせるような発語内行為は、厳密には、同時にその行為に対応した責任を引き受けるという特殊な種類の提案——次節の議論を踏まえれば、話し手が意図したかどうかにかかわらず、否認可能かどうかという条件に応じて提案したかどうかが決まるような、特別な種類の提案——でもあると考えてもよい。

3 グライスのこの提案には批判も多い。また、グライス以降、意味するということを特徴づける意図についてさまざまな提案がなされてきた。そうした批判や改定案については、三木（2019）を参照。

4 このことは意図しない主張、意図しない提案、意図しない揶揄もありうるということと両立する。

5 こうした考察は言行一致の責任の社会相対性を浮き彫りにする。つまり、主張に伴う責任のあり方は、何をしたら道徳的な正当化にあたるのかについての社会の通時的・共時的揺れに応じて変化する。このことを踏まえると、事例（ii）における差別的な発言の交渉としての側面が見えてくる。つまりそれは、道徳的に正当化しうる行いは何かに関する社会のあり方を変える試みである。こうした交渉は、間接的に責任のあり方を変容させようとする試みでもある。この点については第十三章で論じる。

［第四章］

1　「conversational implicature」はグライスが導入した専門用語であり、専門書では「会話的推意」という訳語もよく使われる。ここでは読みやすさを優先して、「会話の含み」という訳語を採用する。

2　グライスの用法では、言外の意味のなかでもある特定のクラスのもの——次節以降で見る、話し手が協調の原理に従っているという仮定のもとでなされる行為の合理化において話者に帰属されることがら——だけが会話の含みと呼ばれている。会話の含み以外に言外の意味がないわけではないということには注意が必要である。第五章の注9も参照。

3　以下、邦訳のある文献については邦訳の該当ページも付す。ただし訳文は必ずしも邦訳によるわけではない。

4　二つの発言の情報量は、含意関係によって比較される。すなわち、二つの発言AとBについて、AがBを含意するが、BはAを含意しないならば、AはBより情報量が多い（互いが互いを含意するならそれらの情報量は同じである）。同様に、発言の情報量はその内容によって排除される可能性で測ることもできる。つまりその発言の内容と不整合な可能性が多ければ多いほど情報量は多くなる。

5　私が実際に経験した事例を一つ。試験監督中、試験終了時刻が間近だという場面で、監督補佐の学生に「今何時ですか」と問いかけたところ、秒単位の答えが返ってきた。その試験では試験の開始・終了の合図は、チャイムではなく、時計に基づいて出すことになっており、秒単位の正確な時刻が必要な文脈であった（実際、私が期待していたのも、秒単位の答えだった）。

6　行為の合理化のより正確な特徴づけについては、金杉（2012）を参照。

7　他者の発言の解釈は一種のマインドリーディングであるというグライス語用論の基本的な描像と、自閉スペクトラム症の特性の一つである言外の意味の理解における困難の関係について、さまざまな研究がある。Kissine（2012）、Chevallier et al.（2012）などを参照。第五章の注9も参照。

8　Saul（2002）によればこれらは会話の含みの必要条件にすぎない。

9 こうした期待をもたない、あるいはもてない場合、会話の含みは生じない。これが意味しているのは、話し手は伝えようと意図したことならなんでも会話の含みとして意味できるわけではない、ということである。Saul（2002）を参照。これは第三章の（**意図→言質**）が成り立たない、第三章で見たのとはまた別の理由でもある。

10 信念以外の心的状態の帰属によって合理化がなされる場合もある。Grice（1989, 370: 邦訳三二五頁）を参照。

［第五章］

1 なので、ここでの文脈は直前の引用でグライスが文脈と呼んでいるものより広い意味をもつ。ややこしいが、Stalnaker（1978）に由来する用語法では、文脈は共通了解におおよそ相当する（ただしスタルネーカーが共通了解と考えるのはグライスがここで考えているものより幾分複雑である）。

2 コミュニケーションについてのこうした見方は、Stalnaker（1978）、Lewis（1979）に端を発する動的意味論・動的語用論の基礎である。

3 塩瀬隆之氏がコミュニケーションデザインの授業の実践としてこの事例を教えてくれた。

4 メキシコ合衆国最北端に位置し、殺人発生率基準で世界で最も治安の悪い街の一つ。

5 相手がどんな人かよく知らないとき、あるいは、相手が自分のことをどの程度知っているかわからないとき、自分と相手との間で何が共通了解になっているのかを正確に見積もるのは簡単なことではない。できるのはせいぜい、なるべく限定的でない属性を使って広く網をかける、ということだろう。日本語で話しているのなら、少なくとも日本語話者だということはわかる。方言から出身地を推測することもできるかもしれない。あるいはXに投稿するなら、画面の向こうにいるたくさんの相手は少なくともXのユーザーだろう、多分。こうしたざっくりした網掛けをするよりほかないのだけれど、どれくらい限定的な属性を考えるかの見積もりが話し手と聞き手の間でずれたなら、お互いが常識と思っていることに食い違いが生じうる。

6 アンジャッシュの一連のコントは、こうした補正メカニズムの限界を巧みについている。それが描くのは、話し手の考える文脈と聞き手の考える文脈のずれによって本当はコミュニケーションがうまくいっていないにもかかわらず、なぜかうまく辻褄が合ってしまうことで、文脈のずれが補正されないままコミュニケーションが続く、という状況だ。

7 もしかするとこうした事例は稀なものではないかもしれない。McKinney (2016) は日常的に起こりうる発言の強要を、「無理に引き出された語り」の問題として論じている。

8 Burton-Roberts (2010, 142) いわく「少なくともグライスにとって、意図されない［会話の］含みなどというものは存在しない」。こうした強い主張が正しいとすれば、脅迫のもとでの発言によって会話の含みが生じることはないということになる。

9 前章と本章では、会話の含みが意図に依存するということ、そして会話の含みを理解するということが一種のマインドリーディングを伴う、ということを論じた。第四章の注2でも述べたように、会話の含みというのは言外の意味の一種に過ぎない、ということに注意してほしい。それゆえ、会話の含みのこうした特徴は、言外の意味の一般的な特徴ではないかもしれない。たとえば、ガーツらは、言外の意味の理解に自閉スペクトラム症がどのような影響を及ぼすかの研究を手がかりに、言外の意味の理解が必ずしもマインドリーディングによるわけではない、と論じている (Geurts, Kissine and van Tiel 2019, Kissine 2021)。

10 「誤解を招いたとしたら申し訳ない」も「そんなつもりはなかった」と同様の有用な補正手段である。「誤解を招いたとしたら申し訳ない」については第十四章で詳しく論じる。

【第六章】

1 本章と第八章の議論の原型は藤川 (2022) にある。

2 これ以外の応答がないわけではない。実際、第八章一節でも確認するように、状況によっては、Aの会話の含みは否認可能ではない。否認可能かどうかは絶対的なものではなく、揺らぎうるというのは、本章から第十章までで追究するテーマの一つである。

3 以下で展開するのはスタンリーが関連代替ＩＲＩと呼ぶ立場だ（Stanley 2005）。その立場によれば、「時点ｔにおける主体の環境に関する実践的な事実のゆえに、ある命題ｐをその時点で知っているために、その主体は、別の時点t'で排除する必要のある代替命題の集合とは別の集合を排除しなければならない、ということが起こりうる」(Stanley 2005, 85-86)。スタンリーも強調するように、これは実践的要因に基づいた知識の揺れを説明する唯一の方法ではない。実際スタンリーは知識に関する別の理論を使ってこのことを詳しく説明している。

4 Lewis (1996) は何が適切に無視される可能性かを決める規則として、次の八つの規則を挙げる。

・現実性の規則：現実を無視するのは適切ではない。
・信念の規則：主体が信じている可能性を無視するのは適切ではない。
・ハイステークの規則：間違った場合の被害が甚大なら、適切に無視される可能性はほとんどない。
・類似性の規則：よく似た二つの可能性のうち、一方を無視するのが適切でないなら、他方を無視するのも適切ではない。
・信頼性の規則：知覚、記憶、伝聞という情報伝達経路が壊れているという可能性は適切に無視できる。
・方法の規則：二つの標準的な非演繹的推論――枚挙的機能と最善の説明への推論――がうまくいかないという可能性は適切に無視できる。
・保守主義の規則：みんなが通常無視し、そのことが共通知識になっているような可能性は適切に無視できる。
・注意の規則：注意が向けられた可能性は適切に無視されない。

この中で特にコメントが必要なのが、最後の注意の規則である。ある可能性に言及することは、その可能性に聞き手の注意を向ける。たとえば「そんなつもりはなかった」という言い訳を耳にすることで、そんなつもりはなかったという可能性に聞き手の注意が向けられる。注意の規則が正しければ、これによってそんなつもりはないという可能性を無視するのは適切でなくなってしまう。本書はこうした強い規則として注意の規則を採用しない。可能性に言及することは、その可能性が目下の状況に関係するかどうかを変化させるかもしれない。しかしすぐ後で見るように、その可能性が適切に無視されるかどうかは、関係があるかどうかだけによっては決まらない。

5 同様の例が上枝（2020）第七章にある。

6 あることが間違いであることのコストは、さまざまな状況の詳細によって左右されうる。たとえば、両親を含む家族みんなで出向く場合でも、そのレストランの近くに同じくらいよいレストランが他にいくつもあって、それのどこにも入れないということがほとんどありえないという状況であれば、店が閉まっていることの影響はさほどなく、そして、店に電話することもないかもしれない。

7 否認可能性の認識的な特徴づけとしてCamp（2018）とDinges and Zakkou（2023）を参照。後者は次の基準を提案している。ある発話がある意味について否認可能であるのは、（1）その話し手がその発話によってそれを意味したという知識を聞き手がもっていないか、（2）その話し手がその発話によってそれを意味したことを否認したならば、その否認はその知識の阻却理由になる場合かつその場合に限る。

8 以下の議論は、意図に対する一人称的アクセスの特権性が仮に正しいとしても、「そんなつもりはなかった」は無敵の言い訳ではない、ということを示す議論だ。「本当のことは本人にしかわからない」論法の誤りを示す方法はこれだけではない。たとえば、以下の議論を、一人称的アクセスの特権性は誤りだということを示す議論に作り変える――たとえば、強い状況証拠と本人の自覚が食い違うなら、それは本人の自己認識が間違っている、つまり一種の自己欺瞞に陥っているのだ、ということを示す議論に作り変える――ことも可能であるかもしれない。

9 これはグライスが会話の含みの文脈的な取り消しとして念頭に置いていたケースである。

10 笠木雅史氏の指摘によれば、日本と北米とでは推薦状の重みが違う。こうした重みの違いは、何が適切に無視される可能性なのかを左右する要因でありうる。

11 Pinker et al.（2008）はこうした間接的なほのめかしが合理的である条件をゲーム理論を用いて定式化している。その条件の一つは、否認可能性が人によって異なりうる、とりわけ慎重になる理由のある人とそうでない人が入り混じっており、相手がどういう人かがわからない状況である、ということだ。

12 Dinges and Zakkou (2023, 391-392) は警官のリアクションごとに認識的な要求が異なりうるという観点から同様の指摘をしている。

[第七章]

1 以下、地裁と高裁の判決に関する記述は次の二つの文書に基づく。引用もそれらからのものである。
東京地判令和四年三月二五日(Westlaw Japan 文献番号 2022WLJPCA03258002)
東京高判令和四年一〇月二〇日(Westlaw Japan 文献番号 2022WLJPCA10206004)

2 これに対して、名誉感情の侵害は発語媒介行為に分類される。

3 https://mainichi.jp/articles/20221023/k00/00m/040/007000c

4 こうした判断はこの高裁の判決だけの例外的なものではない。Cappelen and Dever (2019, 115: 邦訳二四六頁) が報告するスイスの裁判所の事例では、被告が Facebook のある投稿に「いいね」することでその内容を支持したと認定され、名誉毀損の有罪判決が下された。

5 たとえば、ある人がある人物に対してことあるごとに共感や支援を表明しており、さらにツイートへの「いいね」を常日頃からブックマークのために用いるような人なら、純粋にブックマークのために中傷的な内容のツイートに「いいね」した、ということもあるだろう。状況証拠は、杉田がこうした人物である可能性を排除する。

6 社会生活と幾分離れた特殊な状況では、より慎重で疑り深い基準が採用されることもある。たとえば哲学的な懐疑論を論じる——そこでは私たちが映画『マトリックス』のように機械に繋がれて精巧な幻覚に陥っているとか、悪魔が私たちの心を操作して、ないものをあるかのように錯覚させている、といった可能性が、無視できない可能性として真剣に考察される——という状況はそうした特殊な状況だ。

7 他方で、より慎重な場面で認定された言質は、それより緩い場面でその言質を認定する根拠となる。

8 間違いのコストの大きさはもちろん個々人の事情に左右される。そうした違いに応じて、何が適切に無視される可能性なのかが変化する。こうした変化が生じるのは、間違いのコストの大きさに応じて状況が変化するからであって、それに応じてコストと無視される可能性の対応関係が変化するからではない。

9 「裁判官の良心は、裁判官が個人で形成するものではなく、法律家共同体の影響の中で形成される。［中略］さらにいえば、法律家共同体の意識は、他分野の専門家や社会全体の意識に左右される」（木村 2023, 38）。

［第八章］

1 自分がスイスの銀行に口座をもっていたことはない、というのがブロンストンの発言の言外の意味であることは明らかである。他方で、それが会話の含みかどうかは、慎重な検討を要する。この問いの答えは、一つには、法廷における尋問という特殊な文脈において協調性の仮定がどのように扱われるか、ということにかかっている。この問題についてのより詳しい議論については、Asher and Lascarides（2013）を参照。

2 複数の法の間で生じる不整合については Priest（2006）を参照。

3 AとBとの力関係に大きな違いがある場合、事情が異なる。たとえば、Aは学界の重鎮で絶大な影響力をもっている一方で、Bはまだ駆け出しの講師なのだとしよう。BはAの否認を認めず食い下がるのは自分の研究者としての将来にとって得策ではないと考えて、そんなわけないだろうと思いつつAの否認を認めたのかもしれない。これは不要な対立を避けるべしという対人規範に基づく容認というより、Aの権力を笠に着た否認のゴリ押しである。こうしたタイプの否認は、すぐ後で見る実践的合理性に基づく否認可能性の一種だと考えられる。

4 https://number.bunshun.jp/articles/-/856966（2023/3/30 閲覧）に基づく。続く引用もこの記事からのものだ。

5 合理的意思決定論が教えるように、この種の選択の合理性はもっと複雑だ。少なくともそれは、ある選択の結果に対する行為者の好みだけでなく、その結果が生じる見込みを勘案したものであるだろう。

6 実践的合理性のもとでの否認可能性は、Dinges and Zakkou（2023）における「手出しできなさ」の一種である。

[第九章]

1 これはSaul（2024）のタイトルでもある。Saul（2024）の特色を二つ挙げておこう。一つは、人種差別主義に積極的に加担する人たちとそれに断固反対する人たちの間の中間層への注目である。ソールは、犬笛とイチジクの葉によって、そうした中間層が差別主義者側の言い分にいわば寛容になり、かつてはそれを言ったら政治生命の終わりだった人種差別的な発言を、政治家が口にしても許される状況を生じさせたと指摘する。もう一つの特色は、こうしたメカニズムがあからさまな虚偽・出鱈目の流布にも関わっているという指摘である。

2 本節で扱うのはSaul（2018）が「あからさまで意図的な犬笛」と呼ぶものだ。ソールによれば犬笛には聞いた人がその内容に影響を受けているにもかかわらずそれに気づかないような、より密かなものが存在する。

3 必ずこうした状況が生じると言っているわけではない。もちろん外野にとっても誤解の余地のない犬笛はある。

4 すべての犬笛がそうであるわけではない。話し手が内輪を裏切るという場面を考えよう。内輪の人がそうした裏切りに対してペナルティを科そうとするならば、それに応じて否認可能性のハードルが下がる、ということはありうる。たとえば、政治家がある政策を、しかも選挙の行方を左右するような重要な政策を、犬笛によって伝え、当選したとしよう。その犬笛を聞き取った内輪の人がその政策の実行をその政治家に求めたとき、その政治家がその政策の伝達を否認したとしよう。このときその支持者たちは政治家のそうした振る舞いを非難しペナルティを科そうとするかもしれない。その種のペナルティには、そうした振る舞いを約束の不履行だとみなして嫌みを言うという程度の軽いものから、それを根拠に辞任を迫るという重いものまでさまざまなものがあるだろう。そうした重さの違いに応じて誤解の余地としての否認可能性の有無は変わりうる。

5 もちろんここまでの考察は、外野の人が、ここで問題になっている思想信条の対立とは別の何らかの事情でそうした擁護の理由をもつ、という可能性を排除するわけではない。

6 Khoo（2021）によれば、反差別の規範は、たとえ行動に対する縛りとしては有名無実化したとしても、社会の全メンバーの尊厳を護るという社会全体の意思表明という役割をもつ。

7 Saul（2021; 2024）。西洋絵画で局部を隠すためにしばしばイチジクの葉が描かれることにちなむ。

8 https://news.tv-asahi.co.jp/news_politics/articles/000020432.html（2022/9/2 閲覧）

9 ソールも指摘するように、イチジクの葉には、内容ではなく発語内の力に関するものもある。たとえば「冗談だった」という言い訳は、その発言が真剣なものでありそれゆえ脅しとして理解されることを妨げることを眼目としたイチジクの葉である。

10 こうした回りくどい仕方ではなく、もっと直接的な言質回避のイチジクの葉もある。たとえば「これはオフレコですが」という前置きは、意味を表の意味にさせないというイチジクの葉に期待される役割をはっきり明示的に言葉にするというタイプのイチジクの葉だ。

11 イチジクの葉は、否認可能性を確保し意味を裏の意味にとどめておく、というのとは異なる仕方で、言質を取られた場合に生じる非難を回避するために用いられることがある。この種のイチジクの葉の用法については第十三章で論じる。

［第十章］

1 本章以下で扱う問題は松本将平氏の指摘によって気づかされた問題である。

2 以下で見る整理の仕方とはさらに別の整理の仕方もある。責任があるということと責任が追及されるということ、そして権利があるということと権利を行使するということの区別に注目しよう。このとき、次のように考えることもできる。第一に、表の意味と裏の意味の区別の状況依存性は、どの種類の否認可能性に基づいて話し手の責任の有無が決まるのかではなく、どの種類の否認可能性に基づいて話し手に対する責任の追及がなされうるのかが場面場面で異なりうる、という状況依存性だ。第二に、責任が追及されうるかどうかは、その権利があるかどうかではなく、その権利が行使されうるかどうかの問題である。こうした整理に基づけば、表の意味と裏の意味を次のように特徴づけることもできよう。ある場面における裏の意味とは、聞き手が、話し手が意味したことに対する責任追及の権利を、もしその機会があったとしても行使しないような種類の意味である。表の意味は、意味したことに対する責任追及の権利を、もしその機会があったならば聞き手が行使するような種類の意味である。

3 これは、法廷が採用する社会的な否認可能性を決める規範の中に、認識的な否認可能性が組み込まれている、ということである。認識的な否認可能性が他の否認可能性に対する制約として機能する、ということの実例がここにある。

4 これは専門家の言うことを無批判に鵜呑みにせよ、ということではない。他方で「専門家に対して健全な疑いをもつのではなく、積極的に専門家に憤慨し、専門家が専門家であるという理由だけで、間違っていると見なす」(Nichols 2017, xiii; 邦訳五頁) というのも適切ではない。

5 こうした不正義は意識的なものとは限らない。

6 これは声の封殺 (silencing) の一種と見ることができる。声の封殺についてはCappelen and Dever (2019, chap. 10) を参照。

7 表の意味と裏の意味の区別の状況依存性を踏まえれば、もちろんこのことは、日常的な状況から当該の発言を評価したときに、それに言行一致の責任を課すということの正当性と両立する。

[第十一章]

1 認識的な基準とは別の規範による帰責が正当な場面に対しては、これとまた別種の聞き手にとっての含みが定義できる。聞き手の意味についても同様。

2 ソールは聞き手の含み (audience-implicature) を、次のように特徴づけている (Saul 2002, 242)。

「ある話し手がpと言うことでqということを聞き手の含みとして意味するのは次の場合に限る。

(1) その話し手は、会話の格率、あるいは少なくとも協調の原理に従っていると推定される。

(2A) pと言うことをこの推定と整合的にするにはその話し手がqだと考えているという想定が必要になると、聞き手が信じている。

（3A）（2A）で述べた想定が必要になるということが聞き手にはわかると話し手は考えていると、聞き手は考えている」

本章での聞き手にとっての含みとソールの聞き手の含みの違いは次にある。聞き手の含みを左右するのは、聞き手がそう判断したかどうかであるのに対して、聞き手にとっての含みは、その判断が正当かどうかに左右される。ソールは、嘘とミスリードの区別は、話し手がそれを信じていると期待する権利が聞き手にあることと、話し手がそれを信じていると期待する権利が聞き手にないことの区別によって説明されると考える（Saul 2012, 76）。また、ソールは「言われていること」という、会話の含みとはまた別の意味概念について、その必要条件に聞き手の理解の合理性が含まれるという見解を批判的に検討している（Saul 2012, 54-55）。

[第十二章]

1 衆議院第二〇〇回国会（臨時会）質問第七六号「桜を見る会にいわゆる反社会的勢力の人物が招待され出席していたことに関する質問主意書」

2 以下この事例に関する記述は https://www.mbs.jp/news/feature/kansai/article/2023/10/097092.shtml と https://www.mbs.jp/news/feature/kansai/article/2023/10/097282.shtml に基づく。

3 国立天文台 https://www.nao.ac.jp/faq/a0508.html より。

4 むしろ重要なのは、意味の設計段階からの市民参加であるかもしれない。この点については「双方向モデル」や市民の「上流工程からの参加」についての科学技術社会論の議論が手がかりとなるだろう。藤垣（2018）を参照。以下で論じる意味決定の権威集団内での合意形成についても、市民参加の重要性は見逃されるべきではない。

5 概念工学者が言葉の意味や概念を変えたり新しく作ったりすることに伴う倫理的な課題を扱う学問領域は、概念工学倫理と呼ぶことができる。意味決定と社会正義の問題を論じたものとしては、Ball（2021）を参照。

6 Ball（2021）は、意味決定にとって正義は構成的かという問題を問う。この問いに肯定的に答えるというのは、ここで見たような不当さがある場合、その仕組みは意味決定の力をもたない、と考えるということである。

7　Shields（2021）は、概念を変化させる力をもつものが自身の利益追求のために概念を変えようとすることを概念支配と呼び、その問題を指摘している。

8　令和元年一二月一六日午前　官房長官記者会見 https://www.kantei.go.jp/jp/tyoukanpress/201912/16_a.html

9　同右

10　令和元年一二月一一日午前　官房長官記者会見 https://www.kantei.go.jp/jp/tyoukanpress/201912/11_a.html

11　犯罪対策閣僚会議「企業が反社会的勢力による被害を防止するための指針」二〇〇七年 https://www.kantei.go.jp/jp/singi/hanzai/dai9/9siryou8_2.pdf

12　たとえば、「反社会的勢力の定義に関する質問主意書」（令和元年一一月二九日提出　質問第一一二号）

13　たとえば、令和元年一二月一一日午前　官房長官記者会見 https://www.kantei.go.jp/jp/tyoukanpress/201912/11_a.html

14　金融庁「コメントの概要及びコメントに対する考え方（反社会的勢力による被害の防止関連）」https://www.fsa.go.jp/news/19/20080326-3/15a.pdf

［第十三章］

1　https://abema.tv/video/episode/89-66_s99_p4192?utm_campaign=abematimes_link_article_10043011_ap_free_episode_89-66_s99_p4192&utm_content=10043011&utm_medium=abematv&utm_source=abematimes（二〇二三年一〇月三一日閲覧）

2　https://smart-flash.jp/entame/204532/1/1/

3　犯罪対策閣僚会議「企業が反社会的勢力による被害を防止するための指針」https://www.kantei.go.jp/jp/singi/hanzai/dai9/9siryou8_2.pdf

4 「反社会的勢力はその形態が多様であり、社会情勢等に応じて変化し得ることから、あらかじめ限定的に定義することは性質上そぐわないと考えます。本項の『反社会的勢力のとらえ方』を参考に、各金融機関で実態を踏まえて判断する必要があると考えます」（金融庁「コメントの概要及びコメントに対する考え方（反社会的勢力による被害の防止関連）」 https://www.fsa.go.jp/news/19/20080326-3/15a.pdf

5 https://www.tokyo-np.co.jp/article/14520

6 ちなみに広辞苑の初版（1955）を引くと「おやつ」とは「昔の八つ時、即ち今の午後二時から四時までの間の間食」とある。初版と第七版の変化が意味の変化なのか、それとも意味の遊びの特定の仕方の違いなのかは不明である。そもそも文言の変更は収録語数増加に伴うスペース削減のためのものだ、というのはありそうな話である。

7 ラドロウの見解はさらに踏み込んだもので、文脈を通じて不変の確たる意味などはなく、原理的にはどんな調整も可能であるというもの——いわば意味には遊びしかないという立場——である。

8 Sterken（2020, 420）に同様の区別がある。

9 調整の規模はもっと多様だ。会話の場面場面に応じた言葉の意味の微調整、ある社会に共有された言葉の文字通りの意味を変えるという大規模な改変、この二つの極として、その中間にあるさまざまな規模の意味の変化を考えることができる（cf. Cappelen 2018）。たとえば、ある限られた内輪の間だけで通じるような特別な意味をもつように言葉を変えるという試みは、こうした中間段階の企てである。こうした中間段階の企てが、社会レベルの大規模な意味改変のプロセスの一部になることもあるだろう。

10 数学の言葉ですら遊びはゼロではない、という点についてはLudlow（2014）を参照。

11 人種差別的な発言に付されたイチジクの葉が、何が人種差別的な発言なのかに関する人々の考えに影響を与えるという点についてはSaul（2024）を参照。

12 しかしながら、第一章で見た神道政治連盟の担当者のコメントが示唆するのは、内輪にとってはそうではない、ということだ。

あるいは内輪でなくとも、学問の自由や表現の自由に訴えて、こうした主張を差別から切り離そうとする人はいるかもしれない。そうした立場によれば、性的マイノリティの基本的な権利の確保は議論の余地なしとみなす、つまりその権利を制限する可能性を議論することすら憚られるものとしてタブー視するのは間違っている。少なくとも理論的な可能性としてそうした基本的権利の制限の可能性を学術的に探究することは妨げられるべきではない。仮に純粋に学問の自由の観点からはいかなる種類の学術的な研究・主張も妨げられるべきではないのだとしても（本当にそうかどうかは疑わしいが）、その研究・主張が差別を含むさまざまな社会的問題を抱えるということはありうる。実際ライフスタイルの否定という甚だしい権利制限（それは制限というより剝奪であろう）を差別と切り離すことはできないと私は思う。さらに、学問の自由と倫理的な観点との双方を考慮に入れた総合的な判断が、そうした主張や研究に対する特段の慎重さや配慮を要求する、あるいはそれに対する社会的な規制を要求する、ということはありうる。ウイルスの危険度に応じたセーフティレベルの設定や、軍事研究に関する一定の規制はその例である。

13 前章で見た権威による意味変化の正当性・不当性もこの観点から評価されるべきだろう。

14 言いたいことを言えなくするというのは、声の封殺（silencing）と呼ばれる。Cappelen and Dever (2019, chap. 10) を参照。Anderson (2020) はマジョリティに都合のいいように言葉の意味が変えられた結果、マイノリティがその言葉で言いたいことを言えなくなるという現象を「言葉のハイジャック」と呼んでいる。

15 Podosky (2022) は特に話者間の力関係の差を背景としたこうした押し付けを「メタ言語的不正義」と呼んでいる。

［第十四章］

1 本章は以下の研究発表に基づいている。藤川直也「『誤解を招いたとしたら申し訳ない』——条件付き謝罪と発語内行為の可変性」、ワークショップ「謝罪について——ロボティクスと哲学から考える」、二〇二三年八月五日、キ

ヤンパスプラザ京都

2 https://www.sankei.com/photo/story/news/160209/sty1602090009-n1.html

3 丸川大臣記者会見録（平成二八年二月一二日（金）https://www.env.go.jp/annai/kaiken/h28/0212.html）

4 以下で論じるのはこうした言い訳の謝罪としての身分だ。これとは別に、この言い訳を否認可能性の観点から論じることもちろんできる。「誤解を招いたとしたら申し訳ない」という趣旨の丸川の言い訳は、目標やその決定プロセスを軽視したということの否認の試みだ。その発言は、軽視というのは誤解だという代替解釈文脈を浮かび上がらせる。そうした代替解釈文脈はありそうになく、多くの状況で適切に無視される可能性であろう（第六章参照）。つまり多くの状況で、丸川による目標の軽視は誤解の余地としての否認可能性をもたないだろう。もちろんこのことは、彼女による目標の軽視がそれ以外の種類の否認可能性をもつことを排除しない（第八章参照）。

5 「〜だとしたら」の「〜」部分に、無条件の謝罪の場合に事実認定の対象となることがそのまま現れない場合もある。「お忙しかったら、すみません」という条件つき謝罪は、相手が忙しいことに対する条件つき謝罪ではもちろんない。それは忙しいのに手間を取らせていることに対する条件つき謝罪だ。

6 条件つき謝罪は、条件文で表されるような内容をもつ無条件の謝罪ではない（cf. Baumann 2021）。後者の謝罪の例を挙げておこう。ある企業が学生の性別で新卒入社説明会への参加の可否に差をつけていた。その企業は、学生が男性であれば自動的に入社説明会への参加を認め、そうでない場合は選抜を行っていた。当然こうした扱いは不当であり、それについて謝罪が求められてしかるべきである。このとき謝るべき対象は、男性であれば自動的に入社説明会への参加を認め、そうでなければ選抜を行っていた、という条件文の形で表されることがらである。すると求められるのは、「男性であれば入社説明会への参加を自動的に認め、そうでなければ選抜を行っていたことを、お詫びいたします」という条件文の内容をもつ無条件の謝罪である。

7 代理謝罪について二つ追加のコメントをしておきたい。第一に、代理謝罪は、監督者としての責任を果たせなかったことを無条件に謝るということと同じではない。それは自分の行いに対する謝罪であるが、代理謝罪は別人がやったことに対するものだ。第二に、代理人として代理謝罪するには一種の資格がいる。誰でも他の誰かがやったことを代わりに謝ることができるわけではない（私にはプーチンの悪行を代わりに謝る資格はない）。誰に代わりに謝る資格があるかは社会の慣習によって決まるだろう。もちろん、この二つの点は無関係ではない。多くの場合、代理人として謝罪する資格のある人は、当の振る舞いをした人に対するある種の監督責任を負う人だ（子供の代わりに謝る親はその典型例である）。しかし監督責任は、代理人として謝罪する資格の要件では必ずしもない。取引先に対する横暴な上司の振る舞いを部下が代わって謝ることもあるだろう。

8 サールによれば、発語内行為を行うと、こうした適切性条件が要求する信念を表現したり、あるいはその内容を含意したりすることになる（Searle 1969, 3-4 節）。

9 本章で言語行為工学として論じるのは発語内行為の改良だ。他方で、言語行為工学の対象となる言語行為は発語内行為に尽きない。

10 内閣府第二二回 公益通報者保護専門調査会「資料２：立証責任の緩和について」https://www.cao.go.jp/consumer/history/05/kabusoshiki/koueki/doc/022_181122_shiryou2.pdf

11 たとえば、Arielli（2018）は、リツイートすることはシェアという発語内行為を遂行することだと考える（ただしそこではシェアがＳＮＳに独自の発語内行為だとは考えられていない）。この主張については次の二点が指摘できる。第一に、リツイートそれ自体は特定の発語内行為のクラスではなく、むしろ発言の仕方のタイプ（言語行為論の用語で言えば発語行為の一種）だと考えられる。第二に、シェアするというのはリツイートによって遂行可能な発語内行為の一つだろうが、唯一の発語内行為ではないだろう。

12 Kureha（2023）はロボットの謝罪が引き起こしうる社会的・道徳的な問題について論じている。

13 「メディアコミュニケーションのリデザイン――〈身体性〉・〈言語〉・〈環境〉に着目した応用哲学的探究（ReMediCom）」という研究プロジェクトでは、呉羽真、久木田水生、それから私の三人で、言語行為に限らない多面的な観点から新しいメディアに即したコミュニケーションのリデザインという課題に取り組んでいる。

14　ミルクボーイの漫才における「ほな俺がな、ちょっと一緒に考えてあげるから」はこうした認識的徳の発揮の一種だと思う。

15　エリザベス・アンダーソンは、認識的な不正義が社会構造によって生じる問題であるなら（解釈的不正義はそうした認識的不正義である）、それに私たち個人の資質だけで対処するのは限界があり、構造的・制度的な対応策が必要だと論じる（Anderson 2012）。

16　以下の記事によれば、トランプ自身証拠がないことを承知の上でそう主張していた。https://www.forbes.com/sites/alisondurkee/2023/03/17/trump-campaign-reportedly-commissioned-study-showing-no-widespread-election-fraud-but-continued-to-push-claims-anyway/?sh=195257081a07

17　https://s3.documentcloud.org/documents/23706881/cnn-poll-most-republicans-care-more-about-picking-a-2024-gop-nominee-who-agrees-with-them-on-issues-than-one-who-can-beat-biden.pdf

18　このことは生成ＡＩにおいて、こうした規範以外の仕方で無根拠な主張が抑制されている、ということと両立する。たとえば、学習元のデータの大部分が無根拠な出鱈目ではない、ということはそうした仕組みの一部になるだろう。

19　https://business.nikkei.com/atcl/gen/19/00554/052500002/?P=4

文献表

Anderson, D. 2020. Linguistic hijacking, *Feminist Philosophy Quarterly*, 6(3).

Anderson, E. 2012. Epistemic justice as a virtue of social institutions, *Social Epistemology*, 26(2): 163-173.（飯塚理恵訳、「社会制度がもつ徳としての認識的正義」、木下頌子・渡辺一暁・飯塚理恵・小草泰編訳、『分析フェミニズム基本論文集』、慶應義塾大学出版会、二〇二二年）

Arielli, E. 2018. Sharing as speech act, *Versus*, 127, 243-258.

Asher, N. and Lascarides, A. 2013. Strategic conversation, *Semantics and Pragmatics*, 6, 1-62.

Austin, J. L. 1962. *How to do things with words*, Oxford: Oxford University Press.（飯野勝己訳、『言語と行為――いかにして言葉でものごとを行うか』、講談社学術文庫、二〇一九年）

Ball, D. 2021. An invitation to social and political metasemantics, in Khoo and Sterken (eds.) 2021, pp. 42-55.

Baumann, P. 2021. Sorry if! On conditional apology, *Ethical Theory and Moral Practice*, 24(5), 1079-1090.

Brandom, R. 1983. Asserting, *Noûs*, 17(4), 637-650.

Brandom, R. 1994. *Making It Explicit: Reasoning, Representing, and Discursive Commitment*, Cambridge: Harvard University Press.

Burgess, A., Cappelen, H., and Plunkett, D. (eds.) 2020. *Conceptual Engineering and Conceptual Ethics*. Oxford: Oxford University Press.

Burton-Roberts, N. 2010. Cancellation and intention, in Soria, B. and Romero, E. (eds.) 2010. *Explicit Communication: Robyn Carston's Pragmatics*, Palgrave Macmillan, pp. 138-155.

Camp, E. 2018. Insinuation, common ground, and the conversational record, in Fogal, Harris, and Moss (eds.) 2018, pp.

40-66.

Cappelen, H. 2018. *Fixing Language: An Essay on Conceptual Engineering*, Oxford: Oxford University Press.

Cappelen, H. and Dever, J. 2019. *Bad Language (Contemporary Introduction to Philosophy of Language)*, Oxford: Oxford University Press.（葛谷潤・杉本英太・仲宗根勝仁・中根杏樹・藤川直也訳、『バッド・ランゲージ――悪い言葉の哲学入門』、勁草書房、二〇二三年）

Carassa, A. and Colombetti, M. 2009. Joint meaning, *Journal of Pragmatics*, 41(9), 1837-1854.

Carroll, L. 1872. *Through the Looking-Glass*, in Hunt, P. (ed.) 2009. *Oxford World's Classics: Alice's adventures in Wonderland and Through the Looking-Glass*, Oxford: Oxford University Press.

Chevallier, C., Kohls, G., Troiani, V., Brodkin, E. S., and Schultz, R. T. 2012. The social motivation theory of autism. *Trends in Cognitive Sciences*, 16(4), 231-239.

Crewe, B. and Ichikawa, J. J. 2021. Rape culture and epistemology, in Lackey, J. (ed.) 2021. *Applied Epistemology*, Oxford: Oxford University Press, pp. 253-282.

Cuypers, V. and De Block, A. 2023. Resolving conceptual conflicts through voting, *Foundations of Science*, 29, 773-788.

De Brabanter, P. and Dendale, P. 2008. Commitment: the term and the notions, *Belgian Journal of Linguistics*, 22(1), 1-14.

DeRose, K. 2009. *The Case for Contextualism: Knowledge, Skepticism, and Context*, Vol. 1, Oxford: Oxford University Press.

Dinges, A. and Zakkou, J. 2023. On deniability, *Mind*, 132(526), 372-401.

Engelhardt, J. 2019. Linguistic labor and its division, *Philosophical Studies*, 176(7), 1855-1871.

Fogal, D., Harris, D. W. and Moss, M. (eds.) 2018. *New Work on Speech Acts*, Oxford: Oxford University Press.

Fricker, M. 2007. *Epistemic Injustice: Power and the Ethics of Knowing*, New York: Oxford University Press.（佐藤邦政・

飯塚理恵訳、『認識的不正義——権力は知ることの倫理にどのようにかかわるのか』、勁草書房、二〇二三年）
Geurts, B. 2019. Communication as commitment sharing: speech acts, implicatures, common ground, *Theoretical Linguistics*, 45(1-2), 1-30.
Geurts, B., Kissine, M., and van Tiel, B. 2019. Pragmatic reasoning in autism, in Morsanyi, K. and Byrne, R. M. (eds.) 2019. *Thinking, Reasoning, and Decision Making in Autism*, pp. 113-134, New York: Routledge.
Gilbert, M. and Priest, M. 2013. Conversation and collective belief, in Capone, A., Piparo, F. L., and Carapezza, M. (eds.) 2013. *Perspectives on Pragmatics and Philosophy*, 1-34, Switzerland: Springer.
Goldberg, S. 2015. *Assertion: On the Philosophical Significance of Assertoric Speech*, Oxford: Oxford University Press.
Green, M. 2017. Assertion, *The Oxford Handbook of Topics in Philosophy* (online edn, Oxford Academic, 1 Apr. 2014).
Grice, P. 1989. *Studies in the Way of Words*, Cambridge: Harvard University Press.（清塚邦彦訳、『論理と会話』、勁草書房、一九九八年）
Henderson, R. and McCready, E. 2018. How dogwhistles work, in *New Frontiers in Artificial Intelligence: JSAI-isAI Workshops, JURISIN, SKL, AI-Biz, LENLS, AAA, SCIDOCA, kNeXI, Tsukuba, Tokyo, November 13-15, 2017, Revised Selected Papers 9*, Springer International Publishing, pp. 231-240.
Khoo, J. 2021. Code words, in Khoo and Sterken (eds.) 2021, pp. 147-160.
Khoo, J. and Sterken, R. K. (eds.) 2021. *The Routledge Handbook of Social and Political Philosophy of Language*, New York: Routledge.
Kissine, M. 2012. Pragmatics, cognitive flexibility and autism spectrum disorders, *Mind and Language*, 27(1), 1-28.
Kissine, M. 2021. Autism, constructionism and nativism, *Language*, 97(3), e139-e160.
Kripke, S. 1980. *Naming and Necessity*, Cambridge: Harvard University Press.（八木沢敬・野家啓一訳、『名指しと必然性——様相の形而上学と心身問題』、産業図書、一九八五年）

Kukla, R. and Lance, M. 2009. *'Yo!' and 'Lo!': The Pragmatic Topography of the Space of Reasons*, Cambridge: Harvard University Press.

Kureha, M. 2023. On the moral permissibility of robot apologies, *AI & SOCIETY*, https://doi.org/10.1007/s00146-023-01782-2

Lazare, A. 2004. *On Apology*, Oxford: Oxford University Press.

Leslie, I. 2021. *Conflicted: How Productive Disagreements Lead to Better Outcomes*, New York: Harper Buisiness. (橋本篤史訳、『CONFLICTED《コンフリクテッド》——衝突を成果に変える方法』、光文社、二〇二二年)

Lewis, D. 1979. Scorekeeping in a language game, *Journal of Philosophical Logic*, 8, 339-359.

Lewis, D. 1996. Elusive knowledge, *Australasian Journal of Philosophy*, 74(4), 549-567.

Ludlow, P. 2014. *Living Words: Meaning Underdetermination and the Dynamic Lexicon*, Oxford: Oxford University Press.

McFarlane, J. 2009. Nonindexical contextualism, *Synthese*, 166(2), 231-250.

McGowan, M. K. 2019. *Just Words: On Speech and Hidden Harm*, Oxford: Oxford University Press.

McKinney, R. A. 2016. Extracted speech, *Social Theory and Practice*, 42(2), 258-284.

Millar, K. 2014. Conditional and prospective apologies, *Journal of Value Inquiry*, 48(3), 403-417.

Nichols, T. 2017. *The Death of Expertise: The Campaign against Established Knowledge and Why It Matters*, New York: Oxford University Press. (高里ひろ訳、『専門知は、もういらないのか——無知礼賛と民主主義』、みすず書房、二〇一九年)

Okada, Y., Kimoto, M., Iio, T., Shimohara, K., and Shiomi, M. 2023. Two is better than one: Apologies from two robots are preferred, *PLOS ONE*, 18(2), e0281604.

Peet, A. 2021. Defective contexts, in Khoo and Sterken (eds.) 2021, pp. 193-207.

Pinker, S., Nowak, M. A., and Lee, J. J. 2008. The logic of indirect speech, *Proceedings of the National Academy of*

Sciences, 105(3), 833-838.

Plunkett, D. and Sundell, T. 2013. Disagreement and the Semantics of Normative and Evaluative Terms, *Philosophers' Imprint*, 13 (23), 1-37.

Plunkett, D. 2015. Which concepts should we use?: metalinguistic negotiations and the methodology of philosophy, *Inquiry*, 58(7–8), 828-874.

Podosky, P.-M. C. 2022. Agency, power, and injustice in metalinguistic disagreement, *The Philosophical Quarterly*, 72(2), 441-464.

Priest, G. 2006. *In Contradiction (2nd edtion)*, Oxford: Oxford University Press.

Putnam, H. 1975. The meaning of 'meaning', in Putnam, H. 1975, *Philosophical Papers, vol. II, Mind, Language and Reality*, Cambridge: Cambridge University Press.

Saul, J. 2002. Speaker meaning, what is said, and what is implicated, *Noûs*, 36(2), 228-248.

Saul, J. 2012. *Lying, Misleading, and What is Said*, New York: Oxford University Press.（小野純一訳、『言葉はいかに人を欺くか――嘘、ミスリード、犬笛を読み解く』、慶應義塾大学出版会、二〇二一年）

Saul, J. 2018. Dogwhistle, political manipulation, and philosophy of language, in Fogal, Harris, and Moss (eds.) 2018, pp. 360-383.（小野純一訳、「犬笛、政治操作、言語哲学」、『言葉はいかに人を欺くか――嘘、ミスリード、犬笛を読み解く』、慶應義塾大学出版会、二〇二一年）

Saul, J. 2021. Racist and sexist figleaves, in Khoo and Sterken (eds.) 2021, pp. 161-178.

Saul, J. 2024. *Dogwhistles and Figleaves: How Manipulative Language Spreads Racism and Falsehood*, Oxford: Oxford University Press.

Searle, J. 1969. *Speech Acts: An Essay in the Philosophy of Language*, New York: Cambridge University Press.（坂本百大・土屋俊訳、『言語行為――言語哲学への試論』、勁草書房、一九八六年）

Shields, M. 2021. Conceptual domination, *Synthese*, 199(5-6), 15043-15067.
Stalnaker, R. 1978. Assertion, *Syntax and Semantics*, 9, 315-332.
Stanley, J. 2005. *Knowledge and Practical Interests*, New York: Oxford University Press.
Sterken, R. K. 2020. Linguistic intervention and transformative communicative disruptions, in Burgess, Cappelen, and Plunkett (eds.) 2020, pp. 417-434.
Strawson, P. F. 1964. Intention and convention in speech acts, *The Philosophical Review*, 73(4), 439-460.
Swanson, E. 2021. Language and ideology, in Khoo and Sterken (eds.) 2021, pp. 311-344.
Walton, D. and Krabbe, E. C. 1995. *Commitment in Dialogue: Basic Concepts of Interpersonal Reasoning*, New York: State University of New York Press.

和泉悠 2022.『悪い言語哲学入門』、ちくま新書
上枝美典 2020.『現代認識論入門――ゲティア問題から徳認識論まで』、勁草書房
金杉武司 2012.「行為の反因果説の可能性――意志の弱さの問題と行為の合理的説明」、『哲学』、63: 201-216.
木村草太 2023.「裁判官の良心と法律家共同体の責任――片親疎外論を素材に」、『現代思想（特集：裁判官とは何か――家庭から国家まで…法と社会のはざまから問う）』、51(9), 33-39.
都築勉 2004.『政治家の日本語――ずらす・ぼかす・かわす』、平凡社新書
戸田山和久 2020.『思考の教室――じょうずに考えるレッスン』、ＮＨＫ出版
藤垣裕子 2018.『科学者の社会的責任』、岩波書店
藤川直也 2022.「意味の言い抜け可能性／否認可能性――三木からの応答への応答」、『哲学論叢』、(50), 13-33.
三木那由他 2019.『話し手の意味の心理性と公共性――コミュニケーションの哲学へ』、勁草書房
三木那由他 2022.「取り消し可能性と言い抜け可能性」、『大阪大学大学院文学研究科紀要』、62, 1-17.

あとがき

この本を書くことになったきっかけはいくつかある。一番大きいのは、子供が生まれたこと。この子が暮らす世の中をよくするために自分に何かできることはないかと考えるようになった（そんな大それたことはそれまで考えたことがなかった）。赴任式での「みなさんの学生はやがて社会に出て日本の礎になる」という研究科長の式辞。当たり前だが専門家を育てるだけが大学教員の仕事ではない。自分の仕事が未来の社会の形に深く関わる仕事でもあることを改めて思い知らされた。そして、父親に「僕でも読めるものを書いてくれ」と言われたこと。自分の身近にいる専門家でない人たちにも興味をもってもらえる本を書こうと思った（私がこれまで書いたものは、名前についての込み入った言語哲学や、存在しないものや無についての風変わりな形而上学など、専門家向けのものばかりだ）。それは家族や友人であり、まだ専門家になる前の学生たちだ。幾分浮世離れした仕事だけでなく、少しは社会にコミットしたくなった、ということなのだと思う。

本書で扱う話題の選択には紆余曲折があったけれど、最終的には、自分が日頃からこれはまずいよなと感じていたことに関わるものに収斂していった。それは政治家たちの無責任な発言だ。なぜ「そういう意味で言ったつもりではない」などと白々しい言い訳をして、発言の責任を取らないのか。なぜ「誤解が生じたとしたら申し訳ない」などと誤魔化し、ちゃんと謝らないのか。こうした政治家の振る舞いは近年さらに酷さを増しているように思える。こうした状況を変えるきっかけになるような本になっていたら嬉しい。

本書が出来上がるまでにお世話になった方々に感謝したい。笠木雅史さん、高谷遼平さん、田中凌さん、松浦慎太郎さん、松本将平さんは草稿を読んでコメントを寄せてくれた。第六章から第十章にかけての否認可能性に関する論述は、松本さんとの議論に多くを負っている。それらの章は、初期の草稿に松本さんが提起したさまざまな疑問点や反論に応答することで現在の形に至った。笠木さんは、第六、七章の元となった草稿を読んで認識論の議論について不十分な点を指摘してくれた。田中さんは、第十二章から第十四章の議論に関して、私が見落としていた先行研究をたくさん教えてくれた。応用言語哲学勉強会のメンバーの皆さんとは本書でも扱った本や論文を読んでたくさん議論した。勉強会での議論の影響は本書の随所にあると思う。本書の原型となった授業に出席してくれた、東京大学、東京都立大学、京都大学の学生の皆さんからの反応は、授業の内容を本に落とし込む際に大いに参考になった。池知翔太郎さんは、法律・裁判関連の情報へのアクセスを助けてくれた。編集の栗原一樹さんは、タイトルや全体の構成を一緒に考えてくれただけでなく、関心がとっちらかったり話が無駄にややこしくなったりすると的確な助言で軌道修正し、この本が一つの形になるよう導いてくれた。そして妻の亜紗子と娘の文乃。本書を書き上げることができたのも、彼女たちとの毎日の暮らしあってこそだ。皆さん、本当にありがとうございました。なお本書は、科研費22K18449の研究成果の一部である。

最後に、本書を私の両親、茂昭と信子に捧げる。自分で子育てしてみると、父と母がいかに私に愛情を注いで育ててくれたかが身に染みてわかる。おかげさまで楽しく暮らしています。ありがとう。

二〇二四年八月　酷暑の東京にて

藤川直也（ふじかわ・なおや）

東京大学大学院総合文化研究科准教授。博士（文学）。専門は言語哲学。著書に『名前に何の意味があるのか——固有名の哲学』（勁草書房）、訳書にハーマン・カペレン+ジョシュ・ディーバー『バッド・ランゲージ——悪い言葉の哲学入門』（共訳、勁草書房）、グレアム・プリースト『存在しないものに向かって——志向性の論理と形而上学』（共訳、勁草書房）などがある。

誤解《ごかい》を招《まね》いたとしたら申《もう》し訳《わけ》ない

政治《せいじ》の言葉《ことば》／言葉《ことば》の政治《せいじ》

二〇二五年　二月一二日　第一刷発行
二〇二五年　五月二六日　第三刷発行

著者　藤《ふじ》川《かわ》直《なお》也《や》

発行者　篠木和久
発行所　株式会社 講談社
東京都文京区音羽二丁目一二―二一　〒一一二―八〇〇一
電話（編集）〇三―五三九五―三五一二
（販売）〇三―五三九五―五八一七
（業務）〇三―五三九五―三六一五

装幀者　奥定泰之
本文データ制作　講談社デジタル製作
本文印刷　株式会社 新藤慶昌堂
カバー・表紙印刷　半七写真印刷工業 株式会社
製本所　大口製本印刷 株式会社

KODANSHA

ISBN978-4-06-538643-9　Printed in Japan　N.D.C.100　337p　19cm

講談社選書メチエの再出発に際して

講談社選書メチエの創刊は冷戦終結後まもない一九九四年のことである。長く続いた東西対立の終わりはついに世界に平和をもたらすかに思われたが、その期待はすぐに裏切られた。超大国による新たな戦争、吹き荒れる民族主義の嵐……世界は向かうべき道を見失った。そのような時代の中で、書物のもたらす知識が一人一人の指針となることを願って、本選書は刊行された。

それから二五年、世界はさらに大きく変わった。特に知識をめぐる環境は世界史的な変化をこうむったとすら言える。インターネットによる情報化革命は、知識の徹底的な民主化を推し進めた。誰もがどこでも自由に知識を入手でき、自由に知識を発信できる。それは、冷戦終結後に抱いた期待を裏切られた私たちのもとに差した一条の光明でもあった。

その光明は今も消え去ってはいない。しかし、私たちは同時に、知識の民主化が知識の失墜をも生み出すという逆説を生きている。堅く揺るぎない知識も消費されるだけの不確かな情報に埋もれることを余儀なくされ、不確かな情報が人々の憎悪をかき立てる時代が今、訪れている。

この不確かな時代、不確かさが憎悪を生み出す時代にあって必要なのは、一人一人が堅く揺るぎない知識を得、生きていくための道標を得ることである。

フランス語の「メチエ」という言葉は、人が生きていくために必要とする職、経験によって身につけられる技術を意味する。選書メチエは、読者が磨き上げられた経験のもとに紡ぎ出される思索に触れ、生きるための技術と知識を手に入れる機会を提供することを目指している。万人にそのような機会が提供されたとき初めて、知識は真に民主化され、憎悪を乗り越える平和への道が拓けると私たちは固く信ずる。

この宣言をもって、講談社選書メチエ再出発の辞とするものである。

二〇一九年二月　　野間省伸

MÉTIER

日本語に主語はいらない　金谷武洋
テクノリテラシーとは何か　齊藤了文
どのような教育が「よい」教育か　苫野一徳
感情の政治学　吉田　徹
マーケット・デザイン　川越敏司
「社　会《コンヴィヴィアリテ》」のない国、日本　菊谷和宏
権力の空間／空間の権力　山本理顕
地図入門　今尾恵介
国際紛争を読み解く五つの視座　篠田英朗
易、風水、暦、養生、処世　水野杏紀
丸山眞男の敗北　伊東祐吏
新・中華街　山下清海
ノーベル経済学賞　根井雅弘編著
日本論　石川九楊
丸山眞男の憂鬱　橋爪大三郎
危機の政治学　牧野雅彦
主権の二千年史　正村俊之

機械カニバリズム　久保明教
暗号通貨の経済学　小島寛之
電鉄は聖地をめざす　鈴木勇一郎
日本語の焦点　日本語「標準形《スタンダード》」の歴史　野村剛史
ワイン法　蛯原健介
MMT　井上智洋
手の倫理　伊藤亜紗
現代民主主義　思想と歴史　権左武志
やさしくない国ニッポンの政治経済学　田中世紀
物価とは何か　渡辺　努
SNS天皇論　茂木謙之介
英語の階級　新井潤美
目に見えない戦争　イヴォンヌ・ホフシュテッター　渡辺　玲訳
英語教育論争史　江利川春雄
人口の経済学　野原慎司
「社会」の底には何があるのか　菊谷和宏
楽しい政治　小森真樹